PRZEPISY DIETY KETOGENICZNEJ

dr Bruce Fife

PRZEPISY DIETY KETOGENICZNEJ

Zdrowe, pyszne i proste dania

Vital
GWARANCJA ZDROWIA

Redakcja: Magdalena Madura
Skład: Iga Figlewska
Projekt okładki: Iga Figlewska
Tłumaczenie: Anna Jurga

Wydanie IV
BIAŁYSTOK 2019
ISBN 978-83-65404-58-9

Tytuł oryginału: Dr. Fife's Keto Cookery: nutritious and delicious ketogenic recipes for healthy living / by Bruce Fife, ND.

Książka ta zawiera porady i informacje odnoszące się do opieki zdrowotnej. Nie powinny one jednak zastępować porady lekarza ani dietetyka. Jeśli podejrzewasz u siebie problemy zdrowotne lub wiesz o nich, powinieneś skonsultować się z lekarzem, zanim rozpoczniesz jakikolwiek program poprawy zdrowia czy leczenia. Dołożono wszelkich starań, aby informacje zaprezentowane w tej książce były rzetelne i aktualne podczas daty jej publikacji. Wydawca i autor nie ponoszą żadnej odpowiedzialności za jakiekolwiek skutki dla zdrowia mogące wystąpić w wyniku stosowania zaprezentowanych w książce metod.

Vital
GWARANCJA ZDROWIA
15-762 Białystok
ul. Antoniuk Fabr. 55/24
85 662 92 67 – redakcja
85 654 78 06 – sekretariat
85 653 13 03 – dział handlowy – hurt
85 654 78 35 – www.vitalni24.pl – detal
strona wydawnictwa: www.wydawnictwovital.pl

Więcej informacji znajdziesz na portalu www.odzywianie24.pl

PRINTED IN POLAND

Spis treści

1
Wstęp

Dieta ketogeniczna

Dieta ketogeniczna wprowadza ciało w ketozę, czyli metaboliczny stan, w którym organizm zamiast glukozy (cukru) wykorzystuje tłuszcz jako główne źródło energii. Ta konkretna forma ketozy jest uwarunkowana spożywanymi produktami, dlatego też nazywana jest ketozą odżywczą.

Ogólnie mówiąc, dieta ketogeniczna jest oparta na daniach o bardzo niskiej zawartości węglowodanów, wysokiej zawartości tłuszczów oraz średniej zawartości białka. Terapeutyczne działanie diety opiera się na ścisłym ograniczeniu spożycia węglowodanów przy jednoczesnym wysokim spożyciu tłuszczów z dodatkiem takiej ilości białka, aby sprostać jego dziennemu zapotrzebowaniu.

Dieta ketogeniczna niesie ze sobą wiele korzyści zdrowotnych. Pierwotnie została zaprojektowana w latach dwudziestych ubiegłego wieku jako część terapii epilepsji. Dieta ketogeniczna jest jedyną poznaną metodą skutecznie cofającą nawet najcięższe, oporne na leki przypadki tej choroby. Od wielu lat dieta okazuje się skutecznym środkiem w terapii również innych zaburzeń neurologicznych, takich jak choroba Alzheimera*, Parkinsona, stwardnienie zanikowe boczne (ALS), autyzm oraz uszkodzenia mózgu powstałe w następstwie urazów.

Tłuszcz spożywczy jest kluczowym komponentem diety ketogenicznej, gdzie stanowi 60-90 procent dziennego zapotrzebowana na kalorie. Taka ilość tłuszczu sprowokowała wielu lekarzy do podważenia bezpieczeństwa diety. Przez wiele lat zakładano, że tłuszcz, zwłaszcza nasycony, sprzyja chorobom serca. Dieta ketogeniczna jest stosowana w różnych terapiach od prawie stu lat. Pomogła tysiącom pacjentów, nie wywołując żadnych niepożądanych efektów. Wielu z nich opierało się na tej diecie przez wiele lat. Nie tylko jest nieszkodliwa, lecz również wydaje się polepszać wszystkie parametry mierzone zazwyczaj przez lekarzy w celu określenia zdrowia pacjenta. Dzięki diecie ketogenicznej poziom cholesterolu we krwi maleje, wzrasta cholesterol HDL (tak zwany dobry cholesterol, który zgodnie z powszechną opinią chroni przed chorobami serca i udarem mózgu), opada poziom trójglicerydów sprzyjających atakom serca, obniża się ciśnienie krwi, wyrównuje poziom cukru, polepsza się funkcjonowanie mózgu, układowy stan zapalny ulega złagodzeniu, reguluje się waga ciała, wzrasta ogólna energia i wydolność fizyczna, a układ trawienny funkcjonuje lepiej – ogólnie mówiąc, usprawnia się zdrowie całego organizmu. W konsekwencji maleje lub całkowicie zanika wiele problemów zdrowotnych.

Cel książki

Sama dieta ketogeniczna jest prosta, jednak wprowadza spore zmiany w nawykach żywieniowych oraz w sposobie przyrządza-

* Prawdziwe przyczyny choroby Alzheimera oraz wpływ diety na jej rozwój zostały opisane w książce „Koniec Alzheimera" autorstwa Amy Berger. Publikacja do nabycia w sklepie www.vitalni24.pl (przyp. wyd. pol.).

nia posiłków. Dzisiaj większość ludzi szuka przepisów w Internecie. To jednak może źle się skończyć! Nie chcę być źle zrozumiany – Internet jest bardzo przydatny i można znaleźć tam całe mnóstwo naprawdę cennych informacji. Niemniej jednak jest również źródłem wielu błędnych danych, zwłaszcza w kwestii diet i zdrowia. Niemalże każdy rozpoczyna poszukiwania przepisów ketogenicznych właśnie od Internetu. Niestety, zdecydowana większość tych tak zwanych ketogenicznych przepisów nie jest tak naprawdę zdrowa ani nawet ketogeniczna. Są za to pełne węglowodanów, słodzików, niezdrowych tłuszczów i innych wątpliwych składników.

Wielu autorów tych przepisów, umieszczając je w Internecie, zakłada, że „ketogeniczny" oznacza to samo, co „niskowęglowodanowy". Niestety nie! Każdy ketogeniczny przepis jest niskowęglowodanowy, lecz nie każdy niskowęglowodanowy jest ketogeniczny. Odkryłem, że wiele rzekomo ketogenicznych przepisów pochodzących z Internetu nie jest prawdziwie ketogenicznymi. Jeżeli z nich korzystasz, utrudniasz sobie przejście w stan ketozy odżywczej i spowalniasz swoje postępy. Jeśli musisz przejść na dietę ketogeniczną w związku z terapią, koniecznie upewnij się, czy przepisy, z których korzystasz, są rzeczywiście ketogeniczne – w innym razie twój postęp i wyniki cię rozczarują.

Wraz z rosnącą popularnością ketogenicznego stylu życia pojawiają się coraz to nowe ketogeniczne przepisy kulinarne. Z łatwością znajdziesz setki takich przepisów nie tylko w Internecie, lecz również w książkach czy kolorowych magazynach. Wiele z nich obiecuje przepyszne potrawy, takie jak ketobabeczki lub ketolody. Naprawdę? Czy coś takiego w ogóle istnieje?

Szukając przepisów ketogenicznych, wielu ludzi zakłada, że fakt, iż przepis nazywa się „ketogeniczny" lub „niskowęglowodanowy", oznacza, że naprawdę taki jest. Nic bardziej mylnego. Pojęcie „niskowęglowodanowy" jest względne. Na przykład jeden kawałek zwykłego ciasta czekoladowego dostarcza około 50 gramów węglowodanów. Niskowęglowodanowa wersja tego samego ciasta zawiera około 40 gramów węglowodanów w jednym kawałku, czyli niewiele mniej. Czterdzieści gramów to całkiem sporo cukru dla kogoś na diecie ketogenicznej, która zakłada zaledwie 20 lub 30 gramów węglowodanów dziennego przydziału. Jednak w związku z tym, że 40 to mniej niż 50, ciasto z takiego przepisu jest nazwane „niskowęglowodanowym", a wiele osób na diecie głowi się, czemu nie chudną, jedząc takie niby-bezcukrowe posiłki.

Aby ketogeniczne i niskowęglowodanowe posiłki uczynić słodką i kuszącą wersją swoich wysokocukrowych odpowiedników, dodaje się do nich przeróżne niskokaloryczne sztuczne słodziki, głównie aspartam lub Splendę. Wiele osób wciąż czuje strach przed tłuszczami, zwłaszcza nasyconymi, więc stosuje przepisy niskotłuszczowe lub używa margaryny czy olejów roślinnych zamiast zdrowych tłuszczów nasyconych.

Przebieranie w tylu tak zwanych niskowęglowodanowych i ketogenicznych przepisach w poszukiwaniu tych prawdziwych i zdrowych może być frustrujące. To właśnie skłoniło mnie do napisania poniższej książki. Chciałem przedstawić zbiór prawdziwie ketogenicznych przepisów wykorzystujących zdrowe składniki. Książka zawiera zatem wszystkie moje ulubione ketogeniczne przepisy, które gromadziłem i ulepszałem przez wiele lat. Przepisy skupiają się na świeżych, nieprzetworzonych i naturalnych produktach, wolnych od sztucznych dodatków, szkodliwych tłuszczów czy syntetycznych słodzików. W żadnym z przepisów nie znajdziesz glutenu ani zboża. Moim celem była również prostota. Niektóre przepisy ketogeniczne wymagają wielogodzinnego przygotowania. Nie u mnie. Moje przepisy są na ogół szybkie i proste, a co więcej, przyrządzone dzięki nim potrawy są wprost przepyszne. Wszystkie proponowane przeze mnie składniki są ogólnodostępne. Czasem napotykamy przepis na fantastyczne danie, lecz nasza ekscytacja opada, kiedy czytamy, że do jego przyrządzenia potrzebny nam będzie galangal, liście limonki kaffir oraz prik kee noo. Takie składniki są powszechne w Tajlandii, lecz nie w innych krajach. Przez Internet można co prawda zamówić wiele egzotycznych ziół i przypraw, ale kto gotowy jest zapłacić trzydzieści złotych za wysyłkę towaru wartego piętnaście? Składniki, które wykorzystuję w mojej książce, są dostępne w większości sklepów spożywczych.

Przepisy z poniższej książki opierają się głównie na świeżych produktach – nie puszkowanych, butelkowanych, mrożonych czy pakowanych. Wyjątek stanowią przyprawy, ogórki konserwowe, chrzan i musztarda. Potrawa z każdego przepisu zawiera nie więcej niż 15 gramów węglowodanów na porcję, chociaż na ogół dużo mniej. Do każdego przepisu dołączona jest informacja o zawartości tłuszczu, węglowodanów, białka oraz kalorii w jednej porcji. W przeciwieństwie do innych przepisów, gdzie zazwyczaj stosuje się miarę ½ szklanki jako określenie jednej porcji, tutaj są użyte trzy; a nawet czterokrotnie większe ilości. Jedna porcja głównego dania będzie składać się na cały posiłek dla jednej osoby. Niezależnie od wielkości, każda porcja dań z przepisów z poniższej książki zawiera mniej niż 15 gramów węglowodanów.

Ketoza odżywcza

Ketoza odżywcza pojawia się, kiedy w naszym jadłospisie znajduje się 60-90 procent kalorii pod postacią tłuszczu, 15-20 procent stanowi białko, a resztę – od 0 do 15 procent – węglowodany. Taka ilość nie musi być sztywnym wyznacznikiem każdego posiłku, lecz dzienne spożycie tych substancji powinno się mieścić w wyżej wymienionych granicach. Godna uwagi jest bardzo niska zawartość węglowodanów, co jest istotne przy produkcji ciał ketonowych. Organizm produkuje ketony jedynie przy niskim poziomie cukru we krwi, który oczywiście podnosi się, kiedy spożywamy węglowodany. Z tego też względu spożycie tego składnika musi być ograniczone do minimum.

Rozszyfrowanie procentowej zawartości wszystkich składników odżywczych spożywanych każdego dnia może być uciążliwe. Z przepisami z tej książki nie musisz wykonywać żadnych obliczeń. Prostszym sposobem na określenie, czy posiłek jest ketogeniczny, jest ograniczenie ilości węglowodanów oraz dołączenie sporej ilości tłuszczu. Aby wprowadzić organizm w stan ketozy odżywczej i go utrzymać, należy ograniczyć dzienne spożycie węglowodanów netto do maksymalnie 40 gramów, czyli około 15 gramów na jeden posiłek. „Netto" oznacza całkowitą ilość węglowodanów po odjęciu zawartości błonnika (błonnik jest zaklasyfikowany do węglowodanów, lecz nie dostarcza kalorii i nie wpływa negatywnie na poziom ketonów we krwi).

Dzienne spożycie białka należy zredukować do 60-90 gramów w zależności od wagi i aktywności fizycznej. Osoba większa lub bardziej aktywna fizycznie będzie potrzebować więcej białka niż ktoś mniejszy i prowadzący bierny tryb życia. Te dane są jednak dołączone do każdego przepisu. Jeżeli zechcesz prowadzić rejestr tego, co jesz, wystarczy, że dodasz gramy białka do gramów węglowodanów zawartych w posiłkach spożywanych w ciągu całego dnia.

Większość poniższych przepisów (z nielicznymi wyjątkami) zawiera odpowiednią ilość tłuszczu, co nadaje im miano „ketogeniczne". Dlatego też nie musisz zwracać uwagi na zawartość tego składnika w twoich potrawach. Niemniej jednak dania z niższą zawartością tłuszczu powinny być w ciągu dnia połączone z tymi nieco tłustszymi. Na przykład sam stek nie dostarczy ci takiej ilości tłuszczu, żeby można było taki posiłek nazwać ketogenicznym. Z tego względu należy go połączyć z jedną lub dwoma wysokotłuszczowymi sałatkami lub daniem warzywnym w celu zwiększenia całkowitej ilości spożywanych tłuszczów. Dania tego typu nazywam „ketoprzyjaznymi", ponieważ zawierają bardzo mało węglowodanów, mogą być włączone do diety ketogenicznej i połączone z dodatkowym źródłem tłuszczu.

Tłuszcze i oleje

Dieta ketogeniczna opiera się głównie na tłuszczach. Spożywany tłuszcz dostarcza składników budulcowych w procesie powstawania ketonów. Aby przestawić organizm z trybu spalania glukozy na spalanie tłuszczu, należy wprowadzić do swojej diety spore dawki tego składnika.

W większości moich przepisów jako główny tłuszcz jest wykorzystany olej kokosowy*, ponieważ jest dobry do smażenia, wysoce stabilny w procesie podgrzewania i ma przyjemny smak. Głównym jednak powodem zastosowania tego właśnie oleju jako podstawy tych przepisów jest fakt, iż ma on większe właściwości ketogeniczne niż inne tłuszcze. Olej kokosowy jest łatwo przekształcany w ketony i o wiele szybciej podnosi poziom ketonów we krwi.

Niektóre tłuszcze są zdrowsze od innych. Poniższe przepisy zazwyczaj proponują konkretne rodzaje tłuszczów, ty jednak śmiało możesz zastąpić je innymi. Wybierz tłuszcze z tabeli „tłuszcze zalecane", którą znajdziesz na następnej stronie. Wszystkie zawarte tam składniki są bezpieczne w przygotowywaniu potraw. Unikaj tłuszczów z listy „tłuszcze niezalecane" i nigdy nie wykorzystuj ich do smażenia ani przyrządzania posiłków.

---

* Olej kokosowy najwyższej jakości dostępny jest w sklepie www.vitalni24.pl (przyp. wyd. pol.).

Najlepsze do pieczenia i smażenia są: olej kokosowy, olej palmowy, frytura palmowa, olej z czerwonej palmy, olej z pestek palmowych i tłuszcze zwierzęce. Ze względu na to, że olej kokosowy jest bardziej ketogeniczny niż inne tłuszcze, używam go tak często, jak to możliwe. Olej z czerwonej palmy lubię ze względu na zawarte w nim witaminy (beta-karoten, witaminę E, likopen, itd.), a tym, co podoba mi się w maśle, smalcu i łoju wołowym, jest ich smak. Smalec i łój wołowy są najlepsze do smażenia, gdyż sprawiają, że produkty nie przywierają do patelni. Takie cechy wpływają na to, że wykorzystuję w mojej kuchni wszystkie z tych tłuszczów i często łączę je ze sobą, aby skorzystać ze wszystkich ich właściwości jednocześnie.

Tłuszcze zalecane

Olej kokosowy
Olej palmowy (olej z owoców palmy)
Frytura palmowa
Olej z czerwonej palmy
Olej z pestek palmowych
Oliwa z oliwek typu extra light
Oliwa z oliwek typu extra virgin
Olej z orzechów makadamia
Olej z awokado
Tłuszcze zwierzęce (smalec, łój, tłuszcz gęsi, itp.)
Masło
Masło klarowane
Olej MCT

Tłuszcze niezalecane

Olej kukurydziany
Olej z krokosza barwierskiego
Olej słonecznikowy
Olej sojowy
Olej z nasion bawełny
Olej canola
Olej z orzechów ziemnych
Olej z orzechów włoskich
Olej z pestek dyni
Olej z pestek winogron
Margaryna
Uniwersalny olej spożywczy
Uwodornione oleje roślinne

Oliwa z oliwek, olej z orzechów makadamia, olej z awokado, masło, masło klarowane i olej MCT są najlepsze do smażenia w średnich i niskich temperaturach, do pieczenia oraz w daniach przyrządzanych bez wysokiej temperatury, takich jak sosy, dressingi do sałatek czy napoje.

Mięso

Na diecie ketogenicznej możesz jeść każdy rodzaj mięsa – wołowe, wieprzowe, jagnięcinę, dziczyznę, ryby, owoce morza, drób, mięso zwierząt łownych, a nawet mięso z bizona. Najlepszym rozwiązaniem jest oczywiście mięso pochodzące ze zwierząt hodowanych organicznie, z wolnego wybiegu oraz bez hormonów i antybiotyków. Zalecam ryby morskie i słodkowodne zamiast tych ze stawów hodowlanych. Tłuste mięsa są lepsze niż chude. Nie usuwaj też skóry z drobiu – to najsmaczniejsza część.

Przetworzone mięsa zawierają azotany, azotyny, MSG (glutaminian sodu) lub cukier, dlatego też należy ich unikać. Do tej kategorii zalicza się większość wędlin i przetworzonych mięs typu parówki, kiełbasa, boczek i szynka. Niemniej jednak mięsa, które zostały przetworzone jedynie przez dodatek ziół czy przypraw, mogą pozostać w twoim jadłospisie. Zawsze czytaj etykiety z listą składników. Jeżeli nie widnieją tam dodatki chemiczne ani cukier, produkt jest najprawdopodobniej odpowiedni. Jeżeli jednak pomimo bardzo niewielkiej zawartości cukru chcesz koniecznie umieścić dane mięso w swoim menu, musisz wziąć to pod uwagę przy obliczaniu dziennego spożycia węglowodanów. Poszukaj na opakowaniu tabeli „wartość odżywcza". Tam znajdziesz informacje na temat zawartości cukru.

Prawie wszystkie sklepy, zarówno te ze zdrową żywnością, jak i zwykłe spożywcze, mają dziś w swojej ofercie szynkę, boczek i inne przetworzone mięsa bez zawartości cukru i azotanów. Możesz również zakupić surowy boczek. Poproś sprzedawcę, aby pokroił ci takie mięso na plastry, które przygotujesz w taki sam sposób, jak każdy inny rodzaj boczku.

Dieta ketogeniczna nie jest dietą wysokobiałkową ani nie opiera się na dużej zawartości mięsa. Można ją również nazwać dietą o odpowiedniej ilości białka. Niektórzy uważają, że jeżeli dieta ogranicza węglowodany, a przyzwala na dowolne ilości tłuszczu, oznacza to, że białko również można jeść bez ograniczeń. Niestety nie. Problem związany z białkiem polega na tym, że organizm jest w stanie przetworzyć około połowy spożytej jego ilości w glukozę, która podnosi poziom cukru we krwi i hamuje produkcję ketonów. Dlatego też zbyt duża ilość białka może przynieść efekty odwrotne do zamierzonych.

Jako ogólnie przyjętą zasadę powinno się uznać ograniczenie spożycia białka do jednego grama na każdy kilogram wagi ciała. Chodzi oczywiście o „idealną" wagę ciała, a nie rzeczywistą, zwłaszcza jeżeli masz nadwagę. Jeżeli ważysz na przykład 75 kg, powinieneś uwzględnić 75 gramów białka w codziennym menu. Jeżeli jesteś sportowcem lub prowadzisz aktywny tryb życia, powinieneś zwiększyć tę ilość o 10-20 gramów.

Jednym z najczęściej popełnianych błędów przy staraniach osiągnięcia ketozy jest wprowadzanie do diety zbyt dużej ilości białka. Na końcu każdego z moich przepisów umieszczona jest informacja o zawartości białka w jednej porcji dania. W książce znajdziesz mnóstwo przepisów na steki, pieczone mięsa i drób. Wielkości porcji mięsnych dań powinny być ograniczone zgodnie z powyższymi wskazówkami i połączone z daniami warzywnymi lub sałatkami ketogenicznymi w celu zrównoważenia posiłku i dostarczenia organizmowi odpowiedniej ilości tłuszczu.

Owoce i warzywa

Będąc na diecie ketogenicznej, najprawdopodobniej zjesz więcej warzyw niż przez całe dotychczasowe życie, co jest jedną z wielu korzyści tej diety. Poza tłuszczami, dużą część diety powinny stanowić niskowęglowodanowe warzywa, które będziesz spożywać w ilości większej niż mięso. Dieta ketogeniczna może być również nazywana dietą opartą na warzywach.

Usunięcie z codziennego jadłospisu wszystkich powszechnie stosowanych zbóż, warzyw i owoców o wysokiej zwartości węglowodanów oraz słodyczy będzie wymagało substytutu, który dostarczy ci składników odżywczych i zdrowych kalorii idealnie łączących się ze spożywanym tłuszczem. Taką funkcję spełnią niskowęglowodanowe warzywa. Biorąc to wszystko pod uwagę, dietę ketogeniczną można określić mianem: niskowęglowodanowa, wysokotłuszczowa i oparta na warzywach dieta o średniej zawartości białka.

Jak już wspomniałem, twoje spożycie węglowodanów musi być ograniczone do 40 gramów na dzień. Z tego względu wszystkie produkty o wysokiej zawartości cukru powinny zostać całkowicie wyeliminowane z diety. Mowa tu o wszystkich produktach zbożowych, warzywach skrobiowych oraz większości owoców. Można jednak uwzględnić niewielką ilość orzechów, ziaren i owoców z niską zawartością cukru.

Najmniej cukru mają wszelkiego rodzaju jagody. Jeżyny, maliny, malinojeżyny, agrest i truskawki zawierają względnie niską ilość węglowodanów. Jedna garść takich owoców daje średnio 3-4 gramy cukru. Borówki amerykańskie mają w sobie nieco więcej cukru, lecz w porównaniu z większością innych owoców jest to wciąż niewielka ilość. Szczerze mówiąc, w diecie ketogenicznej możesz uwzględnić każdy rodzaj świeżych owoców, jednak należy pamiętać o ograniczeniu ich porcji tak, aby nie przekroczyć limitu 15 gramów węglowodanów na jeden posiłek. Niektóre owoce zawierają bardzo dużo cukru, dlatego będą składać się na bardzo małe porcje. Kilka przepisów z poniższej książki zawiera owoce. Ich ilość jednak jest na tyle niska, że nie wpływa negatywnie na stan ketozy. Dieta ketogeniczna nie powinna zawierać suszonych owoców, takich jak śliwki czy rodzynki, ponieważ proces suszenia pozostawia w owocu dużą koncentrację cukru.

Cukier i słodziki

Przepisy z tej książki nie zawierają cukru – ani naturalnego, ani syntetycznego. W celu utrzymania niskiego poziomu węglowodanów i stanu ketozy musisz całkowicie wyeliminować z diety wszelkie słodycze i słodziki.

Prawdopodobnie największą przeszkodą w osiągnięciu i utrzymaniu ketozy odżywczej jest uzależnienie od cukru. Cukier jest czystym węglowodanem, dlatego też zupełnie nie współgra z założeniami diety ketogenicznej. Alby uniknąć szkodliwego działania cukru, ludzie przerzucili się na sztuczne słodziki i zamienniki pozbawione węglowodanów. W ten sposób mogą cieszyć się słodyczą ulubionych potraw bez dodatku cukru.

W związku z podobnymi niskowęglowodanowymi i bezcukrowymi zamiennikami jest jednak pewien problem. Mianowicie nie są one ani trochę lepsze od zwykłego cukru. Przede wszystkim nie uwalniają od uzależnienia od cukru. Wprost przeciwnie, nasilają je nawet wtedy, gdy jesteśmy na diecie niskowęglowodanowej. To wzmacnia pokusę oszukiwania i w konsekwencji rujnuje całą dietę. Prawdopodobnie jeszcze większy problem stanowi fakt, iż wszystkie zamienniki cukru są antyketogeniczne i w bardzo dużym stopniu utrudniają osiągnięcie i utrzymanie stanu ketozy odżywczej.

Każdy rodzaj cukru i jego zamienników wpływa na poziom cukru i ketonów we krwi. Sztuczne słodziki, takie jak aspartam czy Splenda, również negatywnie oddziałują na ogólne zdrowie, sprzyjają zwiększeniu wagi ciała oraz przyczyniają się do problemów z metabolizmem. Alkohole cukrowe, takie jak ksylitol* i erytrytol, często są stosowane do słodzenia rzekomo ketogenicznych deserów, syropów, cukierków i innych przekąsek. Ludzie zakładają, że skoro alkohole cukrowe nie dostarczają znaczących kalorii, to znaczy, że są bezpieczne w diecie ketogenicznej. Niestety nie. Zdarzało się, że stan ketozy zanikał po zwykłym umyciu zębów pastą zawierającą ksylitol.

To samo dotyczy stewii. Spotkałem wielu ludzi, którzy wychodzili z ketozy po zjedzeniu przekąski lub wypiciu napoju zawierających jedynie kilka kropli stewii. Bez tego składnika produkty takie byłyby ketogeniczne. Nie chodzi tu o minimalne obniżenie poziomu ketonów – ten negatywny stan może utrzymywać się przez cały dzień lub dłużej nawet przy ścisłym przestrzeganiu zasad diety ketogenicznej w pozostałych posiłkach. To niesamowite, co maleńka ilość stewii czy erytrytolu potrafi zrobić z poziomem ketonów we krwi. Z tego powodu coś takiego, jak ketogeniczny deser – zazwyczaj posłodzony jakimś sztucznym słodzikiem lub zamiennikiem cukru – zwyczajnie nie istnieje. Spożywanie takich potraw oddali od ciebie ketogeniczny sukces. Jeżeli dieta ketogeniczna jest częścią twojej terapii, a ty zdecydujesz się na potrawy zawierające jakikolwiek słodzik, zaburzysz korzystne działanie diety i nie osiągniesz pożądanych efektów.

Opracowałem szczegółowy raport dotyczący wpływu zamienników cukru na zdrowie oraz opisałem, dlaczego są one niekompatybilne z dietą ketogeniczną. Jeżeli jesteś zainteresowany tym tematem, odwiedź stronę http://cocoketodiet.com/?page_id=623.

* W sklepie www.vitalni24.pl dostępne są różne rodzaje ksylitolu najwyższej jakości (przyp. wyd. pol.).

2

Sosy

Sosy podkreślają smak mięsa, ryb, drobiu, a w szczególności warzyw. Zwyczajny, skromny sos potrafi zmienić nijakie warzywa w kulinarnych bohaterów. Większość dzieci, a nawet niektórzy dorośli uważają warzywa za nudne bądź zgoła obrzydliwe. Przyczyną takiej opinii są zwykle rodzice, którzy chcąc serwować swojej rodzinie „zdrowe" posiłki, eliminują wszelkie źródła tłuszczu. A przecież tłuszcz nadaje potrawom smaku oraz go wzmacnia. Warzywa są zatem gotowane na parze i podawane z mikroskopijną szczyptą soli i pieprzu – nuda! Większość warzyw przygotowywanych w ten sposób ma nijaki smak. Jeżeli jednak dodamy do nich tłuszcz pod postacią masła czy sosu, wtedy warzywa nabiorą życia i staną się absolutnie przepyszne. Nawet najbardziej wybredny smakosz nie oprze się tak przyrządzonym warzywom.

Jedną z głównych zalet stosowania sosów w diecie ketogenicznej lub niskowęglowodanowej jest fakt, iż znacznie zwiększają spożycie tłuszczów. Głównym składnikiem większości sosów jest właśnie tłuszcz. Jedna łyżka stołowa sosu może zawierać od 8 do 10 gramów tłuszczu. Zaledwie kilka łyżek tego składnika zamieni porcję chudego mięsa w ketogeniczny posiłek.

Czym się różnią sosy? Niektóre z nich przygotowuje się, łącząc ze sobą masło, śmietanę, mleko, bulion, ser lub zioła i zazwyczaj są dodawane do warzyw, ryb i drobiu. Natomiast smak sosu tak zwanego własnego bierze się z tłuszczu wytopionego podczas smażenia lub pieczenia mięsa. Sosy własne dodaje się do mięs lub dodatków do mięs.

Podczas smażenia lub pieczenia mięsa na dnie naczynia pozostaje brązowa warstwa przypalonych kawałeczków mięsa, soków z mięsa oraz wytopionego tłuszczu. Właśnie ta warstwa nadaje sosom własnym przepyszny smak. Należy dodać do niej wodę i zagotować. W trakcie gotowania brązowa warstwa tłuszczu i resztek mięsnych częściowo się rozpuści i połączy z wodą. Na koniec wystarczy połączyć gotujący się sos z przyprawami i zagęścić.

Skrobie i mąki

Większość sosów zwykłych i własnych wymaga dodatku konkretnego czynnika zagęszczającego, a tak się niestety składa, że tradycyjne substancje zgęstniające są bogate w skrobię będącą węglowodanem. Stanowi to główny problem dla osób uwzględniających sosy w swojej diecie ketogenicznej. Najpopularniejszymi środkami zagęszczającymi są mąka i skrobia kukurydziana. Jeżeli dodasz tylko niewielką ilość zagęstnika, ilość węglowodanów, które jednocześnie dołączysz do potrawy, nie będzie duża i nie wpłynie znacznie na dietę ketogeniczną czy niskowęglowodanową. Na przykład jedna łyżka stołowa zwykłej białej mąki pszennej zawiera 6 gramów węglowodanów. Do zagęszczenia jednej szklanki (240 ml) płynu potrzeba dwóch takich łyżek, czyli 12 gramów węglowodanów. Porcja ¼ szklanki (60 ml) płynu zagęszczonego mąką mieści zatem 3 gramy węglowodanów.

Skrobia kukurydziana zawiera nieco więcej węglowodanów – 7 gramów na jedną łyżkę stołową – lecz ma przy tym większe właściwości emulgujące niż mąka, dlatego do zagęszczenia jednej szklanki płynu potrzeba tylko ½ łyżki skrobi. Porcja ¼ szklanki płynu zawiera nieco mniej niż 1 gram węglowodanów. Taką małą ilość spokojnie można włączyć do diety ketogenicznej.

Pszenica i kukurydza są zaliczane do zbóż. Wiele osób stara się unikać zbóż z różnych powodów. Niektórzy nie tolerują glutenu i muszą całkowicie wykluczyć pszenicę z diety. Innymi popularnymi substancjami zagęszczającymi są tapioka produkowana z korzeni manioku oraz mączka pozyskiwana z korzenia maranty trzcinowej. Obie zawdzięczają swoje zagęszczające właściwości skrobi i dostarczają zbliżoną ilość węglowodanów, co skrobia kukurydziana. Nie przekroczysz dziennego limitu spożycia węglowodanów, pod warunkiem że do zagęszczania użyjesz tylko jednej łyżki stołowej wybranej substancji.

Przed dodaniem do gorącego sosu mąkę bądź skrobię należy zmieszać z niewielką ilością zimnej wody, śmietany lub mleka. W innym razie powstaną grudki. Taką mieszankę należy następnie wlać do gorącego sosu i dokładnie wymieszać.

Gumy i nasiona rozpuszczalne w wodzie

Aby zagęścić sosy bez dodatku węglowodanów, możesz wykorzystać różne gumy warzywne rozpuszczalne w wodzie, jak na przykład gumę guar, agar czy gumę ksantanową. Substancje takie pochłaniają wodę i tworzą żel. Często są wykorzystywane jako emulgatory i stabilizatory w ogólnodostępnych produktach spożywczych. Są popularne w kuchni azjatyckiej, lecz można kupić je w wielu sklepach i wykorzystać w domu.

Innym przykładem popularnych produktów niskowęglowodanowych są mieszanki różnych gum warzywnych, na przykład Thicken Thin Not/Starch Thickener, który jest produkowany z gumy guar, ksantanowej, karobowej i arabskiej. Jest oczywiście wiele innych alternatyw.

Nasiona niektórych roślin są bogate w gumy warzywne rozpuszczalne w wodzie i również mogą być stosowane do zagęszczania potraw. Do tej grupy zaliczają się nasiona lnu, chia oraz łupiny nasion babki płesznik (plantago psyllium). Nasiona babki od wielu lat stosowane są jako bezpieczny suplement diety przy problemach trawiennych, takich jak zatwardzenia, biegunki czy zespół jelita drażliwego. W przeciwieństwie do nasion lnu i chia, dodane do sosu nasiona babki stapiają się z nim i są niewyczuwalne. Wszystkie gumy nadają sosom żelową konsystencję, co wiele osób uważa za niesmaczne. Moim wyborem numer jeden jest guma ksantanowa, jako że dokładnie się rozpuszcza i tworzy w miarę jednolity sos, nie nadając mu konsystencji galaretki. Guma ksantanowa jest dostępna w sklepach ze zdrową żywnością, internetowych oraz niektórych spożywczych.

Gumę należy zmieszać z niewielką ilością oleju lub stopionego masła, a następnie połączyć z sosem. Dzięki temu zabiegowi w sosie nie powstaną grudki. Wystarczy jedynie ½ łyżeczki gumy ksantanowej, aby zagęścić 1 szklankę płynu. Dlatego też należy stopniowo i powoli dodawać małe ilości roztworu. Guma ksantanowa i nasiona babki zaczynają pęcznieć natychmiast po zetknięciu z wilgocią, z tego względu zadziałają zarówno w płynach gorących, jak i w zimnych. Dodane do gorącego płynu stopniowo zagęszczą sos. Zagęszczanie sosów gumą trwa na ogół dłużej niż zagęszczanie skrobią czy mąką.

Mąki orzechowe

Mąki orzechowe, takie jak migdałowa czy kokosowa, są często wykorzystywane w kuchni niskowęglowodanowej przy wypiekach ciast czy pieczywa jako zamienniki innych, bogatych w węglowodany mąk. Pomimo że w tej roli sprawdzają się całkiem dobrze, nie są najlepsze do zagęszczania potraw. Nie zawierają wystarczającej ilości skrobi ani rozpuszczalnego błonnika, aby odpowiednio zagęścić płyny.

Śmietana

W niektórych przepisach jako czynnik zagęszczający wykorzystuje się również śmietanę. Odpowiednia ilość śmietany dodana do powoli gotującego się płynu zagęści go po odparowaniu wody. Do tego potrzeba jednak całkiem sporo śmietany.

Do zagęszczania nadaje się jedynie prawdziwa śmietana, gdyż mleczne zamienniki, takie jak mleko migdałowe, sojowe czy kokosowe, nie poradzą sobie z tym zadaniem.

Żółtko

Do zagęszczania sosów można również użyć żółtka. Dwa żółtka zagęszczą jedną szklankę płynu. Należy jednak wykonać tę procedurę bardzo dokładnie: roztrzep żółtka widelcem, aż otrzymasz jednolity kolor. Następnie zmieszaj je z niewielką ilością gorącego sosu. W ten sposób ogrzejesz żółtka i zapobiegniesz stężeniu i powstaniu grudek. Wlej mieszankę do całości gorącego sosu. Aby osiągnąć lepszy efekt, należy gotować zagęszczony sos na najmniejszym ogniu lub w garnku z podwójnym dnem nad delikatnie grzejącą się wodą. Gotuj sos, jednocześnie mieszając, lecz tylko do czasu, aż zaniknie smak surowego żółtka.

Substancja zagęszczająca	**Ilość węglowodanów netto na 1 łyżkę stołową**	**Ilość potrzebna do zagęszczenia 1 szklanki (240 ml) płynu***
Mąka z maranty	7	½ łyżki (8 g)
Skrobia kukurydziana	7	½ łyżki (8 g)
Mąka z tapioki	7	½ łyżki (8 g)
Biała mąka pszenna	6	2 łyżki (16 g)
Guma ksantanowa	0	½ łyżeczki
Guma guar	0	½ łyżeczki
Mielone nasiona babki	0	½ łyżeczki
Żółtko	0,5 (1 żółtko)	2 żółtka

*Wody, bulionu lub mleka. W przypadku śmietany potrzeba 0,5 razy więcej substancji zagęszczającej.

Sos pieczeniowy ciemny

Sosy własne przyrządza się poprzez rozpuszczenie tłuszczu z mięsa, który zbiera się na dnie patelni podczas smażenia. Tłuszcz i resztki mięsa nadają sosom własnym smak.

Zanim zabierzesz się do gotowania, musisz zdecydować jakiego rodzaju naczynia użyć. Musi nadawać się zarówno do pieczenia w piekarniku, jak i do smażenia na kuchence. Sos przyrządzisz w jednym naczyniu. Szklane naczynia mogą być nieodpowiednie. Zamiast nich użyj naczyń ze stali nierdzewnej lub emaliowanych, które będą nadawały się do smażenia czy gotowania w wysokich temperaturach. Sos własny można zrobić też z pozostałości po smażeniu mięsa na patelni żeliwnej.

Większość kucharzy wyrzuca większość takiego tłuszczu, ponieważ chcą zredukować zawartość tego składnika w potrawach. Dzięki temu skrobia lub mąka lepiej mieszają się z sosem, a nadmiar tłuszczu się oddziela na wierzchu. Jednak jednym z celów diety ketogenicznej jest dodawanie tłuszczu do posiłków, dlatego też najlepiej jest wykorzystać jego nadmiar do przyrządzenia sosu i nie przejmować się zbytnio, jeżeli na powierzchni oddzieli się jego widoczna warstwa. Zamieszaj dokładnie sos przed podaniem i ciesz się smakiem potrawy.

Ilość pozostałości mięsnych po smażeniu będzie się różniła w zależności od wielkości i rodzaju przyrządzanego mięsa. W celu dokładnego odmierzenia tłuszczu przelej go do miarki. Jeżeli zgromadzisz zbyt małą ilość – uzupełnij miarkę wodą (lub bulionem z kości, warzywnym lub mięsnym) do równego poziomu połowy szklanki na przykład: 1, 1,5 lub 2 szklanki. Taka dokładna miara potrzebna jest do określenia odpowiedniej ilości substancji zagęszczającej. Przelej płyn z powrotem na patelnię i zagotuj na małym ogniu. Mieszaj drewnianą łyżką lub metalową rózgą, aby rozbić i rozpuścić mięsne resztki. Dodaj sól i pieprz do smaku oraz 0,5-1 łyżki (5-10 g) drobno posiekanej cebuli na 1 szklankę sosu.

Jeżeli korzystasz z mąki z tapioki lub maranty, odmierz ½ łyżki (4 g) na jedną szklankę sosu. Zmieszaj każde ½ łyżki wybranej substancji zagęszczającej z co najmniej 1 łyżką (15 ml) zimnej wody.

Przelej taką mieszankę do sosu i mieszaj, aż zgęstnieje. Na przykład jeżeli przygotowujesz 2 szklanki (480 ml) sosu, połącz 1 łyżkę (8 g) zagęstnika z 2 łyżkami (30 ml) zimnej wody.

Jeżeli decydujesz się na gumę ksantanową lub guar, odmierz ½ łyżeczki na każdą szklankę (240 ml) sosu. Połącz każde ½ łyżeczki gumy z 1 łyżką (14 g) stopionego masła. Dodaj mieszankę do sosu i mieszaj, aż zgęstnieje. Guma potrzebuje więcej czasu niż mąka i skrobia, aby zagęścić płyn.

Ilość otrzymanego sosu będzie różniła się w zależności od ilości tłuszczu wytopionego podczas smażenia mięsa oraz dodanej wody. Zawartość białka na ¼ szklanki jest minimalna. Zawartość tłuszczu jest zbyt zmienna, aby dokładnie ją określić, lecz na ogół waha się od 10 do 15 gramów na porcję. Ilość węglowodanów netto z tapioki lub mąki z maranty wynosi około 1 grama na porcję, a przy użyciu gumy guar lub ksantanowej – prawie 0 gramów na porcję.

Inne wersje ciemnego sosu pieczeniowego:

Sos z podrobów

Sos bazujący na podrobach jest smacznym dodatkiem do drobiu. Pod nazwą „podroby" kryją się: wątróbka, serce, żołądek i szyja indyka lub innego ptaka. Zalej surowe podroby 2 szklankami (480 ml) wody i gotuj na wolnym ogniu około 30 minut. Odcedź. Nie wylewaj wywaru. Posiekaj drobno wątróbkę, serca i żołądki. Oddziel mięso od kości z szyi indyczej. Kość wyrzuć, ponieważ nie będzie już potrzebna.

Przygotuj sos pieczeniowy ciemny zgodnie ze wskazówkami, lecz zamiast wody użyj wywaru z podrobów. Przed zagęszczeniem dodaj posiekane podroby, ½ łyżeczki mielonej szałwii i ½ łyżeczki suszonego tymianku.

Sos biały

Biały sos dobrze komponuje się z mięsem drobiowym i gotowanymi warzywami. Trzeba przygotować go w ten sam sposób, co ciemny sos pieczeniowy, lecz zamiast wody należy użyć śmietany i dodatkowo doprawić szczyptą mielonej szałwii, rozmarynem oraz solą i pieprzem.

Ziołowy sos własny

Wybór ziół będzie zależał od rodzaju przygotowywanego mięsa. Na początek przygotuj podstawowy ciemny sos pieczeniowy. Zanim jednak zagęścisz sos, dodaj wybrane zioła i gotuj przez chwilę na małym ogniu. Do wołowiny najlepszym dodatkiem będzie ½ łyżeczki cząbru, tymianku i/lub majeranku. Cielęcina i jagnięcina idą w parze z 1 łyżeczką estragonu lub mięty i/lub ½ łyżeczki suszonego rozmarynu. Do wieprzowiny i drobiu dodaj ½ łyżeczki szałwii i/lub tymianku.

Biały sos cebulowy

Podstawą tego sosu jest sos biały. Przed zagęszczeniem podsmaż na złoto ¼ szklanki (40 g) posiekanej cebuli na 1 łyżce (14 g) masła. Jest to ilość na jedną szklankę (240 ml) sosu. Dodaj cebulę i masło do sosu i dopraw solą i pieprzem. Szałwię i rozmaryn zastąp suszonym tymiankiem: ⅛ łyżeczki na każdą szklankę sosu.

Sos pieczarkowy

Podstawą tego sosu jest do wyboru sos biały lub ciemny pieczeniowy. Na każdą szklankę (240 ml) sosu dodaj sól, pieprz oraz ½ szklanki (35 g) posiekanych pieczarek oraz ½ łyżki (5 g) posiekanej cebuli.

Sos z kiełbasy

Ten wspaniały sos wzbogaci smak każdego rodzaju mięsa i gotowanych warzyw.

2 łyżki (28 g) masła
115 g kiełbasy lub mielonej wieprzowiny
¼ szklanki (40 g) drobno posiekanej cebuli
½ szklanki (120 ml) śmietanki kremówki lub mleka kokosowego
½ szklanki (120 ml) bulionu z kury
⅛ łyżeczki soli
⅛ łyżeczki świeżo zmielonego pieprzu
¼ łyżeczki suszonego tymianku
¼ łyżeczki suszonego rozmarynu
1 łyżeczka mąki z tapioki lub z maranty*
2 łyżki (30 ml) zimnej wody

Podgrzej lekko masło w rondelku. Dodaj wieprzowinę i cebulę. Podsmażaj około 10 minut, od czasu do czasu mieszając, aż mięso i cebula się przyrumienią. Dodaj śmietanę, bulion, sól, pieprz, tymianek i rozmaryn. Gotuj na małym ogniu przez kolejne 5 minut. Mieszaj od czasu do czasu do połączenia sma-

---

* Zamiast mąki z tapioki można użyć gumy guar lub ksantanowej: zmieszaj ¼ łyżeczki gumy z jedną łyżką (14 g) stopionego masła. Przelej do sosu i mieszaj, aż zgęstnieje – około 8 minut.

ków. Następnie rozpuść mąkę z tapioki w 2 łyżkach (30 ml) zimnej wody i wlej do rondelka z mięsem. Mieszaj, aż sos zgęstnieje. Zdejmij z ognia, aby sos nie przypalił się na dnie garnka.

Ilość porcji: 5
Jedna porcja (¼ szklanki/60 ml) z mąką z tapioki zawiera: 14,5 g tłuszczu, 2 g węglowodanów netto, 7 g białka, 166 kalorii
Jedna porcja (¼ szklanki/60 ml) z gumą ksantanową zawiera: 16,5 g tłuszczu, 1 g węglowodanów netto, 7 g białka, 180 kalorii

Sos fiesta

Przygotuj sos z kiełbasy według powyższego przepisu. Po zagęszczeniu dodaj ¼ szklanki (65 g) salsy oraz ¼ szklanki (30 g) startego ostrego sera cheddar.

Ilość porcji: 6
Jedna porcja (¼ szklanki/60 ml) z mąką z tapioki zawiera: 13,5 g tłuszczu, 2 g węglowodanów netto, 7,5 g białka, 159 kalorii
Jedna porcja (¼ szklanki/60 ml) z gumą ksantanową zawiera: 15,5 g tłuszczu, 1 g węglowodanów netto, 7,5 g białka, 173 kalorie

Sos z cząstkami kurczaka

Ten sos jest świetnym sposobem na wykorzystanie resztek z kurczaka. Pasuje do gotowanych warzyw lub gniecionego kalafiora.

6 łyżek (84 g) masła
¼ szklanki (40 g) cebuli pokrojonej w kostkę
¼ szklanki (30 g) selera naciowego pokrojonego w kostkę
¼ szklanki (20 g) pieczarek pokrojonych w kostkę
1 szklanka (140 g) drobno posiekanego gotowanego kurczaka

2 szklanki (480 ml) bulionu z kury
½ łyżeczki soli
¼ łyżeczki pieprzu
½ łyżeczki tymianku
1½ łyżki (12 g) mąki z tapioki lub z maranty*
½ szklanki (120 ml) śmietany lub mleka kokosowego

Rozpuść masło w dużym rondlu na średnim ogniu. Podsmażaj cebulę i seler, aż zmiękną. Dodaj pieczarki, kurczaka, bulion, sól, pieprz i tymianek. Gotuj na małym ogniu około 10 minut. Zmieszaj mąkę ze śmietaną i dodaj do sosu. Mieszaj, aż zgęstnieje.

Ilość porcji: 4
Jedna porcja (1 szklanka/240 ml) z mąką z tapioki zawiera: 31 g tłuszczu, 4 g węglowodanów netto, 13,5 g białka, 349 kalorii
Jedna porcja (1 szklanka/240 ml) z gumą ksantanową zawiera: 31 g tłuszczu, 2 g węglowodanów netto, 13,5 g białka, 341 kalorii

Sos aksamitny

Jest to jeden z pięciu klasycznych, podstawowych sosów francuskich, na bazie których przygotowywanych jest wiele innych. Podstawowym składnikiem jest bulion z kury, wołowiny, cielęciny, wieprzowiny lub ryb. Tradycyjnie sos jest zagęszczany zasmażką na bazie mąki. Tutaj przedstawiam wersję zagęszczaną nieco mniejszą ilością węglowodanów.

* Zamiast mąki z tapioki można użyć gumy guar lub ksantanowej. Przygotuj sos według powyższych wskazówek, lecz do podsmażania cebuli użyj 5 łyżek (75 g) masła, dodaj bulion i śmietanę. Zmieszaj 1 łyżeczkę gumy ksantanowej z 1 łyżką (14 g) stopionego masła. Dodaj gumę do gorącego sosu i mieszaj, aż zgęstnieje – około 8 minut.

¼ szklanki (40 g) drobno posiekanej cebuli
6 łyżek (90 g) masła
¼ szklanki (20 g) drobno posiekanych pieczarek
2 szklanki (480 ml) bulionu wołowego, rybnego lub z kury
¼ łyżeczki soli
szczypta białego pieprzu
¼ - ½ łyżeczki ziół*
1 łyżka (8 g) mąki z tapioki lub z maranty**

Podgrzewaj cebulę na maśle około 5 minut, aż zmięknie. Dodaj pieczarki i podsmażaj przez kolejne 5 minut, aż cebula się przyrumieni. Dodaj 1½ szklanki (360 ml) bulionu, sól, pieprz i zioła. Gotuj na małym ogniu przez 15 minut. Zmieszaj mąkę z tapioki z ½ szklanki (120 ml) zimnego bulionu i przelej do gorącego sosu. Mieszaj, aż zgęstnieje.

Ilość porcji: 10
Jedna porcja (¼ szklanki/60 ml) z mąką z tapioki zawiera: 7,5 g tłuszczu, 1,5 g węglowodanów netto, 1 g białka, 77 kalorii
Jedna porcja (¼ szklanki/60 ml) z gumą ksantanową zawiera: 7,5 g tłuszczu, 0,5 g węglowodanów netto, 1 g białka, 173 kalorie

* Do bulionu z kurczaka lub indyka dodaj szałwię, rozmaryn lub tymianek. Do bulionu wołowego najlepszy będzie cząber, tymianek lub majeranek. Bulion na jagnięcinie i cielęcinie dobrze skomponuje się z estragonem, rozmarynem lub szałwią. Bulion rybny dopraw majerankiem, koperkiem, tymiankiem, curry lub pietruszką.
** Zamiast mąki z tapioki można użyć gumy guar lub ksantanowej. Przygotuj sos według powyższych wskazówek, lecz do podsmażania cebuli użyj 5 łyżek (75 g) masła. Zmieszaj ½ łyżeczki gumy ksantanowej z 1 łyżką (14 g) stopionego masła. Dodaj wszystko do gorącego sosu i mieszaj, aż zgęstnieje – około 8 minut.

Podstawowy sos biały

Jest to niskowęglowodanowa wersja klasycznego sosu beszamelowego, jednego z pięciu klasycznych sosów francuskich. Ten sos nadaje się niemalże do wszystkich typów potraw. Może być wykorzystany jako baza do wielu innych sosów.

4 łyżki (60 g) masła
¼ szklanki (40 g) drobno posiekanej cebuli
½ szklanki (120 ml) śmietany lub mleka kokosowego
½ szklanki (120 ml) bulionu z kury
¼ łyżeczki soli
⅛ łyżeczki białego pieprzu
¼ łyżeczki suszonego tymianku
1 łyżeczka mąki z tapioki lub z maranty*
2 łyżki (30 ml) wody

Rozpuść masło w rondelku. Dodaj cebulę i podsmażaj na średnim ogniu, aż zacznie brązowieć. Zmniejsz ogień. Dodaj śmietanę, bulion, sól, pieprz i tymianek. Podgrzewaj, często mieszając, przez 6-8 minut, aż połączą się smaki składników. Zmieszaj mąkę z wodą i dodaj do gorącego sosu. Mieszaj, aż zgęstnieje. Dodaj sól i pieprz do smaku.

* Zamiast mąki z tapioki można użyć gumy ksantanowej. Przygotuj sos według powyższych wskazówek, lecz do podsmażania cebuli użyj 3 łyżek (90 g) masła. Pozostałą łyżkę masła (14 g) zmieszaj z ¼ łyżeczki gumy ksantanowej. Dodaj do gorącego sosu i mieszaj, aż zgęstnieje.

Ilość porcji: 5
Jedna porcja (¼ szklanki/60 ml) z mąką z tapioki zawiera: 28 g tłuszczu, 2 g węglowodanów netto, 1 g białka, 264 kalorie
Jedna porcja (¼ szklanki/60 ml) z gumą ksantanową zawiera: 28 g tłuszczu, 1 g węglowodanów netto, 1 g białka, 260 kalorii

Inne wersje podstawowego sosu białego:

Sos z sardeli

Przygotuj podstawowy sos biały według powyższych wskazówek. Nie dodawaj soli, a bulion z kury zamień na bulion rybny. Dodaj 4 łyżeczki pasty z sardeli i szczyptę pieprzu kajeńskiego. Sos z sardeli jest dobrym dodatkiem do ryb lub gotowanych warzyw.

Ilość porcji: 5
Jedna porcja (¼ szklanki/60 ml) z mąką z tapioki zawiera: 34 g tłuszczu, 2 g węglowodanów netto, 1,5 g białka, 320 kalorii
Jedna porcja (¼ szklanki/60 ml) z gumą ksantanową zawiera: 34 g tłuszczu, 1 g węglowodanów netto, 1,5 g białka, 316 kalorii

Sos kaparowy

Przygotuj podstawowy sos biały zgodnie z przepisem. Nie dodawaj soli. Zaraz przed podaniem dodaj ¼ szklanki (34 g) z grubsza posiekanych kaparów i ½ łyżki (8 g) soku z cytryny. Sos kaparowy pasuje do dań rybnych.

Ilość porcji: 5
Jedna porcja (¼ szklanki/60 ml) z mąką z tapioki zawiera: 28,5 g tłuszczu, 2 g węglowodanów netto, 1,5 g białka, 270 kalorii

Jedna porcja (¼ szklanki/60 ml) z gumą ksantanową zawiera: 28,5 g tłuszczu, 1 g węglowodanów netto, 1,5 g białka, 266 kalorii

Sos chrzanowy

Przygotuj podstawowy sos biały według wskazówek. Dodaj 2 łyżki (30 g) chrzanu ze słoiczka i ⅛ łyżeczki musztardy w proszku zmieszanej z 2 łyżkami śmietany. Podgrzewaj sos przez 2-3 minuty. Sos chrzanowy jest dobrym dodatkiem do wołowiny lub jagnięciny.

Ilość porcji: 5
Jedna porcja (¼ szklanki/60 ml) z mąką z tapioki zawiera: 30 g tłuszczu, 2,5 g węglowodanów netto, 1 g białka, 284 kalorie
Jedna porcja (¼ szklanki/60 ml) z gumą ksantanową zawiera: 30 g tłuszczu, 1,5 g węglowodanów netto, 1 g białka, 280 kalorii

Sos mornay

Jest to delikatny sos serowy doskonały do owoców morza, drobiu, jajek i warzyw. Przygotuj podstawowy sos biały według wskazówek. Podgrzewaj na małym ogniu. Dodaj ¼ szklanki (20 g) startego parmezanu oraz tyle samo sera gruyere. Mieszaj, aż sery się roztopią.

Ilość porcji: 5
Jedna porcja (¼ szklanki/60 ml) z mąką z tapioki zawiera: 30 g tłuszczu, 2 g węglowodanów netto, 3,5 g białka, 292 kalorie
Jedna porcja (¼ szklanki/60 ml) z gumą ksantanową zawiera: 30 g tłuszczu, 1 g węglowodanów netto, 3,5 g białka, 288 kalorii

Sos krewetkowy

Przygotuj podstawowy sos biały zgodnie z przepisem. Nie dodawaj soli. Zamiast bulionu z kury dodaj rybny. Dodaj ¼ łyżeczki sosu rybnego i ½ szklanki (60 g) drobno posiekanych krewetek. Sos krewetkowy jest dobrym dodatkiem do jajek i warzyw.

Ilość porcji: 6
Jedna porcja (¼ szklanki/60 ml) z mąką z tapioki zawiera: 23 g tłuszczu, 1,5 g węglowodanów netto, 3 g białka, 225 kalorii
Jedna porcja (¼ szklanki/60 ml) z gumą ksantanową zawiera: 23 g tłuszczu, 0,5 g węglowodanów netto, 3 g białka, 221 kalorii

Sos śmietanowy

Przygotuj podstawowy sos biały według wskazówek, lecz zmniejsz ilość śmietany do ¼ szklanki (60 ml). Kiedy sos zgęstnieje, zmniejsz ogień i dodaj ½ szklanki (115 g) kwaśnej śmietany. Uważaj, aby nie zagotować sosu!

Ilość porcji: 5
Jedna porcja (¼ szklanki/60 ml) z mąką z tapioki zawiera: 28 g tłuszczu, 2 g węglowodanów netto, 1 g białka, 264 kalorie
Jedna porcja (¼ szklanki/60 ml) z gumą ksantanową zawiera: 28 g tłuszczu, 1 g węglowodanów netto, 1 g białka, 260 kalorii

Kremowy sos pieczarkowy

Przygotuj podstawowy sos biały według wskazówek. Do śmietany dodaj 1 szklankę (70 g) drobno posiekanych pieczarek (mogą być portobello).

Ilość porcji: 6
Jedna porcja (¼ szklanki/60 ml) z mąką z tapioki zawiera: 23 g tłuszczu, 2 g węglowodanów netto, 1 g białka, 219 kalorii
Jedna porcja (¼ szklanki/60 ml) z gumą ksantanową zawiera: 23 g tłuszczu, 1 g węglowodanów netto, 1 g białka, 215 kalorii

Sos musztardowy

Przygotuj biały sos podstawowy zgodnie ze wskazówkami z podanego wcześniej przepisu. Dodatkowo zmieszaj ze śmietaną ¼ szklanki (44 g) musztardy ze słoiczka. Sos dobrze komponuje się z gotowanymi warzywami i jajkami.

Ilość porcji: 6
Jedna porcja (¼ szklanki/60 ml) z mąką z tapioki zawiera: 23 g tłuszczu, 2 g węglowodanów netto, 1 g białka, 219 kalorii
Jedna porcja (¼ szklanki/60 ml) z gumą ksantanową zawiera: 23 g tłuszczu, 1 g węglowodanów netto, 1 g białka, 215 kalorii

Sos szynkowy

Przygotuj podstawowy sos biały według przepisu. Do podsmażanej cebuli dodaj ½ szklanki (75 g) pokrojonej w kostkę szynki bez dodatku cukru i azotanów. Do śmietany dodaj ½ łyżeczki musztardy w proszku. Sos szynkowy pasuje do jajek i gotowanych warzyw.

Ilość porcji: 6
Jedna porcja (¼ szklanki/60 ml) z mąką z tapioki zawiera: 24 g tłuszczu, 1,5 g węglowodanów netto, 3 g białka, 234 kalorie
Jedna porcja (¼ szklanki/60 ml) z gumą ksantanową zawiera: 24 g tłuszczu, 0,5 g węglowodanów netto, 3 g białka, 230 kalorii

Sos serowy

Jest to pyszny i prosty w przygotowaniu sos, który może stanowić dodatek do każdego rodzaju mięsa i gotowanych warzyw. Jedna porcja (60 ml) dostarcza 20 gramów tłuszczu, co sprawia, że sos znacznie zwiększa zawartość tego składnika w daniach. Do przepisu wykorzystuje się ostry ser cheddar, lecz możesz użyć również innych, aby uzyskać bardziej lub mniej wyrazisty smak.

3 łyżki (45 g) masła
1 szklanka (240 ml) śmietany
1 szklanka (115 g) startego ostrego sera cheddar
⅛ łyżeczki soli
2 łyżeczki mąki z tapioki lub z maranty*
¼ szklanki (60 ml) wody

* Zamiast mąki z tapioki lub z maranty można użyć gumy guar lub ksantanowej. Przygotuj sos według powyższych wskazówek. Zamiast wody użyj 1 łyżki (14 g) stopionego masła i zmieszaj je z ½ łyżeczki gumy. Dodaj do gorącego sosu i mieszaj, aż zgęstnieje – około 8 minut.

Podgrzej masło i śmietanę w rondelku na małym ogniu. Dodaj ser i sól. Mieszaj do roztopienia sera. Zmieszaj mąkę z tapioki z wodą i dodaj do gorącego sosu. Mieszaj, aż sos zgęstnieje – około 4-5 minut. Sos pasuje do gotowanego brokułu, kalafiora, cukinii, bakłażana, pieczarek, fasolki szparagowej, brukselki i mięsa.

Ilość porcji: 8
Jedna porcja (¼ szklanki/60 ml) z mąką z tapioki zawiera: 20 g tłuszczu, 1,5 g węglowodanów netto, 4 g białka, 202 kalorie
Jedna porcja (¼ szklanki/60 ml) z gumą ksantanową zawiera: 21 g tłuszczu, 0,5 g węglowodanów netto, 4 g białka, 207 kalorii

Inne wersje sosu serowego:

Sos serowy z salsą

Przygotuj sos serowy według powyższego przepisu. Do śmietany dodaj ½ szklanki (130 g) salsy.

Ilość porcji: 10
Jedna porcja (¼ szklanki/60 ml) z mąką z tapioki zawiera: 16 g tłuszczu, 2 g węglowodanów netto, 3,5 g białka, 166 kalorii
Jedna porcja (¼ szklanki/60 ml) z gumą ksantanową zawiera: 16 g tłuszczu, 1 g węglowodanów netto, 3,5 g białka, 162 kalorie

Sos serowy z papryką jalapeño

Przygotuj sos serowy zgodnie z przepisem. Dodaj 2 łyżki (18 g) posiekanych papryczek jalapeño.

Ilość porcji: 8
Jedna porcja (¼ szklanki/60 ml) z mąką z tapioki zawiera: 20 g tłuszczu, 1,5 g węglowodanów netto, 4 g białka, 202 kalorii
Jedna porcja (¼ szklanki/60 ml) z gumą ksantanową zawiera: 21 g tłuszczu, 0,5 g węglowodanów netto, 4 g białka, 207 kalorii

Sos serowo-czosnkowy

Przygotuj sos serowy zgodnie z przepisem. Do śmietany dodaj 2 małe lub 1 duży zgnieciony ząbek czosnku.

Ilość porcji: 8
Jedna porcja (¼ szklanki/60 ml) z mąką z tapioki zawiera: 20 g tłuszczu, 1,5 g węglowodanów netto, 4 g białka, 202 kalorii
Jedna porcja (¼ szklanki/60 ml) z gumą ksantanową zawiera: 21 g tłuszczu, 0,5 g węglowodanów netto, 4 g białka, 207 kalorii

Sos serowy z cebulką i pieczarkami

Podsmaż na maśle ½ szklanki (35 g) posiekanych pieczarek i ¼ szklanki (40 g) drobno posiekanej cebuli, aż zmiękną. Połącz mąkę z tapioki z solą i śmietaną i dodaj do grzybów. Odlej wodę. Cheddar zamień na ½ szklanki (60 g) startego sera Monterey Jack oraz ¼ szklanki (60 g) startego parmezanu. Dodaj sery do gorącego sosu i mieszaj, aż się roztopią.

Ilość porcji: 8
Jedna porcja (¼ szklanki/60 ml) z mąką z tapioki zawiera: 20 g tłuszczu, 2,5 g węglowodanów netto, 4 g białka, 206 kalorii
Jedna porcja (¼ szklanki/60 ml) z gumą ksantanową zawiera: 21 g tłuszczu, 1,5 g węglowodanów netto, 4 g białka, 202 kalorie

Sos hiszpański

Jest to niskowęglowodanowa wersja sosu espagnole, który jest jednym z pięciu klasycznych podstawowych sosów w kuchni francuskiej. Sos z tego przepisu zagęszczamy gniecionymi warzywami.

4 plastry boczku bez cukru i azotanów usmażone na chrupko i pokruszone
2 łyżki (28 g) masła
1 średnia drobno posiekana cebula
1 średnia drobno posiekana marchewka
1 łodyga drobno posiekanego selera naciowego
2 szklanki (480 ml) bulionu z wołowiny lub kości (strony 114-115)
2 ząbki czosnku przeciśnięte przez praskę
½ łyżeczki suszonego tymianku
¼ łyżeczki suszonego majeranku
½ łyżeczki suszonego oregano
¼ łyżeczki soli
½ liścia laurowego
¼ szklanki (60 g) sosu pomidorowego
2 łyżki (30 ml) soku z cytryny

Boczek usmaż na chrupko. Następnie pokrusz na kawałeczki do osobnego naczynia i odstaw na bok. Do pozostałego po smażeniu tłuszczu dodaj masło, cebulę, marchew i seler. Podsmażaj około 10-12 minut, aż warzywa zaczną się przyrumieniać.

Dodaj bulion, boczek, czosnek, tymianek, majeranek, oregano, sól i liść laurowy. Podsmażaj pod przykryciem na małym ogniu przez 30 minut. Następnie wyrzuć liść laurowy i zmiksuj wszystko w blenderze na gładką masę. Przelej z powrotem na patelnię, dodaj sos pomidorowy i sok z cytryny. Podgrzej do zagotowania. Zdejmij z ognia i podawaj jako dodatek do gotowanych warzyw i mięsa.

Sos można przechowywać w szczelnym pojemniku w lodówce przez kilka dni. Dobrze jest mieć go pod ręką, zwłaszcza gdy nie mamy dużo czasu na gotowanie. Wtedy w ciągu kilku minut zmienisz zwykłe warzywa w wyjątkowe danie.

Ilość porcji: 6
Jedna porcja (½ szklanki/120 ml) zawiera: 10 g tłuszczu, 3,5 g węglowodanów, 7 g białka, 132 kalorie

Sos hiszpański

Inne wersje sosu hiszpańskiego:

Sos szatański

Przygotuj sos hiszpański według powyższych wskazówek. Zamiast soku z cytryny dodaj 2 łyżki (30 ml) sosu Worcestershire i 1 łyżkę (15 ml) octu z czerwonego wina.

Ilość porcji: 6
Jedna porcja (½ szklanki/120 ml) zawiera: 10 g tłuszczu, 3,5 g węglowodanów, 7 g białka, 132 kalorie

Sos piquante

Przygotuj sos hiszpański według powyższych wskazówek. Dodaj ½ szklanki (120 g) drobno posiekanych korniszonów oraz 2 łyżki (8 g) drobno posiekanej świeżej natki pietruszki.

Ilość porcji: 6
Jedna porcja (½ szklanki/120 ml) zawiera: 10 g tłuszczu, 4 g węglowodanów, 7 g białka, 134 kalorie

Sos ziołowy

Podstawą tego sosu jest bulion wołowy i masło, do których można dodawać dowolne zioła.

¼ szklanki (60 g) masła
½ szklanki (80 g) drobno posiekanej cebuli
2 szklanki (480 ml) bulionu wołowego
¼ łyżeczki suszonego majeranku
¼ łyżeczki suszonego tymianku

¼ łyżeczki suszonego cząbru
¼ łyżeczki suszonej szałwii
¼ łyżeczki suszonej bazylii
⅛ łyżeczki gałki muszkatołowej
⅛ łyżeczki pieprzu
⅛ łyżeczki soli
1 łyżka (8 g) mąki z tapioki lub z maranty*
1 łyżka (15 ml) soku z cytryny
1 łyżeczka drobno posiekanego świeżego estragonu lub ¼ łyżeczki suszonego
1 łyżeczka drobno posiekanej świeżej trybuli lub ¼ łyżeczki suszonej

Rozpuść masło w średnim rondelku. Dodaj cebulę i podsmażaj, aż się lekko przyrumieni – około 8-10 minut. Następnie dodaj 1½ szklanki (360 ml) bulionu, majeranek, tymianek, szałwię, bazylię, gałkę muszkatołową, pieprz i sól. Gotuj na małym ogniu przez 5 minut. Zmieszaj mąkę z tapioki z pozostałą częścią bulionu (60 ml) i dodaj do sosu. Mieszaj, aż zgęstnieje. Na koniec dodaj sok z cytryny, estragon i trybulę. Zdejmij z ognia. Potrawa jest gotowa do podania.

Ilość porcji: 8
Jedna porcja (¼ szklanki/60 ml) z mąką z tapioki zawiera: 6,5 g tłuszczu, 2,5 g węglowodanów netto, 1,5 g białka, 74 kalorie
Jedna porcja (¼ szklanki/60 ml) z gumą ksantanową zawiera: 8 g tłuszczu, 1,5 g węglowodanów netto, 1,5 g białka, 84 kalorie

* Do tego przepisu zamiast mąki z tapioki można wykorzystać gumę ksantanową. Przygotuj sos według wskazówek, lecz cebulę podsmaż na 3 łyżkach (90 g) masła. Zmieszaj ¼ łyżeczki gumy ksantanowej z 1 łyżką (14 g) stopionego masła. Dodaj do gorącego sosu i mieszaj, aż zgęstnieje.

Sos z czerwonej papryki

Ten sos jest świetnym zamiennikiem sosu do spaghetti.

4 łyżki (56 g) oleju kokosowego lub z czerwonej palmy
226 g mielonej wołowiny
1 średnia drobno posiekana cebula
2 drobno posiekane łodygi selera naciowego
2 ząbki czosnku przeciśnięte przez praskę
2 średnie czerwone papryki pokrojone w kostkę
1 szklanka (240 ml) bulionu wołowego lub z kości (strony 114-115)
½ szklanki (120 g) sosu pomidorowego
½ łyżeczki suszonego tymianku
½ łyżeczki suszonego oregano
½ łyżeczki suszonej bazylii
½ łyżeczki suszonego rozmarynu
½ łyżeczki soli
¼ łyżeczki pieprzu
¼ szklanki (20 g) parmezanu (opcjonalnie)

Zagrzej olej na patelni na średnim ogniu. Wołowinę podziel na niewielkie grudki i podsmażaj, aż się dobrze przyrumieni. Przełóż do osobnego naczynia i odstaw. Tłuszcz pozostaw na patelni.

Podsmażaj cebulę, seler, czosnek i paprykę około 12 minut lub do czasu, aż zmiękną i zaczną brązowieć. Dodaj bulion wołowy, sos pomidorowy, tymianek, oregano, bazylię, rozmaryn, sól i pieprz. Podsmażaj na małym ogniu przez 30 minut. Zdejmij z ognia i odstaw do lekkiego ostygnięcia. Następnie zmiksuj wszystko w blenderze. Przelej otrzymane purée z powrotem na patelnię, dodaj wołowinę i podgrzej. Dodaj parmezan i zdejmij z ognia. Podawaj jako dodatek do gotowanych warzyw, jajek lub mięsa.

Ilość porcji: 6
Jedna porcja (½ szklanki/120 ml) zawiera: 12,5 g tłuszczu, 4 g węglowodanów netto, 13 g białka, 180 kalorii

Sos holenderski

Ten sos jest zagęszczany żółtkiem. Sosy na bazie jajek mogą być kapryśne, lecz jeżeli będziesz pamiętać, że zbyt wysoka temperatura zwarzy sos – uda ci się go przyrządzić. Potrzebny ci będzie garnek z podwójnym dnem. Sos gotuje się na lekko grzejącej się wodzie. Zgęstniały sos należy natychmiast zestawić z ognia.

4 żółtka
1 łyżka (15 ml) śmietanki kremówki lub mleka kokosowego
½ szklanki (120 g) miękkiego masła
¼ łyżeczki soli
szczypta białego pieprzu
1 łyżka (15 ml) soku z cytryny

Ubij żółtka na kremową masę. Dodaj śmietanę i wlej do garnka z podwójnym dnem nad lekko gotującą się wodę. Podgrzewaj przez 2-3 minuty, ciągle mieszając. Nie należy zbytnio podgrzać sosu. Dodaj połowę masła i poczekaj, aż dobrze się roztopi i połączy z sosem. Następnie dodaj resztę masła. Podgrzewaj, mieszając, przez następne 2-3 minuty, aż sos będzie na tyle gęsty, że przylepi się do łyżki. Zdejmij garnek z ognia. Dodaj sól, pieprz i sok z cytryny. Podawaj z jajkami, owocami morza lub gotowanymi warzywami.

Warzenie się żółtka to powszechny problem przy gotowaniu w zbyt wysokiej temperaturze. Jeżeli tobie to się przydarzy, nie wyrzucaj sosu, ponieważ można go uratować. Dodaj 2 łyżki (30 ml) wrzątku i energicznie ubijaj sos do otrzymania gładkiej masy.

Ilość porcji: 4
Jedna porcja (¼ szklanki/60 ml) zawiera: 30 g tłuszczu, 0,5 g węglowodanów netto, 3 g białka, 284 kalorie

Inne wersje sosu holenderskiego:

Sos figaro

Przygotuj sos holenderski według powyższego przepisu. Dodatkowo zmiksuj ⅓ szklanki (78 g) sosu pomidorowego i 1 łyżkę drobno posiekanej świeżej natki pietruszki lub kolendry. Podgrzewaj przez 2-3 minuty na lekko gotującej się wodzie. Sos pasuje do owoców morza.

Ilość porcji: 4
Jedna porcja (¼ szklanki/60 ml) zawiera: 30 g tłuszczu, 1,5 g węglowodanów netto, 3 g białka, 288 kalorii

Musztardowy sos holenderski

Przygotuj sos holenderski zgodnie z przepisem. Dodaj ½ łyżeczki musztardy w proszku zmieszanej z sokiem z cytryny. Sos musztardowy nadaje się do gotowanych warzyw, jajek i ryb.

Ilość porcji: 4
Jedna porcja (¼ szklanki/60 ml) zawiera: 30 g tłuszczu, 0,5 g węglowodanów netto, 3 g białka, 284 kalorie

Sos avgolemono

Jest to tradycyjny sos grecki na bazie jajek. Pasuje do szparagów, brokułów i karczochów.

1¼ szklanki (300 ml) bulionu z kury
szczypta gałki muszkatołowej
3 lekko ubite żółtka
3 łyżki (45 ml) soku z cytryny
sól
pieprz

Podgrzej bulion i gałkę muszkatołową w garnku z podwójnym dnem. Woda w garnku powinna się lekko podgrzewać, nie gotować. Zmieszaj żółtka z około ½ szklanki (120 ml) podgrzanego bulionu i wlej do garnka. Mieszaj, aż zgęstnieje. Zdejmij z ognia i dodawaj sok z cytryny po jednej łyżce (15 ml). Na koniec dopraw solą i pieprzem do smaku.

Ilość porcji: 6
Jedna porcja (¼ szklanki/60 ml) zawiera: 2,5 g tłuszczu, 0,5 g węglowodanów netto, 2,5 g białka, 34 kalorie

Sos z zielonych papryczek chili

Ten sos nadaje się do gotowanych warzyw lub mięsa. Świetnie sprawdza się jako dodatek do jajecznicy.

¼ szklanki (56 g) tłuszczu ze smażenia boczku lub oleju kokosowego
½ szklanki (75 g) wieprzowiny pokrojonej w kostkę lub szynki bez cukru i azotanów
½ średniej cebuli pokrojonej w kostkę
2 ząbki czosnku przeciśnięte przez praskę
1½ szklanki (360 ml) bulionu z kury lub wieprzowego
1 puszka (280 g) zielonych papryczek chili lub 1 szklanka (120 g) posiekanych i upieczonych
¼ łyżeczki suszonego oregano

¼ łyżeczki mielonego kminku

¼ łyżeczki soli

1 łyżka (8 g) mąki z tapioki lub z maranty*

W średnim rondelku podgrzej tłuszcz pozostały po smażeniu boczku. Dodaj wieprzowinę i cebulę. Podsmażaj, aż cebula zmięknie – około 5 minut. Dodaj czosnek i podsmażaj kolejne 2 minuty, aż zacznie wydzielać aromat. Dodaj 1 szklankę (240 ml) bulionu, papryczki chili, oregano, kminek i sól. Podgrzewaj na małym ogniu około 15 minut. Zmieszaj mąkę z tapioki z ½ szklanki (120 ml) bulionu i przelej do gorącego sosu. Mieszaj, aż zgęstnieje.

Ilość porcji: 8
Jedna porcja (¼ szklanki/60 ml) z mąką z tapioki zawiera: 8 g tłuszczu, 3 g węglowodanów netto, 3,5 g białka, 98 kalorii
Jedna porcja (¼ szklanki/60 ml) z gumą ksantanową zawiera: 9,5 g tłuszczu, 2 g węglowodanów netto, 3,5 g białka, 107 kalorii

Sos koktajlowy

Sos koktajlowy jest zazwyczaj stosowany jako dip, lecz świetnie radzi sobie również jako dressing do sałatek. Większość ogólnodostępnych sosów koktajlowych jest pełna cukru. Ta wersja nie zawiera cukru i w dodatku świetnie smakuje. Sos jest lekko chrzanowy, jeżeli jednak lubisz mocniejszy smak, dodaj jeszcze jedną łyżkę chrzanu.

* Zamiast mąki z tapioki można wykorzystać gumę guar lub ksantanową. W tym celu przygotuj sos według powyższych wskazówek, lecz zamiast mąki zmieszaj ¼ łyżeczki gumy ksantanowej z 1 łyżką (14 g) stopionego masła. Gumę z masłem dodaj do gorącego sosu i mieszaj, aż zgęstnieje – około 8 minut.

220 g sosu pomidorowego
4 łyżeczki świeżo wyciśniętego soku z cytryny
¼ łyżeczki soli
2 łyżeczki chrzanu ze słoiczka
2 łyżeczki pikantnego sosu

W małej misce dokładnie zmieszaj wszystkie składniki. Podawaj zaraz po przyrządzeniu. Sos można przechowywać w szczelnym pojemniku w lodówce około dwóch tygodni.

Ilość: około 1¼ szklanki (280 g)
Jedna łyżka (14 g) zawiera: 0 g tłuszczu, 0,5 g węglowodanów netto, 0 g białka, 2 kalorie

Sos Alfredo

Ten serowy sos jest świetny do mięs, jajek i warzyw.

¼ szklanki (56 g) masła
1¼ szklanki (295 ml) śmietanki kremówki
½ szklanki (50 g) startego parmezanu
¼ szklanki (25 g) startego sera pecorino romano
⅛ łyżeczki świeżo zmielonego pieprzu

Rozpuść masło w niewielkim garnku na średnim ogniu. Dodaj śmietankę i podgrzewaj około 8 minut, aż objętość śmietany zmniejszy się do 1 szklanki. Zdejmij z ognia. Dodaj sery i pieprz. Mieszaj do rozpuszczenia się serów. Podawaj na gorąco.

Ilość porcji: 4
Jedna porcja zawiera: 38 g tłuszczu, 2 g węglowodanów netto, 7,5 g białka, 380 kalorii

Sos tatarski

1 szklanka (225 g) majonezu (strony 57-60)
3 drobno posiekane szczypiorki sałatkowe razem z cebulkami
1 łyżka (4 g) drobno posiekanej świeżej natki pietruszki
1 łyżka (4 g) drobno posiekanego świeżego estragonu
¼ szklanki (60 g) drobno posiekanych korniszonów
2 łyżki (17 g) kaparów
1 łyżeczka musztardy Dijon
1 łyżka (15 ml) octu z czerwonego wina

Dokładnie połącz wszystkie składniki, zakryj i wstaw do lodówki na 2-3 godziny. Podawaj z owocami morza.

Ilość: około 1¼ szklanki (280 g)
Jedna łyżka (14 g) zawiera: 8,5 g tłuszczu, 0,5 g węglowodanów netto, 0 g białka, 78 kalorii

Kremowy sos chrzanowy

½ szklanki (120 ml) śmietany
½ szklanki (115 g) majonezu (strony 57-60)
2 łyżki (30 g) chrzanu ze słoiczka
1 łyżka (15 ml) soku z cytryny
1 łyżka (6 g) skórki otartej z cytryny

Ubij majonez ze śmietaną na gładką masę. Dodaj chrzan oraz sok i skórkę z cytryny. Wymieszaj. Wstaw do lodówki na pół godziny. Podawaj z zimną wołowiną, jagnięciną lub wieprzowiną.

Ilość: około 1 szklanki (112 g)
Jedna łyżka (14 g) zawiera: 4,5 g tłuszczu, 0 g węglowodanów netto, 0 g białka, 40 kalorii

Sos bekonowy z kwaśną śmietaną

1 szklanka (230 g) kwaśnej śmietany
4 plastry boczku bez cukru i azotanów usmażone na chrupko i pokruszone
2 łyżki tłuszczu wytopionego ze smażonego boczku

Dokładnie połącz wszystkie składniki. Sos pasuje do owoców morza oraz surowych i gotowanych warzyw.

Ilość: około 1 szklanki (112 g)
Jedna łyżka (14 g) zawiera: 6,5 g tłuszczu, 0,5 g węglowodanów netto, 2 g białka, 68 kalorii

Sos serowy z kwaśną śmietaną

¼ szklanki (60 ml) śmietanki kremówki
1 szklanka (115 g) startego ostrego sera cheddar
⅛ łyżeczki mielonej cebuli
1 szklanka (230 g) kwaśnej śmietany

Umieść kremówkę, ser i cebulę w garnku z podwójnym dnem. Zagrzej wodę, aż lekko się zagotuje. Rozpuść ser i ręcznym blenderem zmiksuj składniki na gładką masę. Dodaj kwaśną śmietanę, wymieszaj i zdejmij z ognia. Sos serowy pasuje do gotowanych oraz surowych warzyw.

Ilość: około 1¾ szklanki (390 g)
Jedna łyżka (14 g) zawiera: 4 g tłuszczu, 0,5 g węglowodanów netto, 1 g białka, 42 kalorie

3

Sałatki i dressingi

Ten rozdział jest podzielony na trzy sekcje: niskowęglowodanowe dressingi do sałatek, sałatki obiadowe oraz sałatki, które mogą być służyć jako dodatek do dań głównych. Przepisy z pierwszej części zawierają kilka rodzajów majonezu: podstawową wersję oraz połączony z innymi składnikami. Większość dressingów bazuje na oleju lub śmietanie.

Sałatki z drugiej części rozdziału są treściwe i stanowią pełne osobne danie. Większość tych przepisów pozwala na przygotowanie 2-4 porcji, przy czym jedna porcja to jedno danie. Możesz jednak podzielić ilość składników na pół i podawać sałatkę jako mniejszy dodatek do innych dań głównych.

Sałatki z ostatniej części są mniejsze, dlatego też mogą być zarówno osobnym małym daniem, jak i dodatkiem do dania głównego. Będą się dobrze komponować ze stekiem, kotletami, pieczeniami i innymi daniami mięsnymi lub rybnymi.

Sałatki generalnie są daniami, z którymi można eksperymentować. Jeżeli chcesz, możesz dowolnie zmieniać rodzaj i ilość składników podanych w przepisach, aby dopasować danie do swoich upodobań, apetytu czy liczby osób, które planujesz poczęstować. Śmiało modyfikuj przepisy, jak tylko chcesz.

Niskowęglowodanowe dressingi do sałatek

Sałatki i surówki są dobrym dodatkiem do każdej diety ketogenicznej. Połączone z dressingiem na bazie oleju, dostarczają odpowiedniej ilości tłuszczów w jednym daniu. Sałatki można przyrządzić z najróżniejszych składników, dzięki czemu otrzymasz bogatą różnorodność smaków i aromatów. Nie ograniczaj się do popularnej sałaty lodowej. Wypróbuj sałatę masłową, rzymską, czerwoną i inne. Do sałaty pasują rozmaite warzywa: ogórek, papryka, pomidory, awokado, pietruszka, cebula, szalotki, szczypiorek sałatkowy, rzodkiewki, kłębian, kolendra, rzeżucha, kiełki, seler naciowy oraz korzeń selera, kapusta chińska, pekińska, biała, czerwona, kiszona, brokuł, kalafior, szpinak, jarmuż, burak liściowy, marchew, słonecznik bulwiasty, cykoria, endywia oraz groszek cukrowy. Sałatki nie muszą zawierać sałaty. Możesz wykorzystać wszelkie inne warzywa.

Dodatki nadają iskry sałatkom. Niskowęglowodanowe dodatki to między innymi jajka gotowane na twardo, szynka, pokruszony boczek, wołowina, kurczak, indyk, wieprzowina, ryba (łosoś, sardynki, itp.), kraby, krewetki, nori, twarde sery (cheddar, monterey, munster, itp.), miękkie sery (feta, twaróg, serek wiejski, itp.), orzechy, oliwki i skwarki.

Dressing jest najprawdopodobniej najważniejszą częścią sałatek, gdyż uwydatnia smak sałaty i innych składników. Najpopularniejsze gotowe dressingi są przyrządzane z oleju canola lub sojowego, zawierają cukier, syrop glukozowo-fruktozowy, olej

MSG i inne niepożądane komponenty. Lepszym wyborem jest dressing domowej roboty, który zawiera bardzo niewielką ilość węglowodanów i o wiele zdrowsze składniki. Poniżej znajdziesz kilka przepisów na takie właśnie dressingi.

Majonez

Majonez można przyrządzić z większości olejów roślinnych. Oliwa z oliwek daje majonez tłustszy niż ten ze sklepu wyprodukowany z wielonienasyconych tłuszczów. Oliwa z oliwek typu extra virgin natomiast da majonez o silnym oliwnym smaku, który może przytłumić smak potrawy. Innym rodzajem oliwy jest tak zwana extra light. Ma łagodny smak i doskonale nadaje się do przyrządzania majonezu.

2 żółtka
2 łyżki (30 ml) octu z jabłek
1 łyżeczka musztardy
¼ łyżeczki mielonej papryki
½ łyżeczki soli
1 szklanka (240 ml) oliwy z oliwek extra light

Wszystkie składniki powinny mieć temperaturę pokojową. Umieść żółtka, ocet, musztardę, paprykę, sól i ¼ szklanki (60 ml) oliwy w blenderze. Miksuj około 1 minuty. Podczas miksowania początkowo kropla po kropli, a następnie cienką strużką, *bardzo powoli* dodawaj resztę oliwy. Jest to sekret przyrządzania majonezu – powolne dodawanie oliwy. Majonez będzie gęstniał wraz ze stopniowym dodawaniem oliwy. Na koniec przypraw do smaku. Tak przyrządzony majonez możesz przechowywać w lodówce w szczelnym pojemniku nawet przez kilka tygodni.

Ilość: około 20 łyżek (280 g)
Jedna łyżka (14 g) zawiera: 10,5 g tłuszczu, 0 g węglowodanów netto, 0 g białka, 94 kalorie

Majonez kokosowy

Przygotuj podstawową wersję majonezu według powyższego przepisu. Zamień ½ szklanki oliwy extra light na ½ szklanki oleju kokosowego. Olej musi być płynny i mieć temperaturę pokojową. Możesz zastosować zarówno olej tłoczony mechanicznie, jak i virgin. Olej typu virgin nada majonezowi lekki smak kokosa. Drugi rodzaj oleju ulega znacznie większej obróbce w procesie produkcji i nie ma smaku ani zapachu.

Możesz przygotować majonez na samym oleju kokosowym bez oliwy, jednak musisz go zużyć zaraz po przyrządzeniu. Olej kokosowy tężeje w niskiej temperaturze, zatem przechowywanie w lodówce sprawi, że majonez będzie praktycznie nie do użytku. Dodatek oliwy natomiast spowoduje, że nawet schłodzony będzie miękki i kremowy.

Ilość: około 20 łyżek (280 g)
Jedna łyżka (14 g) zawiera: 10,5 g tłuszczu, 0 g węglowodanów netto, 0 g białka, 94 kalorie

Majonez śródziemnomorski

Ten majonez przyrządza się z mieszanki oliw extra virgin i extra light. Oliwa extra virgin nadaje majonezowi lekki, oliwny, śródziemnomorski smak. Możesz zrobić majonez tylko z oliwy extra virgin, lecz jej smak może być zbyt intensywny. Zaproponowana tu proporcja pół na pół będzie w sam raz: lekki smak bez dominacji oliwy.

2 żółtka
2 łyżki (30 ml) octu jabłkowego lub soku z cytryny
1 łyżeczka musztardy
¼ łyżeczki mielonej papryki
½ łyżeczki soli
½ szklanki (120 ml) oliwy z oliwek extra virgin
½ szklanki (120 ml) oliwy z oliwek extra light

Wszystkie składniki powinny mieć temperaturę pokojową. W blenderze połącz żółtka z octem, musztardą, papryką, solą i ¼ szklanki (60 ml) oliwy extra virgin. Miksuj przez 1 minutę. W trakcie miksowania *bardzo powoli* wlewaj pozostałą część oliwy extra virgin. Dodawaj kropla po kropli, a następnie bardzo cienką strużką.

Jest to sekret przyrządzania dobrego majonezu – powolne dodawanie oliwy. Majonez będzie gęstniał wraz ze stopniowym dodawaniem tłuszczu. Dodaj przyprawy do smaku. Tak przyrządzony majonez możesz przechowywać w lodówce w szczelnym pojemniku nawet przez kilka tygodni.

Ilość: około 20 łyżek (280 g)
Jedna łyżka (14 g) zawiera: 10,5 g tłuszczu, 0 g węglowodanów netto, 0 g białka, 94 kalorie

Kokosowy majonez fiesta Leslie

Jest to jeden z ulubionych przepisów na majonez mojej żony Leslie. Wszystkie składniki powinny mieć temperaturę pokojową. Aby szybko zagrzać jajka wyjęte z lodówki, umieść je na 10 minut w dobrze ciepłej wodzie. Następnie oddziel ciepłe żółtka od białek. Ten majonez możesz zastosować w każdym przepisie, w którym potrzebny jest właśnie ten składnik.

2 żółtka
1 całe jajko
sok z 2 cytryn
2 łyżeczki musztardy Dijon
¾ łyżeczki soli
szczypta białego pieprzu
¼ szklanki (12 g) drobno posiekanego cienkiego szczypiorku
½ szklanki (8 g) drobno posiekanej świeżej kolendry
¼ szklanki (60 ml) oliwy z oliwek extra virgin
⅔ szklanki (160 ml) oliwy z oliwek extra light
1 szklanka (235 ml) oleju kokosowego

Umieść żółtka, jajko, sok z cytryny, musztardę, sól, pieprz, szczypiorek, kolendrę i oliwę extra virgin w misce blendera. Miksuj około 10 sekund do połączenia składników.

Podczas miksowania *bardzo powoli* dodawaj oliwę extra light. Kiedy zacznie tworzyć się gładka masa, możesz minimalnie zwiększyć ilość dodawanej oliwy. Sekret dobrego majonezu tkwi w powolnym dodawaniu oliwy. Na koniec cienką strużką, powoli, dolej olej kokosowy. Majonez powinien zacząć gęstnieć. Przełóż gotowy majonez do słoika lub innego szklanego pojemnika ze szczelnym zamknięciem i przechowuj w lodówce.

Ilość: około 2 szklanek (450 g)
Jedna łyżka (14 g) zawiera: 10,5 g tłuszczu, 0 g węglowodanów netto, 0 g białka, 94 kalorie

Kokosowy dressing z octem

¼ szklanki (60 ml) stopionego oleju kokosowego*
¼ szklanki (60 ml) oliwy z oliwek extra light
2 łyżki (30 ml) wody
¼ szklanki (60 ml) octu z jabłek
⅛ łyżeczki soli
⅛ łyżeczki białego pieprzu

Umieść wszystkie składniki w weku lub innym podobnym pojemniku. Zakręć i energicznie potrząsaj, aż składniki się dobrze połączą. Odstaw na chwilę w temperaturze pokojowej. Dressing można przechowywać przez kilka dni w szafce bez konieczności schładzania. Jeżeli jednak zamierzasz korzystać z dressingu przez okres dłuższy niż tydzień, wstaw go do lodówki. Schłodzone tłuszcze stężeją, lecz wystarczy wyjąć dressing z lodówki 1 godzinę przez użyciem, aby pokojowa temperatura ponownie je rozpuściła.

Ilość: 14 łyżek (200 g)
Jedna łyżka (14 g) zawiera: 7,7 g tłuszczu, 0 g węglowodanów netto, 0 g białka, 67 kalorii

* Możesz również użyć oleju MCT zamiast kokosowego lub zastąpić zarówno olej kokosowy, jak i oliwę extra light równą ilością oliwy extra virgin.

Majonez ziołowy

Ten dressing jest smacznym dodatkiem do ryb, skorupiaków i sałatek warzywnych. Jako bazę możesz wykorzystać dowolny majonez z powyższych przepisów.

½ szklanki (32 g) drobno posiekanej świeżej natki pietruszki
⅓ szklanki (28 g) drobno posiekanej rzeżuchy
2 łyżki (6 g) drobno posiekanego cienkiego szczypiorku
1 łyżka (4 g) drobno posiekanego świeżego koperku
1¼ szklanki (285 g) majonezu (strony 57-60)
1 łyżeczka soku z cytryny
¼ łyżeczki soli
2-3 krople pikantnego sosu

Dokładnie wymieszaj wszystkie składniki. Przykryj pojemnik i umieść w lodówce na kilka godzin.

Ilość: około 1½ szklanki (336 g)
Jedna łyżka (14 g) zawiera: 9 g tłuszczu, 0 g węglowodanów netto, 0 g białka, 81 kalorii

Azjatycki dressing migdałowy

½ szklanki (110 g) oleju kokosowego
¼ szklanki (25 g) migdałów w słupkach
1 łyżka (15 ml) oliwy z oliwek extra light
2 łyżki (30 ml) sosu tamari
1 łyżka (15 ml) octu z jabłek
¼ łyżeczki mielonego imbiru
¼ łyżeczki soli

Umieść olej kokosowy w małym rondelku. Dodaj migdały i podsmażaj na małym ogniu, aż zaczną się przyrumieniać. Zdejmij z ognia i odstaw do ostygnięcia. Następnie dodaj do migdałów pozostałe składniki. Po jakimś czasie migdały opadną na dno, a tłuszcz oddzieli się na powierzchni. Przed użyciem wystarczy dobrze wymieszać. Nakładając dressing na sałatkę, nabieraj razem z migdałami. Możesz przechowywać dressing w szafce przez kilka dni bez konieczności schładzania. Jeżeli planujesz korzystać z dressingu dłużej niż tydzień, umieść go w lodówce.

Ilość: 14 łyżek (200 g)
Jedna łyżka (14 g) zawiera: 9,5 g tłuszczu, 0,5 g węglowodanów netto, 0,5 g białka, 89,5 kalorii

Dressing winegret

¼ szklanki (60 ml) octu z białych lub czerwonych winogron
¼ łyżeczki soli
⅛ łyżeczki białego pieprzu
¾ szklanki (180 ml) oliwy z oliwek extra virgin

W małej misce wymieszaj widelcem ocet, sól i pieprz. Dodaj oliwę. Mieszaj do połączenia składników.

Ilość: 1 szklanka (244 g)
Jedna łyżka (14 g) zawiera: 10,7 g tłuszczu, 0 g węglowodanów netto, 0 g białka, 92 kalorie

Dressing ziołowo-czosnkowy

2 obrane i zgniecione ząbki czosnku
1 łyżeczka estragonu
1 łyżeczka majeranku
1 łyżeczka musztardy w proszku
½ łyżeczki soli
¼ łyżeczki pieprzu
½ szklanki (120 ml) oliwy z oliwek extra virgin
¼ szklanki (60 ml) octu z białych lub czerwonych winogron

Umieść wszystkie składniki w słoiku lub innym szczelnym pojemniku. Zakręć i potrząsaj energicznie do połączenia składników. Odstaw na co najmniej 1 godzinę w temperaturze pokojowej. Dokładnie zamieszaj przed użyciem.

Ilość: 6 łyżek (84 g)
Jedna łyżka (14 g) zawiera: 7,1 g tłuszczu, 0 g węglowodanów netto, 0 g białka, 62 kalorie

Dressing farmerski

Ten dressing przygotowuje się na bazie kwaśnej śmietany. Najlepszy jest świeży, dlatego w przepisie są podane małe ilości składników.

3 łyżki (45 g) kwaśnej śmietany
1 łyżka (15 ml) śmietanki kremówki
½ łyżeczki posiekanej cebuli
⅛ łyżeczki koperku
⅛ łyżeczki soli
szczypta pieprzu

Zmieszaj wszystkie składniki i polej gotowym dressingiem sałatkę.

Ilość: 4 łyżki (56 g)
Jedna łyżka (14 g) zawiera: 3,8 g tłuszczu, 0,6 g węglowodanów netto, 0,4 g białka, 37 kalorii

Dressing cytrynowy z kwaśną śmietaną

½ szklanki (115 g) kwaśnej śmietany
1 łyżka (15 g) soku z cytryny
1 łyżka (4 g) posiekanej świeżej natki pietruszki
½ łyżeczki soli
½ łyżeczki suszonego koperku
¼ łyżeczki świeżo zmielonego pieprzu
1 mały zgnieciony ząbek czosnku

Zmieszaj wszystkie składniki i wstaw do lodówki.

Ilość: około 10 łyżek (140 g)
Jedna łyżka (14 g) zawiera: 2,5 g tłuszczu, 0,5 g węglowodanów netto, 0,5 g białka, 26 kalorii

Dressing sezamowy

½ szklanki (110 g) stopionego oleju kokosowego
1 szklanka (240 ml) oliwy z oliwek extra virgin*
½ średniej posiekanej czerwonej cebuli
2 ząbki czosnku przeciśnięte przez praskę
2½ łyżki (40 ml) sosu sojowego
2½ łyżki (40 ml) świeżego soku z cytryny
¼ szklanki (24 g) prażonego sezamu

Wszystkie składniki poza sezamem dokładnie zmiksuj w blenderze. Na końcu dodaj sezam i wymieszaj łyżką. Przelej do słoika, zakręć i schłodź przed podaniem.

Ilość: 2 szklanki (450 g)
Jedna łyżka (14 g) zawiera: 10 g tłuszczu, 0,5 g węglowodanów netto, 0 g białka, 92 kalorie

Dressing oregano

½ szklanki (120 ml) oliwy z oliwek extra virgin
⅓ szklanki (80 ml) octu winnego
1½ łyżeczki soli
1½ łyżeczki suszonego oregano

* Możesz użyć każdego oleju, na przykład oliwy z oliwek extra light, oleju MCT, z orzechów makadamia, itp. Płynna oliwa rozpuszcza olej kokosowy i dzięki temu dressing nie tężeje w połączeniu z zimnymi składnikami sałatki.

Umieść wszystkie składniki w słoiku. Zakręć szczelnie i potrząsaj, aż się dokładnie połączą. Przechowuj w lodówce.

Ilość: około 13 łyżek (180 ml)
Jedna łyżka (14 g) zawiera: 8,5 g tłuszczu, 0 g węglowodanów netto, 0 g białka, 76,5 kalorii

Dressing pomidorowo-ogórkowy

½ szklanki (115 g) majonezu (strony 57-60)
1 średni drobno posiekany pomidor
½ średniego drobno posiekanego ogórka
½ łyżeczki soli
¼ łyżeczki suszonych liści szałwii

Dokładnie wymieszaj wszystkie składniki. Przechowuj w szczelnym pojemniku w lodówce.

Ilość: 1 szklanka (244 g)
Jedna łyżka (14 g) zawiera: 7 g tłuszczu, 0 g węglowodanów netto, 0 g białka, 63 kalorie

Dressing tysiąca wysp

1 szklanka (225 g) majonezu (strony 57-60)
6 łyżek (90 g) sosu pomidorowego lub niskowęglowodanowego keczupu
¼ szklanki (60 g) drobno posiekanych korniszonów
1 łyżka (10 g) drobno posiekanej czerwonej cebuli
1 łyżka (15 ml) soku z cytryny
1 łyżeczka pikantnego sosu
¼ łyżeczki soli

Za pomocą trzepaczki połącz wszystkie składniki. Przełóż do pojemnika z przykrywką i przechowuj w lodówce.

Ilość: 1½ szklanki (360 g)
Jedna łyżka (14 g) zawiera: 7 g tłuszczu, 1 g węglowodanów netto, 0 g białka, 67 kalorii

Dressing rosyjski

1 łyżka (10 g) drobno posiekanej czerwonej cebuli
1 szklanka (225 g) majonezu (strony 57-60)
¼ szklanki (70 g) pikantnego sosu, np. chili
1 łyżeczka chrzanu ze słoiczka
¼ łyżeczki sosu Worcestershire
½ łyżeczki mielonej papryki

Za pomocą trzepaczki połącz wszystkie składniki. Przełóż do pojemnika z przykrywką i przechowuj w lodówce.

Ilość: 1¼ szklanki (300 g)
Jedna łyżka (14 g) zawiera: 8,5 g tłuszczu, 0 g węglowodanów netto, 0 g białka, 76 kalorii

Dressing francuski

1 szklanka (240 ml) oliwy z oliwek extra virgin
¼ szklanki (60 ml) octu z jabłek
¼ szklanki (60 ml) soku z cytryny

1 łyżeczka soli

½ łyżeczki musztardy w proszku

½ łyżeczki mielonej papryki

Dokładnie wymieszaj wszystkie składniki. Bardzo wygodnym sposobem jest energiczne potrząsanie składnikami umieszczonymi w szczelnie zakręconym słoiku. Przechowuj gotowy dressing w lodówce. Dobrze zamieszaj przed użyciem.

Ilość: 1½ szklanki (336 g)
Jedna łyżka (14 g) zawiera: 9 g tłuszczu, 0 g węglowodanów netto, 0 g białka, 81 kalorii

Dressing limonkowy z kolendrą

1 szklanka (16 g) świeżej kolendry

½ szklanki (115 g) jogurtu greckiego

2 ząbki czosnku

sok z 1 limonki

szczypta soli

¼ szklanki (60 ml) oliwy z oliwek

2 łyżki (30 ml) octu z jabłek

Do miski blendera wrzuć kolendrę, jogurt, czosnek, sok z limonki i sól. Podczas miksowania powoli wlewaj oliwę i ocet. Zmiksuj na gładką masę. Przechowuj w szczelnym pojemniku w lodówce.

Ilość: około 19 łyżek (270 g)
Jedna łyżka (14 g) zawiera: 3,5 g tłuszczu, 0,5 g węglowodanów netto, 0,5 g białka, 35,5 kalorii

Dressing zielona bogini

Ten dressing został wymyślony w latach dwudziestych ubiegłego wieku przez szefa kuchni hotelu Palace w San Francisco w celu upamiętnienia aktora George'a Arlissa i filmu „The green goddess", w którym grał główną rolę. Kluczowym składnikiem tego dressingu jest sardela lub pasta z sardeli. Czysta magia sprawi, że na długo zapamiętasz ten smak.

1 szklanka (225 g) majonezu (strony 57-60)
½ szklanki (115 g) kwaśnej śmietany
⅓ szklanki (5 g) posiekanej świeżej natki pietruszki
3 łyżki (9 g) posiekanego cienkiego szczypiorku
3 łyżki (42 g) pasty z sardeli lub drobno posiekanych filetów z sardeli
3 łyżki (45 ml) estragonu lub octu winnego
1 łyżka (15 ml) soku z cytryny
¼ łyżeczki soli
⅛ łyżeczki pieprzu

Wszystkie składniki dokładnie wymieszaj i wstaw dressing do lodówki.

Ilość: około 2 szklanek (450 g)
Jedna łyżka (14 g) zawiera: 8 g tłuszczu, 0 g węglowodanów netto, 0 g białka, 72 kalorie

Dressing z sera pleśniowego

¾ szklanki (90 g) pokruszonego sera z niebieską pleśnią
85 g miękkiego serka śmietankowego
½ szklanki (115 g) majonezu (strony 57-60)
⅓ szklanki (80 ml) śmietanki kremówki

Odmierz ⅓ szklanki (40 g) sera i odstaw na bok. Pozostałą część połącz z serkiem śmietankowym i zmiksuj na niskich obrotach. Dodaj majonez i śmietanę i zwiększ obroty miksera na średnie. Kiedy otrzymasz gładką masę, wyłącz mikser, dodaj ser pleśniowy i wymieszaj dressing łyżką. Przykryj i wstaw do lodówki na co najmniej 3 godziny.

Ilość: około 26 łyżek (370 g)
Jedna łyżka (14 g) zawiera: 5,5 g tłuszczu, 0 g węglowodanów netto, 1 g białka, 53 kalorie

Kremowy dressing cebulowy

1 szklanka (230 g) majonezu (strony 57-60)
½ szklanki (120 ml) śmietany lub mleka kokosowego
2 drobno posiekane szczypiorki sałatkowe z cebulkami

Zmieszaj wszystkie składniki, przykryj i wstaw do lodówki na co najmniej 4 godziny.

Ilość: 1½ szklanki (370 g)
Jedna łyżka (14 g) zawiera: 9 g tłuszczu, 0 g węglowodanów netto, 0 g białka, 81 kalorii

Dressing maślankowy

¾ szklanki (175 g) majonezu (strony 57-60)
½ szklanki (120 ml) maślanki
1 łyżeczka suszonej natki pietruszki
½ łyżeczki mielonej cebuli
1 zgnieciony ząbek czosnku
½ łyżeczki soli
szczypta świeżo zmielonego pieprzu

Zmieszaj wszystkie składniki i wstaw do lodówki na co najmniej 2 godziny. Zamieszaj przed podaniem.

Ilość: 1¼ szklanki (280 g)
Jedna łyżka (14 g) zawiera: 6,5 g tłuszczu, 0,5 g węglowodanów netto, 0 g białka, 60 kalorii

Sałatki obiadowe

Sałatka ogrodowa

1 szklanka (70 g) posiekanej białej kapusty
½ zielonej papryki pociętej w cienkie paseczki
1 średnia starta marchewka
2 drobno posiekane szczypiorki sałatkowe z cebulkami
1 łodyga selera naciowego pokrojona w kostkę
½ średni ogórek pokrojony na plasterki
4 rzodkiewki pokrojone na cienkie plasterki
½ startej małej białej rzepy
½ szklanki (50 g) kalafiora pokrojonego na kawałki
dressing francuski (strona 68)

Przygotuj warzywa i wstaw do lodówki na co najmniej 2 godziny. Podawaj z dressingiem francuskim. Składniki na tę sałatkę zawierają niewiele tłuszczu, zatem należy użyć większej ilości dressingu, aby zwiększyć jego zawartość.

Ilość porcji: 2
Jedna porcja bez dressingu zawiera: 0,5 g tłuszczu, 9,5 g węglowodanów netto, 2,5 g białka, 52 kalorie

Sałatka cesarska

Z tym przepisem przygotujesz pełny posiłek dla dwóch osób albo cztery lub więcej mniejszych porcji sałatki jako dodatek do głównego dania.

1 posiekany ząbek czosnku
8 pokrojonych na kawałki filetów z sardeli lub sardynek
⅓ szklanki (80 ml) oliwy z oliwek extra virgin
1 łyżeczka sosu Worcestershire
sok z 1 cytryny
½ łyżeczki soli
¼ łyżeczki musztardy w proszku
¼ łyżeczki świeżo zmielonego pieprzu
8 liści sałaty rzymskiej porwanych na kawałki
2 jajka na twardo pokrojone na ósemki
¼ szklanki (20 g) startego parmezanu
spora garść skwarek (posłużą za grzanki)

W małej misce zmieszaj czosnek z sardelą, oliwą, sosem Worcestershire, sokiem z cytryny, solą, musztardą i pieprzem. Do osobnej dużej miski wrzuć sałatę. Na wierzch połóż jajka, ser i posyp skwarkami.

Ilość porcji: 2
Jedna porcja zawiera: 48 g tłuszczu, 2,5 g węglowodanów netto, 18 g białka, 514 kalorii

Sałatka olimpijska

8 liści sałaty rzymskiej porwanych na małe kawałki
4 rzodkiewki w plastrach
½ średniego ogórka w plastrach
2 drobno posiekane szczypiorki sałatkowe z cebulkami
10 czarnych oliwek bez pestek
¼ szklanki (35 g) sera feta
1 puszka (106 g) odcedzonych sardynek
dressing oregano (strona 66)

W misce zmieszaj sałatę z rzodkiewkami, ogórkiem, cebulą, oliwkami i serem feta. Dodaj dressing do smaku.

Ilość porcji: 2
Jedna porcja bez dressingu zawiera: 12,5 g tłuszczu, 6,5 g węglowodanów netto, 16,5 g białka, 204 kalorie

Sałatka z gniecionym awokado

2 awokado pokrojone na kawałki
¼ szklanki (60 g) kwaśnej śmietany
2 łyżki (30 ml) oliwy z oliwek extra virgin
2 posiekane szczypiorki sałatkowe z cebulkami
1 łyżka (15 ml) soku z limonki
1 łyżeczka soli

½ łyżeczki nasion selera
¼ łyżeczki pikantnego sosu
1 średni pomidor pokrojony w kostkę
½ szklanki (8 g) posiekanej świeżej kolendry
6 szklanek (120 g) liści sałaty porwanych na małe kawałki
60 g startego sera cheddar

Rozgnieć awokado widelcem. Dodaj kwaśną śmietanę, oliwę, cebulę, sok z limonki, sól, nasiona selera i pikantny sos. Następnie ubij na kremową masę. Dodaj pomidory, kolendrę i liście sałaty. Przed podaniem posyp tartym serem.

Ilość porcji: 2
Jedna porcja zawiera: 70 g tłuszczu, 9,5 g węglowodanów netto, 13,5 g białka, 722 kalorie

Sałatka florencka

1 zgnieciony ząbek czosnku
⅓ szklanki (80 ml) oliwy z oliwek extra virgin
¼ szklanki (60 ml) octu winnego
¼ łyżeczki soli
⅛ łyżeczki świeżo zmielonego pieprzu
340 g świeżego szpinaku porwanego na małe kawałki
6 plastrów boczku bez cukru i azotanów usmażonych na chrupko i pokruszonych
1 jajko na twardo w plastrach

Zalej czosnek oliwą i odstaw na 1 godzinę. Kiedy oliwa nabierze czosnkowego aromatu, wyrzuć czosnek. Dodaj ocet, sól i pieprz. Zmieszaj ze szpinakiem i boczkiem. Na wierzch połóż plastry jajka.

Ilość porcji: 2
Jedna porcja zawiera: 64 g tłuszczu, 4 g węglowodanów netto, 28,5 g białka, 706 kalorii

Sałatka z karczocha

2 ugotowane serca karczocha pokrojone na małe kawałki
6 szklanek (120 g) mieszanki sałat
½ szklanki (60 g) ogórka pokrojonego w kostkę
10 czarnych oliwek bez pestek
4 plastry boczku bez cukru i azotanów usmażone na chrupko i pokruszone
dressing cytrynowy z kwaśną śmietaną (strona 65)

Zmieszaj karczocha z sałatami, ogórkiem, oliwkami i boczkiem. Polej dressingiem i wymieszaj.

Ilość porcji: 2
Jedna porcja bez dressingu zawiera: 18,5 g tłuszczu, 11 g węglowodanów netto, 20 g białka, 290 kalorii

Sałatka ze szpinakiem i boczkiem

280 g świeżego szpinaku
6 plastrów boczku bez cukru i azotanów
½ średniej czerwonej cebuli pokrojonej w cienkie paski
½ szklanki (120 ml) octu winnego
2 łyżki (30 ml) sosu pomidorowego
½ łyżeczki soli
⅛ łyżeczki pieprzu

Umyj i osusz szpinak. Przełóż do miski. Boczek usmaż na chrupko i przełóż do oddzielnego naczynia. Na tłuszczu wytopionym z boczku usmaż cebulę. Kiedy zmięknie, dodaj pozostałe składniki i podsmażaj przez 3-4 minuty, co jakiś czas mieszając. Zdejmij z ognia i polej otrzymanym sosem szpinak. Dobrze wymieszaj. Na końcu dodaj boczek i jeszcze raz wymieszaj całość.

Ilość porcji: 2
Jedna porcja zawiera: 32 g tłuszczu, 7 g węglowodanów netto, 25 g białka, 416 kalorii

Sałatka z truskawkami

⅓ szklanki (36 g) prażonych płatków migdałów
6 szklanek (120 g) sałaty porwanej na drobne kawałki
1 średnia łodyga selera naciowego pokrojona na plasterki
½ czerwonej papryki pokrojonej w kostkę
2 posiekane szczypiorki sałatkowe z cebulkami
¾ szklanki (128 g) truskawek w plastrach
¼ szklanki (60 ml) octu winnego
¼ szklanki (60 ml) oliwy z oliwek extra virgin

Nagrzej piekarnik do 180 stopni. Wstaw płatki migdałów na 6 minut lub do czasu, aż zaczną lekko brązowieć. Wyjmij z piekarnika i odstaw do ostygnięcia. Zmieszaj sałatę z selerem, papryką, cebulą, truskawkami, octem i oliwą. Wierzch posyp prażonymi migdałami.

Ilość porcji: 2
Jedna porcja zawiera: 37,5 g tłuszczu, 10,5 g węglowodanów netto, 5,5 g białka, 401 kalorii

Sałatka z kalafiorem i boczkiem

6 szklanek (120 g) sałaty rzymskiej porwanej na małe kawałki
1 szklanka (100 g) kalafiora pokrojonego w kostkę
½ awokado w plastrach
½ szklanki (75 g) startej lub pokrojonej w cienkie paseczki rzodkwi japońskiej
2 posiekane szczypiorki sałatkowe z cebulkami
¼ szklanki (60 g) majonezu (strony 57-60)
¼ szklanki (60 g) kwaśnej śmietany
¼ łyżeczki suszonego koperku
świeżo zmielony pieprz do smaku
56 g startego sera żółtego
6 plastrów boczku bez cukru i azotanów usmażonych na chrupko i pokruszonych

Połącz sałatę z kalafiorem, awokado, rzodkwią i cebulą. W oddzielnej misce zmieszaj majonez ze śmietaną, koperkiem i pieprzem. Polej warzywa dressingiem, lekko wymieszaj, a wierzch posyp serem i boczkiem.

Ilość porcji: 2
Jedna porcja zawiera: 66 g tłuszczu, 8 g węglowodanów netto, 33 g białka, 758 kalorii

Sałatka tacos

Jeżeli lubisz tacos, polubisz i tę sałatkę. Zawiera te same składniki poza tortillą.

2 łyżki (28 g) oleju kokosowego
225 g mielonego mięsa wołowego
½ czerwonej papryki pokrojonej w kostkę
½ średniej cebuli pokrojonej w kostkę
½ łyżeczki mielonego chili
½ łyżeczki całego kminku
½ łyżeczki mielonej papryki
¼ łyżeczki soli
sos tabasco lub inny pikantny sos do smaku
6 szklanek (120 g) sałaty porwanej na niewielkie kawałki
1 awokado w plastrach
1 średni pomidor pokrojony w kostkę
¼ szklanki (4 g) posiekanej świeżej kolendry
½ szklanki (58 g) startego sera żółtego
½ szklanki (115 g) kwaśnej śmietany

Zagrzej olej na patelni. Dodaj mieloną wołowinę, świeżą paprykę, cebulę, chili, kminek, mieloną paprykę i sól. Podsmażaj, aż mięso zacznie się przyrumieniać, a warzywa zmiękną. Następnie dodaj sos tabasco. Zdejmij z ognia i odstaw do ostygnięcia. Zmieszaj sałatę z awokado, pomidorem i kolendrą. Podziel sałatkę na dwie równe części i rozłóż na talerzach. Polej ciepłą (nie gorącą) mieszanką mięsną, zużywając cały tłuszcz. Wierzch posyp serem i dodaj śmietanę.

Ilość porcji: 2
Jedna porcja zawiera: 57,5 g tłuszczu, 11 g węglowodanów netto, 46,5 g białka, 747 kalorii

Sałatka z ogórka i twarogu

4 liście sałaty rzymskiej porwane na małe kawałki
1 średni ogórek w plastrach przekrojonych na ćwiartki
4 rzodkiewki pokrojone na cienkie plasterki
2 posiekane szczypiorki sałatkowe z cebulkami
1 szklanka (225 g) twarogu lub odcedzonego serka wiejskiego
½ szklanki (115 g) kwaśnej śmietany
2 łyżki (30 ml) oliwy z oliwek extra virgin
1 łyżka (15 ml) octu z estragonu
¼ łyżeczki soli
¼ łyżeczki pieprzu

Połącz sałatę z ogórkiem, rzodkiewkami i cebulą. Odstaw na bok. W oddzielnej misce zmieszaj twaróg ze śmietaną, oliwą, octem, solą i pieprzem. Na końcu dodaj dressing i zmieszaj z warzywami.

Ilość porcji: 2
Jedna porcja zawiera: 28,5 g tłuszczu, 12,5 g węglowodanów netto, 18,5 g białka, 380 kalorii

Azjatycka sałatka z kurczakiem

¼ szklanki (30 g) prażonych płatków migdałów
2 pojedyncze piersi z kurczaka ugotowane i pokrojone w małą kostkę
6 szklanek (120 g) sałaty porwanej na małe kawałki
½ czerwonej papryki pokrojonej w kostkę
2 drobno posiekane szczypiorki sałatkowe z cebulkami
1 średnia marchew pokrojona w cienkie paseczki
1 szklanka (70 g) posiekanej białej kapusty
azjatycki dressing migdałowy (strona 62)

Nagrzej piekarnik do 180 stopni. Wstaw migdały na mniej więcej 6 minut lub do czasu, aż się lekko przyrumienią. Wyjmij z piekarnika i odstaw do ostygnięcia. W misce na sałatkę zmieszaj kurczaka z sałatą, papryką, cebulą, marchewką, kapustą i migdałami. Dodaj azjatycki dressing migdałowy i wymieszaj.

Ilość porcji: 2
Jedna porcja bez dressingu zawiera: 18 g tłuszczu, 8 g węglowodanów netto, 45 g białka, 374 kalorie

Japońska sałatka z krewetkami

6 szklanek (120 g) sałaty porwanej na małe kawałki
1 szklanka (90 g) czerwonej kapusty poszatkowanej lub pokrojonej w cienkie paski
½ średniego ogórka pokrojonego w cienkie paseczki
½ szklanki (75 g) startej rzodkwi japońskiej
2 posiekane szczypiorki sałatkowe z cebulkami
1 starta średnia marchew
½ szklanki (100 g) ugotowanych małych krewetek
azjatycki dressing migdałowy (strona 62)

W misce na sałatkę umieść warzywa i krewetki. Podawaj z azjatyckim dressingiem migdałowym. Możesz udekorować małymi papryczkami chili i pietruszką.

Ilość porcji: 2
Jedna porcja bez dressingu zawiera: 0,5 g tłuszczu, 10 g węglowodanów netto, 11,5 g białka, 90 kalorii

Sałatka spaghetti

Do tej sałatki zamiast makaronu wykorzystuje się smaczny i odżywczy sos. Sałata jest wyłożona na dno miski i polana sosem. Połączenie sosu do spaghetti z sałatą być może wydaje się nieco dziwne, jednak sos gra tutaj rolę pysznego dressingu, bez którego sałata byłaby zbyt zwyczajna.

Przygotuj sałatkę w dowolny sposób, wykorzystując warzywa wybrane z poniższej listy:

Sałata	Starta marchew	Brokuły
Szpinak	Awokado	Seler naciowy
Jarmuż	Kapusta	Kolendra
Ogórek	Papryka	Rzeżucha
Kalafior	Natka pietruszki	Rzodkiew japońska

Połącz warzywa w misce. Przygotuj sos z czerwonej papryki według przepisu ze strony 46. Gorący sos zniszczy sałatę, dlatego odstaw, aby ostygł. Polej chłodnym sosem sałatkę i posyp 28 g startego żółtego sera. Łyżka kwaśnej śmietany nada jeszcze lepszego, zaskakującego smaku całemu daniu.

Porcja ½ szklanki (120 g) sosu zawiera: 12,5 g tłuszczu, 4 g węglowodanów netto, 13 g białka, 180 kalorii
Porcja 2 szklanek (110 g) sałatki bez sosu zawiera: 0 g tłuszczu, 3,5 g węglowodanów netto, 2,5 g białka, 23 kalorie

Sałatka z krewetkami, jajkiem i awokado

Najlepszy smak tej sałatki uzyskasz, kiedy dodasz do niej jeszcze ciepłe ugotowane jajka i krewetki.

½ szklanki (115 g) majonezu (strony 57-60)
¼ szklanki (56 g) dressingu francuskiego (strona 68)
szczypta pieprzu kajeńskiego
½ łyżeczki pasty z sardeli (opcjonalnie)
2 łyżki drobno posiekanego cienkiego szczypiorku lub 2 posiekane szczypiorki sałatkowe z cebulkami
1 średnia łodyga selera naciowego pokrojona w kostkę
1 szklanka (120 g) ogórka pokrojonego w kostkę
1 awokado pokrojone w kostkę
3 jajka na twardo pokrojone w dużą kostkę
550 g krewetek ugotowanych i obranych ze skorupek

Zmieszaj majonez z dressingiem francuskim, pieprzem kajeńskim, pastą z sardeli (lub szczyptą soli, jeżeli nie używasz pasty) i szczypiorkiem. Przykryj i wstaw do lodówki na 2-3 godziny. Następnie zmieszaj z ogórkiem, selerem i awokado. Zaraz przed podaniem dodaj świeżo ugotowane jajka i krewetki. Delikatnie wymieszaj.

Ilość porcji: 4
Jedna porcja zawiera: 35 g tłuszczu, 5 g węglowodanów netto, 37 g białka, 483 kalorie

Sałatka krewetkowa z dressingiem koktajlowym

170 g gotowanych krewetek
6 szklanek (120 g) porwanej sałaty
1 średni pomidor pokrojony na ósemki
2 posiekane szczypiorki sałatkowe z cebulkami
1 szklanka (60 g) plastrów ogórka
½ posiekanej zielonej papryki
1 średnia łodyga selera naciowego pokrojona w kostkę
2 łyżki (28 g) majonezu (strony 57-60)
¼ szklanki (60 g) sosu koktajlowego (strona 50)

Przygotuj dressing: zmieszaj majonez z sosem koktajlowym.

W średniej misce zmieszaj krewetki z sałatą, pomidorem, cebulą, ogórkiem, papryką i selerem. Przełóż sałatkę do misek i polej dressingiem.

Możesz zwiększyć zawartość tłuszczu, dodając 1-2 łyżki (15-30 ml) oliwy z oliwek extra virgin lub 4-6 pokruszonych plastrów usmażonego na chrupko boczku.

Ilość porcji: 2
Jedna porcja bez dressingu zawiera: 12 g tłuszczu, 9,5 g węglowodanów netto, 21 g białka, 230 kalorii

Sałatka z kurczaka

1 szklanka (140 g) piersi z kurczaka ugotowanej i pokrojonej w kostkę
½ szklanki (50 g) selera naciowego pokrojonego w kostkę
2 posiekane szczypiorki sałatkowe z cebulkami
¼ zielonej papryki pokrojonej w kostkę
½ awokado w plastrach

2 łyżki (2 g) posiekanej świeżej kolendry
1 łyżka (9 g) drobno posiekanej papryki pimiento
⅓ szklanki (115 g) majonezu (strony 57-60)
2 łyżki (30 ml) dressingu francuskiego (strona 68)
¼ łyżeczki soli
⅛ łyżeczki pieprzu

W misce zmieszaj kurczaka z selerem, cebulą, zieloną papryką, awokado i kolendrą. W oddzielnej misce wymieszaj ze sobą paprykę pimiento, majonez, dressing francuski, sól i pieprz. Dodaj dressing do sałatki i delikatnie wymieszaj.

Ilość porcji: 2
Jedna porcja bez dressingu zawiera: 37,5 g tłuszczu, 3 g węglowodanów netto, 22,5 g białka, 439 kalorii

Sałatka truskawkowo-łososiowa

170 g gotowanego łososia
½ awokado pokrojonego w kostkę
½ szklanki (85 g) truskawek w plastrach
1 szklanka (120 g) plastrów ogórka
6 szklanek (120 g) sałaty rzymskiej porwanej na małe kawałki
½ szklanki (75 g) sera feta
¼ szklanki (28 g) migdałów w płatkach lub słupkach
2 łyżki (30 ml) octu z malin

W misce zmieszaj łososia z awokado, truskawkami, ogórkiem, sałatą, serem feta i migdałami. Na końcu dodaj ocet malinowy i ponownie wymieszaj.

Ilość porcji: 2
Jedna porcja zawiera: 28 g tłuszczu, 9,5 g węglowodanów netto, 26,5 g białka, 396 kalorii

Sałatka krabowa z dressingiem Louis

340 g ugotowanego mięsa z kraba lub imitacji mięsa z kraba
4 średnie pomidory pokrojone na ósemki
4 jajka na twardo pokrojone na ósemki
18 czarnych oliwek bez pestek
6 szklanek (120 g) dowolnej sałaty porwanej na małe kawałki
dressing Louis (patrz przepis poniżej)

Dressing Louis:
¾ szklanki (210 g) sosu chili
½ szklanki (115 g) majonezu (strony 57-60)
1 łyżeczka mielonej cebuli
¼ łyżeczki sosu Worcestershire

Przygotuj dressing: zmieszaj wszystkie składniki, przykryj i wstaw do lodówki.

Na dnie miski ułóż liście sałaty. Na wierzch połóż mięso z kraba, pomidory, jajka i oliwki. Kiedy sałatka będzie gotowa, polej ją dressingiem Louis.

Ilość porcji: około 4
Jedna porcja zawiera: 29,5 g tłuszczu, 7,5 g węglowodanów netto, 27,5 g białka, 405 kalorii

Sałatka z łososiem i brzoskwiniami

¼ szklanki (56 g) majonezu (strony 57-60)
1 łyżka (15 ml) oliwy z oliwek extra virgin
6 szklanek (180 g) świeżego szpinaku porwanego na małe kawałki
2 średnie łodygi selera naciowego pokrojone w kostkę
¼ szklanki (4 g) posiekanej świeżej kolendry

3 posiekane szczypiorki sałatkowe z cebulkami
170 g gotowanego łososia
¾ szklanki (127 g) brzoskwiń pokrojonych w kostkę
¼ szklanki (28 g) posiekanych orzechów pekan

Zmieszaj majonez z oliwą. W misce połącz szpinak z selerem, kolendrą i szczypiorkiem. Polej warzywa dressingiem z majonezu i wymieszaj. Wierzch sałatki posyp cząstkami łososia, brzoskwiniami i orzechami.

Ilość porcji: 2
Jedna porcja zawiera: 44 g tłuszczu, 8,5 g węglowodanów netto, 22 g białka, 518 kalorii

Sałatka krewetkowa z karczochem

6 szklanek (120 g) mieszanki sałatkowej (sałata masłowa, szpinak, kapusta, jarmuż, itp.)
1 duży pomidor pokrojony na ósemki
2 pokrojone w kostkę serca karczocha z puszki lub świeże i ugotowane
170 g ugotowanych małych krewetek
2 jajka na twardo w plastrach
dressing rosyjski (strona 68)

Podziel liście sałat na dwie równe porcje i umieść na talerzach. Na wierzch połóż po równo pomidory, karczoch, krewetki i jajka. Polej dressingiem rosyjskim.

Ilość porcji: 2
Jedna porcja bez dressingu zawiera: 6,5 g tłuszczu, 14 g węglowodanów netto, 31 g białka, 238 kalorii

Sałatka z wędzonym łososiem i serem

Do tej sałatki najlepszy jest łosoś wędzony. Jeżeli jednak nie masz takiego składnika, możesz wykorzystać łososia gotowanego lub z puszki.

1 łyżka (15 ml) soku z cytryny
¼ szklanki (30 g) majonezu (strony 57-60)
¼ szklanki (30 g) kwaśnej śmietany
¼ łyżeczki soli
⅛ łyżeczki świeżo zmielonego pieprzu
6 szklanek (120 g) liści sałaty porwanych na małe kawałki
2 posiekane szczypiorki sałatkowe z cebulkami
2 łyżki (2 g) drobno posiekanej świeżej kolendry
1 średnia łodyga selera naciowego pokrojona w kostkę
½ zielonej papryki pokrojonej w kostkę
½ szklanki (58 g) startego sera cheddar
1 łyżka (8 g) kaparów
200 g łososia

W małej misce zmieszaj sok z cytryny z majonezem, śmietaną, solą i pieprzem. Odstaw na bok. W misce na sałatkę połącz liście sałaty ze szczypiorkiem, kolendrą, selerem, papryką, serem i kaparami. Polej dressingiem i wymieszaj. Na koniec dodaj łososia rozdrobnionego na niewielkie kawałki i wymieszaj.

Ilość porcji: 2
Jedna porcja zawiera: 40 g tłuszczu, 5,5 g węglowodanów netto, 29 g białka, 498 kalorii

Sałatka z serem i szynką

4 szklanki (60 g) sałaty porwanej na małe kawałki
1 szklanka (150 g) gotowanej szynki pokrojonej w kostkę
½ szklanki (58 g) startego sera cheddar
2 jajka na twardo pokrojone w średnią kostkę
¼ szklanki (40 g) zielonej papryki pokrojonej w kostkę
2 posiekane szczypiorki sałatkowe z cebulkami
½ dużego drobno pokrojonego korniszona
¼ szklanki (60 g) majonezu (strony 57-60)
½ łyżki (7 g) soku z cytryny
½ łyżki (7 g) śmietanki kremówki
½ łyżeczki sosu Worcestershire
¼ łyżeczki żółtej musztardy

W misce zmieszaj liście sałaty z szynką, serem, jajkami, papryką, szczypiorkiem i ogórkiem. W osobnej misce dokładnie wymieszaj majonez z sokiem z cytryny, śmietanką kremówką, sosem Worcestershire i musztardą. Zaraz przed podaniem dodaj do sałatki dressing.

Ilość porcji: 2
Jedna porcja zawiera: 41,5 g tłuszczu, 6 g węglowodanów netto, 26 g białka, 501 kalorii

Sałatka z łososiem

Do tej sałatki możesz wykorzystać zarówno łososia, jak i tuńczyka.

1 puszka (200 g) łososia lub tuńczyka (lub innej świeżo ugotowanej ryby)
1 łyżka (15 ml) soku z cytryny
½ szklanki (60 g) majonezu (strony 57-60)
¼ łyżeczki nasion selera
¼ łyżeczki soli
⅛ łyżeczki świeżo zmielonego pieprzu
¼ średniej czerwonej cebuli pokrojonej w kostkę
2 łyżki (8 g) drobno posiekanej świeżej natki pietruszki
4 szklanki (80 g) liści sałaty porwanych na małe kawałki
1 średni ogórek pokrojony w kostkę
¼ czerwonej papryki pokrojonej w kostkę
1 średni pomidor pokrojony na ósemki
szczypta mielonej papryki

W niewielkiej misce zmieszaj łososia z sokiem z cytryny, majonezem, nasionami selera, solą i pieprzem. Następnie delikatnie zmieszaj z cebulą i pietruszką. Odstaw na bok.

W misce na sałatkę połącz liście sałaty z ogórkiem i papryką. Polej dressingiem i wymieszaj. Udekoruj kawałkami pomidora i posyp mieloną papryką.

Ilość porcji: 2
Jedna porcja zawiera: 57,5 g tłuszczu, 9 g węglowodanów netto, 22 g białka, 551 kalorii

Sałatka z indykiem i boczkiem

6 szklanek (120 g) sałaty porwanej na małe kawałki
56 g startego żółtego sera
1 duży pomidor pokrojony na szesnastki lub cieniej

2 posiekane szczypiorki sałatkowe z cebulkami
110 g gotowanej piersi z indyka pokrojonej w kostkę
1 szklanka (60 g) plastrów ogórka
¼ zielonej papryki pokrojonej w kostkę
dressing*
6 plastrów boczku bez cukru i azotanów usmażonych na chrupko i pokruszonych

W misce na sałatkę połącz sałatę z serem, pomidorami, szczypiorkiem, indykiem, ogórkiem i papryką. Dodaj dressing do smaku i posyp pokruszonym boczkiem.

Ilość porcji: 2
Jedna porcja bez dressingu zawiera: 36 g tłuszczu, 7 g węglowodanów netto, 46 g białka, 536 kalorii

Sałatka krabowa z awokado

6 szklanek (120 g) mieszanki sałatkowej (sałata masłowa, szpinak, kapusta, jarmuż, itp.)
1 awokado w plastrach
135 g mięsa z kraba
2 jajka na twardo w plastrach
1 średni pomidor pokrojony na ósemki
2 posiekane szczypiorki sałatkowe z cebulkami
dressing tysiąca wysp (strona 67)

Podziel liście sałat na dwie równe porcje i umieść na talerzach. Na sałaty połóż równą ilość awokado, mięsa z kraba, plastrów jajek, pomidorów i szczypiorku. Polej dressingiem tysiąca wysp.

Ilość porcji: 2
Jedna porcja bez dressingu zawiera: 19,5 g tłuszczu, 15,5 g węglowodanów netto, 22 g białka, 325 kalorii

---

* Dodaj wybrany dressing: winegret, farmerski, czosnkowo-ziołowy lub limonkowy z kolendrą (strony 64, 65, 69)

Sałatka z szynką i jajkiem

4 jajka na twardo pokrojone w kostkę
½ szklanki (75 g) gotowanej szynki pokrojonej w kostkę
4 szklanki (60 g) sałaty porwanej na małe kawałki
2 łyżki (15 g) posiekanego korniszona
2 posiekane szczypiorki sałatkowe z cebulkami
½ szklanki (60 g) selera naciowego pokrojonego w kostkę
1 łyżka (4 g) posiekanej świeżej natki pietruszki
¼ łyżeczki soli
⅛ łyżeczki pieprzu
¼ szklanki (60 g) majonezu (strony 57-60)
½ łyżeczki musztardy Dijon
1 łyżka (15 ml) oliwy z oliwek extra virgin

Wrzuć do miski jajka, szynkę, liście sałaty, ogórek, szczypiorek, seler i pietruszkę. Wymieszaj. W oddzielnej misce dokładnie wymieszaj sól, pieprz, majonez, musztardę i oliwę. Dodaj dressing do sałatki zaraz przed podaniem.

Ilość porcji: 2
Jedna porcja zawiera: 40,5 g tłuszczu, 4 g węglowodanów netto, 18,5 g białka, 454 kalorie

Sałatka z zieloną fasolką i boczkiem

280 g ugotowanej zielonej fasolki szparagowej
4 posiekane szczypiorki sałatkowe z cebulkami
¼ szklanki (60 ml) oliwy z oliwek extra virgin
2 łyżki (30 ml) octu z jabłek
¼ łyżeczki soli
⅛ łyżeczki pieprzu
2 jajka na twardo pokrojone w średnią kostkę
2 łyżki (28 g) majonezu (strony 57-60)
1 łyżeczka octu z jabłek
½ łyżeczki musztardy
⅛ łyżeczki soli
6 plastrów boczku bez cukru i azotanów usmażonych na chrupko i pokruszonych
4 liście sałaty rzymskiej
mielona papryka

W misce zmieszaj fasolkę szparagową ze szczypiorkiem, oliwą, 2 łyżkami (30 ml) octu jabłkowego, ¼ łyżeczki soli i pieprzem. Odstaw na bok. W osobnej misce zmieszaj jajka z majonezem, 1 łyżeczką octu jabłkowego, musztardą i ⅛ łyżeczki soli. Każdą z tych dwóch części sałatki można przygotować wcześniej i przechowywać w lodówce do 24 godzin.

Zaraz przed podaniem należy odcedzić wodę z części z fasolką. Dodaj boczek i wymieszaj. Na dwóch talerzach rozłóż po 2 liście sałaty i na wierzch połóż po równo sałatkę z fasolki oraz część z jajkiem. Posyp mieloną papryką.

Ilość porcji: 2
Jedna porcja zawiera: 67 g tłuszczu, 8 g węglowodanów netto, 30 g białka, 755 kalorii

Sałatki jako dodatek do dań głównych

Coleslaw

1 łyżka (14 g) kwaśnej śmietany
1 łyżka (14 g) majonezu (strony 57-60)
1 łyżeczka octu jabłkowego
⅛ łyżeczki soli
⅛ łyżeczki musztardy w proszku
2 szklanki (110 g) posiekanej białej kapusty
1 starta średnia marchew
¼ zielonej papryki pokrojonej w cienkie paseczki
2 łyżki (14 g) prażonych migdałów w słupkach

Przygotuj dressing: w małej misce zmieszaj śmietanę z majonezem, octem, solą i musztardą. W większej misce połącz kapustę z marchewką, papryką i migdałami. Polej dressingiem i wymieszaj.

Ilość porcji: 2
Jedna porcja zawiera: 10 g tłuszczu, 5,5 g węglowodanów netto, 2,5 g białka, 122 kalorie

Surówka z kalarepy

½ awokado
¼ szklanki (60 ml) oliwy z oliwek extra virgin
2 łyżki (30 ml) octu z jabłek
⅓ szklanki (77 g) kwaśnej śmietany
½ łyżeczki soli
1½ łyżki (6 g) drobno posiekanego świeżego estragonu
2 łyżki (8 g) drobno posiekanej świeżej natki pietruszki
1 łyżka (3 g) posiekanego cienkiego szczypiorku
świeżo zmielony pieprz
4 średnie kalarepy
2 średnie marchewki

Przygotuj dressing: obierz awokado i pokrój na plastry. W blenderze zmiksuj awokado z oliwą, octem, śmietaną i solą na gładką masę. Dodaj estragon, pietruszkę i szczypior i wymieszaj łyżką. Dopraw solą i pieprzem do smaku.

Obierz kalarepy i marchew. Pokrój warzywa w cienkie paseczki. Polej dokładnie dressingiem.

Ilość porcji: 2
Jedna porcja zawiera: 23 g tłuszczu, 7 g węglowodanów netto, 3 g białka, 247 kalorii

Surówka z kiszonej kapusty

2 szklanki (280 g) kiszonej kapusty
2 średnie łodygi selera naciowego pokrojone w kostkę
1 mała czerwona papryka pokrojona w kostkę
1 posiekany szczypiorek sałatkowy z cebulką
½ szklanki (115 g) kwaśnej śmietany
½ łyżeczki nasion selera

Zmieszaj wszystkie składniki. Przykryj i wstaw do lodówki na co najmniej 24 godziny, co jakiś czas mieszaj.

Ta surówka zawiera średnią ilość tłuszczu. Podawaj ją jako dodatek do tłustych potraw, takich jak boczek, kiełbasa czy stek z tłustego mięsa.

Ilość porcji: 2
Jedna porcja zawiera: 12,5 g tłuszczu, 8 g węglowodanów netto, 4,5 g białka, 162 kalorie

Surówka z kapusty i jabłek

4 szklanki (280 g) posiekanej białej kapusty
2 średnie starte marchewki
½ szklanki (75 g) jabłka pokrojonego w kostkę
¼ szklanki (28 g) posiekanych i lekko uprażonych orzechów pekan
6 łyżek (84 g) majonezu (strony 57-60)
1 łyżka (15 ml) octu z ryżu lub kokosowego
2 łyżeczki sosu sojowego
¼ łyżeczki soli

Nagrzej piekarnik do 170 stopni. Wstaw orzechy na 6 minut. Uważaj, aby nie przypalić. W średniej misce połącz kapustę, marchew, jabłko i orzechy. W osobnej misce trzepaczką dokładnie zmieszaj majonez z octem, sosem sojowym i solą. Polej kapustę dressingiem i wymieszaj.

Ilość porcji: 4
Jedna porcja zawiera: 12 g tłuszczu, 12 g węglowodanów netto, 2 g białka, 164 kalorie

Surówka z czerwonej kapusty

Tę surówkę możesz przygotować wcześniej i przechowywać w lodówce. Smaki łączą się z czasem, dlatego na drugi dzień jest nawet lepsza niż świeża.

½ średniej główki czerwonej kapusty
⅓ szklanki (80 ml) octu z jabłek
½ małej czerwonej papryki pokrojonej w kostkę
½ szklanki (60 ml) oliwy z oliwek extra virgin
1 posiekany szczypiorek sałatkowy z cebulką
1 łyżeczka soli
½ łyżeczki nasion selera
½ łyżeczki musztardy w proszku
¼ łyżeczki pieprzu

Zmieszaj wszystkie składniki. Przykryj i wstaw do lodówki na 3 godziny. Przed podaniem odcedź wodę.

Ilość porcji: 4
Jedna porcja zawiera: 14,5 g tłuszczu, 4,5 g węglowodanów netto, 1,5 g białka; 154 kalorie

Mizeria z koperkiem

Jest to bardzo łatwa i szybka sałatka, która stanowi doskonały dodatek warzywny do dań mięsnych.

½ szklanki (120 g) kwaśnej śmietany
1 mały zgnieciony ząbek czosnku
¼ łyżeczki suszonego koperku
¼ łyżeczki soli
1 duży lub 2 małe ogórki pokrojone w cienkie plasterki
natka pietruszki lub kolendry (opcjonalnie)

Zmieszaj śmietanę z czosnkiem, koperkiem i solą. Dodaj ogórki i ponownie wymieszaj. Udekoruj świeżą pietruszką lub kolendrą.

Ilość porcji: 2
Jedna porcja zawiera: 13 g tłuszczu, 11 g węglowodanów netto, 4 białka, 177 kalorii

Surówka z pomidorów i ogórków

1 duży pomidor pokrojony w kostkę
½ średniego ogórka pokrojonego w półplasterki
½ czerwonej papryki pokrojonej w kostkę
2 posiekane szczypiorki sałatkowe z cebulkami
sól i pieprz
dressing (winegret, czosnkowo ziołowy lub kokosowy z octem)

Zmieszaj warzywa w misce. Dodaj sól i pieprz do smaku. Dodaj wybrany dressing i wymieszaj.

Ilość porcji: 2
Jedna porcja bez dressingu zawiera: 0,5 g tłuszczu, 7 g węglowodanów netto, 2 g białka, 40 kalorii

Faszerowane pomidory

Dzięki temu przepisowi przygotujesz świetny dodatek do wysokotłuszczowych dań.

6 średnich pomidorów
60 g ugotowanych małych krewetek
1 mały ogórek pokrojony w kostkę
⅓ szklanki (75 g) majonezu (strony 57-60)
1 zgnieciony ząbek czosnku
1 łyżka (4 g) posiekanej świeżej natki pietruszki
szczypta soli
pikantny sos do smaku (opcjonalnie)
liście sałaty

Przekrój pomidory na pół i wydrąż. Następnie odcedź usunięte środki i odstaw na bok. Umieść połówki pomidorów przeciętą stroną na ręczniku papierowym i wstaw do lodówki na co najmniej 2 godziny.

Posiekaj wydrążony miąższ i jeszcze raz odcedź. Zmieszaj z krewetkami, ogórkiem, majonezem, czosnkiem, pietruszką i pikantnym sosem. Tak przygotowany farsz przykryj i wstaw do lodówki na co najmniej 2 godziny.

Zaraz przed podaniem umieść po połówce pomidora na liściu sałaty. Napełnij pomidory mieszanką krewetkową. Udekoruj małą gałązką pietruszki.

Ilość porcji: 12 faszerowanych połówek
Jedna porcja zawiera: 4,5 g tłuszczu, 2,5 g węglowodanów netto, 2 g białka, 58 kalorii

Sałatka z łososiem i galaretką

sos z kwaśnej śmietany (patrz przepis poniżej)
1 łyżka (7 g) żelatyny
¼ szklanki zimnej wody
¾ szklanki wrzątku
2 łyżki (30 ml) soku z cytryny
1½ łyżeczki octu z jabłek
1 łyżeczka soli
1 średnia łodyga selera naciowego pokrojona w kostkę
⅓ szklanki (40 g) ogórka pokrojonego w kostkę
10 cienkich plastrów ogórka
1 puszka (440 g) łososia odcedzonego i pokruszonego na kawałki
mieszanka sałatkowa (sałata, szpinak, kapusta, jarmuż, itp.)

Sos z kwaśnej śmietany:
¼ szklanki i 2 łyżki (90 g) kwaśnej śmietany
½ drobno posiekanej małej zielonej papryki
1 łyżeczka posiekanej świeżej natki pietruszki
1 łyżeczka posiekanego cienkiego szczypiorku
¼ łyżeczki soli
szczypta pieprzu

Przygotuj sos: zmieszaj wszystkie składniki i wstaw do lodówki na czas przyrządzania sałatki.

Przygotuj sałatkę: rozmieszaj żelatynę w zimnej wodzie, aby zmiękła. Stopniowo dolewaj wrzącą wodę i mieszaj, aż żelatyna się całkowicie rozpuści. Dodaj sok z cytryny, ocet i sól. Wymieszaj i odstaw na bok.

Zmieszaj seler z ogórkiem. Ułóż plastry ogórka na dnie litrowego naczynia, w którym przygotujesz galaretkę. Połowę łososia ułóż na ogórkach. Następnie rozłóż warstwę selerowo-

-ogórkową i na koniec pozostałą część łososia. Zalej żelatyną. Wstaw do lodówki na mniej więcej 3 godziny.

Na liście sałaty wyłóż galaretkę łososiową. Podawaj z sosem z kwaśnej śmietany.

Ilość porcji: około 4
Jedna porcja zawiera: 11,5 g tłuszczu, 3 g węglowodanów netto, 24 g białka, 211 kalorii

Porcje sałaty z boczkiem

6 plastrów boczku bez cukru i azotanów usmażonych na chrupko i pokruszonych
225 g serka śmietankowego
1 łyżka (14 g) majonezu (strony 57-60)
2 posiekane szczypiorki sałatkowe z cebulkami
½ szklanki (55 g) startej marchwi
1 średni pomidor drobno posiekany i odcedzony
¼ łyżeczki soli
pikantny sos do smaku
½ średniej główki sałaty lodowej
dressing tysiąca wysp lub francuski (strony 67-68)

Przygotuj boczek i odstaw na bok. Dokładnie zmieszaj serek śmietankowy z majonezem. Dodaj szczypiorek, marchew, pomidor, sól i pikantny sos. Przekrój sałatę na 4 równe części. Umieść je na oddzielnych talerzach. Na każdą część sałaty połóż 1 łyżkę serowej masy. Dodaj wybrany dressing i wierzch posyp pokruszonym boczkiem.

Ilość porcji: 4
Jedna porcja bez dressingu zawiera: 34 g tłuszczu, 4 g węglowodanów netto, 15 g białka, 382 kalorie

Sałatka z kalafiora (sałatka z niby-ziemniaków)

Czym jest lato bez sałatki ziemniaczanej? Oto niskowęglowodanowa wersja z kalafiorem, która smakuje niemalże identycznie, jak jej stary, ulubiony przez wszystkich oryginał.

1 średnia główka kalafiora pokrojona na małe kawałki
2 średnie łodygi selera naciowego pokrojone w kostkę
¼ szklanki (40 g) drobno posiekanej czerwonej cebuli
1 korniszon pokrojony w kostkę
1 szklanka (225 g) majonezu (strony 57-60)
2 łyżeczki musztardy
1 łyżka (15 ml) octu jabłkowego
1 łyżka (4 g) posiekanego świeżego koperku lub 1 łyżeczka suszonego
sól i świeżo zmielony pieprz do smaku

Umieść kalafior w dużym garnku i zalej wodą. Zagotuj. Zmniejsz ogień i gotuj jeszcze przez 15-20 minut lub do czasu, aż kalafior zmięknie. Odcedź kalafior i odstaw, aż ostygnie.

Dokładnie wymieszaj seler z cebulą, ogórkiem, majonezem, musztardą, octem i koperkiem. Dodaj kalafior i ponownie wymieszaj. Dodaj sól i pieprz do smaku.

Ilość porcji: 5
Jedna porcja (około 225 g) zawiera: 31 g tłuszczu, 4,5 g węglowodanów netto, 3,5 g białka, 311 kalorii

Sałatka z kalafiorem i szynką

To kolejna niby-ziemniaczana sałatka. Jest pełna szynki, jajek i warzyw – na tyle sycąca, aby stanowić odrębny posiłek.

1 średnia główka kalafiora pokrojona na małe kawałki
110 g szynki pokrojonej w małą kostkę
2 średnie łodygi selera naciowego pokrojone w kostkę
¼ szklanki (40 g) drobno posiekanej czerwonej cebuli
1 drobno posiekany korniszon
¼ szklanki (4 g) posiekanej świeżej kolendry
1 szklanka (225 g) majonezu (strony 57-60)
2 łyżeczki musztardy
1 łyżka (15 ml) octu z jabłek
1 łyżka (4 g) posiekanego świeżego koperku
sól i świeżo zmielony pieprz do smaku
2 jajka na twardo pokrojone na cienkie plastry
10 pomidorków cherry

Umieść kalafior w dużym garnku i zalej wodą. Zagotuj. Zmniejsz ogień i gotuj jeszcze przez 15-20 minut lub do czasu, aż kalafior zmięknie. Odcedź kalafior i odstaw, aż ostygnie.

Dokładnie zmieszaj szynkę z selerem, cebulą, ogórkiem, kolendrą, majonezem, musztardą, octem i koperkiem. Dodaj kalafior i ponownie wymieszaj. Dodaj sól i pieprz do smaku. Na wierzchu połóż plasterki jajka i pomidorki cherry.

Ilość porcji: 6
Jedna porcja (około 225 g) zawiera: 31 g tłuszczu, 5 g węglowodanów netto, 7,5 g białka, 329 kalorii

Sałatka z marynowanych selerów

8 łodyg selera naciowego bez liści
1½ szklanki (355 g) bulionu wołowego
½ szklanki (112 g) dressingu francuskiego (strona 68)
1 mała garść rzeżuchy lub sałaty
¼ łyżeczki soli
⅛ łyżeczki pieprzu
1 łyżka (4 g) drobno posiekanej świeżej natki pietruszki
1 puszka (106 g) sardynek
1 duży pomidor pokrojony na ósemki
8 czarnych oliwek
4 łyżki (60 ml) oliwy z oliwek extra virgin

Pokrój seler na kawałki o długości około 7 cm. Włóż do garnka i zalej bulionem wołowym. Gotuj na małym ogniu, aż zmiękną – około 20 minut. Wyjmij selery, a bulion zachowaj do innego przepisu. Wymieszaj seler z dressingiem francuskim, przykryj i marynuj w lodówce przez co najmniej 4 godziny lub przez noc. Na talerze połóż liście sałaty lub rzeżuchę. Rozłóż na to seler z dressingiem. Posyp pieprzem i solą oraz udekoruj pietruszką, pomidorami, oliwkami i sardynkami. Każdą z porcji polej 1 łyżką (15 ml) oliwy.

Ilość porcji: 4
Jedna porcja zawiera: 36 g tłuszczu, 2 g węglowodanów netto, 7 g białka, 360 kalorii

Sałatka z zielonej fasolki

Ta sałatka będzie doskonale pasować do wieprzowiny, szynki lub jagnięciny.

340 g zielonej fasolki szparagowej ugotowanej i odcedzonej
½ małej czerwonej cebuli pokrojonej w cienkie piórka
dressing (patrz przepis poniżej)

Dressing:
1 łyżka (1 g) posiekanej świeżej kolendry
1 mały zgnieciony ząbek czosnku
1 łyżeczka musztardy Dijon
¼ łyżeczki soli
¼ szklanki (60 ml) oliwy z oliwek extra virgin
2 łyżki (30 ml) octu winnego lub ryżowego
½ łyżki (7 g) sosu pomidorowego

Przełóż fasolkę i pokrojoną cebulę do miski. Przygotuj dressing, dokładnie łącząc wszystkie składniki. Polej nim fasolkę i wymieszaj. Przykryj sałatkę i odstaw na 1 godzinę w temperaturze pokojowej. Przed podaniem wymieszaj.

Ilość porcji: 2
Jedna porcja zawiera: 28 g tłuszczu, 8 g węglowodanów netto, 3,5 g białka, 298 kalorii

Szparagi z dressingiem curry

450 g ugotowanych szparagów
½ szklanki (110 g) dressingu francuskiego (strona 68)
6 liści sałaty
dressing curry (patrz przepis poniżej)
1 papryka pimiento odcedzona i pocięta w paski

Dressing curry:
¼ szklanki (115 g) majonezu (strony 57-60)
1 łyżka (14 g) kwaśnej śmietany
½ łyżeczki curry
½ łyżeczki soku z cytryny

Ugotuj szparagi na parze, aż zmiękną. Zdejmij znad pary i odstaw do ostygnięcia. Polej szparagi dressingiem francuskim i marynuj w lodówce przez 3-4 godziny, od czasu do czasu obracając. Zaraz przed podaniem przygotuj dressing curry poprzez dokładne połączenie wszystkich składników. Wyjmij szparagi z dressingu francuskiego (możesz go użyć do innej sałatki). Połóż szparagi na liściach sałaty i polej dressingiem curry. Na wierzchu ułóż paski pimiento.

Ilość porcji: 2
Jedna porcja zawiera: 23 g tłuszczu, 7 g węglowodanów netto, 6,5 g białka, 261 kalorii

Miseczki z boczkiem i awokado

Ten przepis jest bardzo prosty, a przyrządzone według niego danie jest przepyszne. Jest wysokotłuszczowym dodatkiem do każdego dania głównego. Możesz też przygotować tylko jedną porcję z jednego awokado.

2 awokado
4 plastry boczku bez cukru i azotanów usmażone na chrupko i pokruszone
3 łyżki (42 g) masła
1 łyżeczka czosnku przeciśniętego przez praskę
1 łyżka (15 ml) octu winnego balsamicznego

Przetnij awokado na pół i usuń pestki. Napełnij każdą połówkę równą ilością pokruszonego boczku – mniej więcej po jednym plastrze na połówkę. W małym rondelku roztop masło. Dodaj czosnek i podsmażaj na małym ogniu około 2 minut, aż zacznie wydzielać aromat. Dodaj ocet balsamiczny i zdejmij z ognia. Polej połówki awokado tłuszczem.

Ilość porcji: 4 połówki awokado
Jedna porcja zawiera: 36 g tłuszczu, 2,5 g węglowodanów netto, 9 g białka, 370 kalorii

Mizeria z kwaśną śmietaną

¾ szklanki (175 g) kwaśnej śmietany
1 łyżka (15 ml) octu z estragonu
1 łyżka (15 ml) soku z cytryny
1 łyżka (4 g) drobno posiekanego świeżego koperku
¼ łyżeczki soli
⅛ łyżeczki pieprzu
2 średnie ogórki w plastrach

Najpierw przygotuj sos: dokładnie wymieszaj śmietanę, ocet, sok z cytryny, koperek, sól i pieprz. Dodaj do sosu ogórki i wymieszaj.

Ilość porcji: około 4
Jedna porcja zawiera: 9,5 g tłuszczu, 7 g węglowodanów netto, 2,5 g białka, 123 kalorie

Sałatka warzywna z sosem winegret

Tę sałatkę przygotowuje się z różnych gotowanych warzyw. Możesz użyć warzyw z poniższej listy lub wybrać inne, dowolne.

Brokuły
Kalafior
Karczoch
Koper włoski
Korzeń selera
Por
Rzepa
Rzodkiew japońska
Seler naciowy
Serce palmy
Szparagi
Zielona lub żółta fasolka szparagowa

Wielkość sałatki będzie zależała od ilości użytych składników.

Ugotuj warzywa na miękko na parze lub w wodzie. Przełóż do płytkiej miski i polej dressingiem francuskim (strona 68). Przykryj miskę i marynuj warzywa w lodówce przez kilka godzin lub przez noc. Od czasu do czasu lekko mieszaj warzywa, aby równomiernie pokryły się dressingiem. Podawaj schłodzone na liściach sałaty.

Zawartość tłuszczu można oszacować na podstawie ilości użytego dressingu. Ilość porcji i wartości odżywcze trudno jest określić w związku z dowolnym wyborem warzyw.

Sałatka z jajkiem, awokado i boczkiem

Jest to szybka i łatwa sałatka dobra zarówno na śniadanie, jak i na obiad oraz kolację.

1 awokado pokrojone w kostkę
4 jajka na twardo w plastrach
1 średni pomidor pokrojony w kostkę
2 łyżki (30 ml) soku z cytryny
6 plastrów boczku bez cukru i azotanów usmażonych na chrupko i pokruszonych
2 łyżki (2 g) drobno posiekanej świeżej kolendry
sól
świeżo zmielony pieprz

W misce połącz awokado z jajkami, pomidorem, sokiem z cytryny, boczkiem i kolendrą. Wymieszaj i dodaj sól i pieprz do smaku.

Ilość porcji: 2
Jedna porcja zawiera: 52,5 g tłuszczu, 7 g węglowodanów netto, 35 g białka, 640 kalorii

4
Zupy i gulasze

Uwielbiam zupy i gulasze. Są bardzo proste i idealne do diety ketogenicznej. Możesz dowolnie zmieniać składniki, aby zwiększyć zawartość tłuszczu w potrawie. Czasem trudno jest przygotować posiłek z taką zawartością tłuszczu, aby mógł zawierać się w ketogenicznym jadłospisie. Zupy są daniem, z którym można w ten sposób postąpić, nie wpływając przy tym negatywnie na smak. Jeżeli potrzebujesz więcej tłuszczu w diecie – dodaj go do zupy. Niewielka porcja zupy z dodatkiem 2, 3, a nawet 4 łyżek (28-42 g) tłuszczu będzie smakować świetnie.

Buliony

Bulion jest aromatyczną podstawą zup, gulaszów, sosów, curry, zapiekanek i innych dań. Dodaje do potraw składników odżywczych, nadaje im smak i aromat. Można przygotować sporą ilość bulionu i przechowywać w zamrażarce przez ponad rok. Przed mrożeniem polecam podzielić bulion na porcje o objętości 1-4 szklanek (250-1000 ml). W ten sposób ułatwisz sobie przygotowanie późniejszych posiłków.

Bulion można ugotować na bazie różnych mięs: wołowiny, wieprzowiny, jagnięciny, kurczaka, indyka, kaczki, ryby lub skorupiaków. Proces przyrządzania jest taki sam. Na ogół bulion przyrządza się z najtańszych mięs z kością, takich jak golonka, oraz ze skrawków mięsnych pozostałych na kości po odcięciu większych części mięsa. Kości i chrząstki są również dobre do bulionu.

Buliony przyrządzane domowym sposobem są lepsze niż te zakupione w sklepie. Mają bogatszy smak, nie zawierają konserwantów, sztucznych dodatków chemicznych ani polepszaczy smaku.

Buliony domowe zawierają również więcej tłuszczu, którego nie należy wyrzucać.

Bulion z kury

Możesz zrobić ten bulion z całego ptaka lub z resztek kurczaka. Skrzydełka i korpusy są na ogół tanie i również tych części możesz użyć do bulionu zamiast całej kury. W poniższym przepisie możesz wykorzystać całą kurę, jak i sam korpus. Jeżeli używasz tylko kości i resztek mięsa, opuść pierwszą część przepisu i gotuj je na małym ogniu z ziołami i warzywami przez 2 do 6 godzin.

1 cały kurczak razem z podrobami
2 litry wody
1 liść laurowy
6 ziarenek pieprzu
1 średnia cebula przekrojona na 4 części
1 średnia marchew pokrojona na 2,5-centymetrowe kawałki
1 łodyga selera naciowego pokrojona na 2,5-centymetrowe kawałki
1½ łyżeczki soli

Do dużego garnka lub wolnowaru włóż kurę, liść laurowy i pieprz. Przykryj i gotuj na małym ogniu przez 2 do 2,5 godziny. Następnie wyjmij kurczaka i odstaw do ostygnięcia. Oddziel mięso od kości i zachowaj do innych przepisów. Kości, chrząstki i skórę włóż z powrotem do bulionu. Dodaj pozostałe składniki i gotuj na małym ogniu przez kolejne 2 do 6 godzin. Sprawdzaj co jakiś czas poziom wody – dolej, jeżeli za dużo się wygotuje.

Zdejmij garnek z ognia i odstaw bulion do ostygnięcia. Następnie przecedź przez sitko, aby uzyskać klarowny płyn. Przechowuj w niewielkich, szczelnych pojemnikach. Jeżeli nie zamierzasz wykorzystać bulionu w ciągu 24 godzin, włóż pojemniki do zamrażarki.

Ilość porcji: różna
Jedna porcja (1 szklanka) zawiera około: 3 g tłuszczu, 0,5 g węglowodanów netto, 4 g białka, 45 kalorii

Bulion wołowy, wieprzowy i jagnięcy

Te rodzaje bulionów są w zasadzie przygotowywane tak samo, jak bulion z kury. Wykorzystaj do tego tanie ścinki lub kości, takie jak golonka. Możesz również użyć twardszych części, jak na przykład mostek, szponder czy łata.

1,8-2 kg mięsa, kości i chrząstek
1 duża cebula pokrojona w kostkę
2 pory pokrojone w kostkę
2 średnie marchewki pocięte na 2,5 cm kawałki
2 łodygi selera naciowego pokrojone na 2,5 cm kawałki
5 l wody
6 ziarenek pieprzu
2 liście laurowe
2-3 gałązki natki pietruszki
1 łyżka soli

Umieść wszystkie składniki w dużym garnku. Przykryj i gotuj na małym ogniu przez 4-5 godzin. Od czasu do czasu sprawdzaj poziom wody i dolej, jeżeli za dużo się wygotuje. Zbierz ewentualny szum z powierzchni, jednak nie wyrzucaj tłuszczu. Zdejmij z ognia i odstaw do ostygnięcia. Mięso możesz zachować do innych przepisów. Odcedź bulion przez sitko. Jeżeli nie zamierzasz wykorzystać bulionu przez 24 godziny, przelej do małych (250-500 ml) pojemników i wstaw do zamrażarki.

Ilość porcji: różna
Jedna porcja (1 szklanka) zawiera około: 3 g tłuszczu, 0,5 g węglowodanów netto, 4 g białka, 45 kalorii

Bulion z kości

Do tego rodzaju bulionu wykorzystuje się kości, chrząstki i wszelkie skrawki mięsa pozostałego przy kościach. Można też użyć korpusu z pieczonego kurczaka lub indyka lub kości z innych mięsnych dań. Możesz również zakupić świeże kości w sklepie mięsnym. Do bulionu z kości dodawany jest ocet w celu rozpuszczenia minerałów i wyciągnięcia ich z kości. Dzięki temu bulion jest świetnym źródłem wapnia, magnezu, fosforu i innych minerałów potrzebnych naszym kościom.

Umieść kości w garnku lub wolnowarze. Napełnij garnek wodą 7 cm ponad poziom kości. Dodaj 2 łyżki (30 ml) octu z jabłek na każdy litr wody. Zagotuj, zmniejsz ogień i gotuj przez kolejne 36-48 godzin. W połowie gotowania możesz dodać nieco marchewki, selera naciowego, cebuli, soli i pieprzu. Usuń ewentualny szum z powierzchni. Jeżeli wygotuje się za dużo wody, uzupełnij do pierwotnego poziomu, aby kości były całkowicie przykryte.

Po określonym czasie zdejmij z ognia i odstaw do ostygnięcia. Przecedź bulion przez sitko. Nie wyrzucaj tłuszczu ani mięsa – wrzuć je z powrotem do bulionu. Usuń szpik z kości i również dodaj do bulionu. Jeżeli nie zamierzasz zużyć bulionu w przeciągu kilku dni, umieść go w zamrażarce, gdzie możesz go przechowywać do 1 roku.

Ilość porcji: różna
Jedna porcja (1 szklanka) zawiera około: 2 g tłuszczu, 0,5 g węglowodanów netto, 4 g białka, 32 kalorie

Bulion rybny

Ten bulion przygotowuje się z ości, głowy, resztek ryby oraz muszli skorupiaków.

2 l wody
450 g ości i resztek rybnych
1 łyżka soli

Umieść wszystkie składniki w garnku, przykryj i gotuj na małym ogniu przez 1,5 godziny. Zdejmij z ognia i odstaw do ostygnięcia. Przecedź bulion, aby usunąć wszelkie resztki. Jeżeli nie zamierzasz wykorzystać bulionu przez 24 godziny, umieść go w zamrażarce.

Ilość porcji: różna
Jedna porcja (1 szklanka) zawiera około: 3 g tłuszczu, 0,5 g węglowodanów netto, 4 g białka, 45 kalorii

Zupy i gulasze

Barszcz z kiełbasą

Barszcz jest tradycyjną zupą ukraińską z buraków. Może być przyrządzany z samych buraków lub z dodatkiem innych warzyw. Często jest przygotowywany bez mięsa, lecz w tej wersji dodamy kiełbasę, a część buraków zastąpimy kapustą. Jeżeli chcesz, zamiast kapusty możesz wykorzystać liście buraków lub obydwa składniki naraz. W rezultacie otrzymasz gęstą, sycącą i pyszną zupę. Dwie szklanki barszczu z tego przepisu zawierają

23 gramy tłuszczu. Dzięki dodatkowej ilości masła lub śmietany jeszcze bardziej zwiększysz zawartość tego składnika.

5 szklanek (1,2 l) bulionu wołowego lub wody
2 średnie posiekane lub starte buraki
1 średnia posiekana cebula
225 g kiełbasy
1 szklanka (100 g) posiekanego kopru włoskiego lub selera naciowego
3 szklanki (270 g) posiekanej białej kapusty lub liści buraka
½ łyżeczki nasion selera
1 łyżeczka koperku
sól i pieprz
kwaśna śmietana

Zagotuj bulion. Dodaj buraki, cebulę, kiełbasę i koper włoski. Zmniejsz ogień i gotuj przez kolejne 10 minut. Dodaj kapustę, nasiona selera i koperek. Gotuj około 30 minut. Dodaj pieprz i sól do smaku. Zdejmij z ognia i odstaw na chwilę do lekkiego ostygnięcia. Podawaj z łyżką śmietany.

Ilość porcji: 4
Jedna porcja zawiera: 23 g tłuszczu, 10,5 g węglowodanów netto, 17,5 g białka, 332 kalorie

Barszcz tradycyjny

Do barszczu możesz wykorzystać tanie mięso. Długi proces gotowania sprawi, że nawet najtwardsze partie mięsa będą miękkie i delikatne. W tym przepisie jako bazę zupy wykorzystano golonkę wieprzową. Możesz jednak zamiast tego użyć mięsa gulaszowego, kości z mięsem, goleni wołowej, łaty, szpondra lub mostka. Kość wyjęta z gotowej zupy będzie doskonała na wywar.

0,7-1 kg golonki wieprzowej
14 szklanek (3,3 l) wody
1 średnia posiekana cebula
3 posiekane łodygi selera naciowego
2 szklanki (220 g) buraków pociętych w cienkie paseczki (julienne)*
1 średnia marchew pokrojona w kostkę
3 szklanki (270 g) posiekanej białej kapusty
1 łyżeczka koperku
½ łyżeczki soli
¼ łyżeczki pieprzu
2 łyżki (30 ml) soku z cytryny
kwaśna śmietana

Umieść mięso w dużym garnku i zalej wodą. Zagotuj, zmniejsz ogień i gotuj jeszcze około 4 godzin. Część wody wyparuje podczas gotowania. Następnie dodaj cebulę, seler, buraki i marchew. Przykryj zupę i gotuj na małym ogniu przez kolejne 1,5-2 godziny lub do czasu, aż wszystkie warzywa będą miękkie. Wyjmij mięso i pokrój na małe kawałki. Wyrzuć kości. Mięso przełóż z powrotem do garnka. Dodaj kapustę, koperek, sól i pieprz. Przykryj i gotuj na małym ogniu przez kolejne 20-30 minut, aż zmięknie kapusta. Na koniec dodaj sok z cytryny. Podawaj z łyżką kwaśnej śmietany.

---

* Technika krojenia julienne daje cieniutkie paski o grubości około 3 mm.

Ilość porcji: 6
Jedna porcja zawiera: 26 g tłuszczu, 7 g węglowodanów netto, 15 g białka, 322 kalorie

Barszcz pomidorowy

Barszcz można przygotować z wielu różnych składników. W tej wersji podstawą są pomidory. Przygotuj taką ilość, aby wystarczyło ci na dwa dni. Barszcz smakuje lepiej na drugi dzień.

4 szklanki (945 ml) bulionu wołowego lub wody
225 g mielonej wołowiny
2 średnie posiekane lub starte buraki
1 średnia posiekana cebula
1 średnia marchew pokrojona w kostkę
2 szklanki (360 g) pomidorów z puszki
2 szklanki (180 g) posiekanej białej kapusty lub buraka liściowego
2 szklanki (60 g) posiekanego szpinaku
½ łyżeczki nasion selera
1 łyżeczka koperku
sól i pieprz
kwaśna śmietana

Zagotuj bulion. Dodaj mieloną wołowinę, buraki, cebulę, marchew i pomidory. Zmniejsz ogień i gotuj przez 20 minut. Dodaj kapustę, szpinak, nasiona selera i koperek. Gotuj na małym ogniu przez kolejne 10 minut. Dodaj sól i pieprz do smaku. Zdejmij z ognia i odstaw do lekkiego ostygnięcia. Podawaj na ciepło z dużą łyżką kwaśnej śmietany. Aby zwiększyć zawartość tłuszczu, dodaj masło lub więcej śmietany.

Ilość porcji: 4
Jedna porcja zawiera: 10,5 g tłuszczu, 12 g węglowodanów netto, 23,5 g białka, 236 kalorii

Gulasz wołowy

Większość tradycyjnych gulaszy wołowych zawiera dużą ilość ziemniaków. W tej niskowęglowodanowej wersji ziemniaki są zastąpione innymi warzywami. Biała rzodkiew japońska, która ma smak łagodnej rzepy, znakomicie nadaje się do tej potrawy jako zamiennik ziemniaków ze względu na swój smak i wygląd.

5 szklanek (1180 ml) bulionu wołowego lub wody
280 g wołowiny w małych kawałkach
¼ szklanki (56 g) masła, oleju kokosowego lub oleju z czerwonej palmy
1 duża marchew pokrojona w kostkę
½ średniej posiekanej cebuli
2 posiekane ząbki czosnku
2 szklanki (200 g) zielonej fasolki szparagowej pokrojonej na kawałki
230 g rzodkwi japońskiej lub rzepy pokrojonej w kostkę
1 puszka (125 g) sosu pomidorowego
½ łyżeczki oregano
sól i pieprz

Zagotuj bulion. Dodaj posiekaną wołowinę, masło, marchew, cebulę, czosnek, fasolkę, rzodkiew i sos pomidorowy. Zmniejsz ogień i gotuj około 40 minut. Dodaj oregano oraz sól i pieprz do smaku. Gotuj na małym ogniu jeszcze przez 5 minut. Zdejmij z ognia i podawaj na gorąco.

Każda porcja zawiera 6,3 grama tłuszczu. Możesz zwiększyć tę ilość, dodając masło lub olej kokosowy. Jedna łyżka wybranego tłuszczu zwiększy zawartość tego składnika o 20 gramów.

Ilość porcji: 4
Jedna porcja zawiera: 20,5 g tłuszczu, 8 g węglowodanów netto, 30,5 g białka, 338 kalorii

Pożywna zupa z jajkiem, czyli „egg drop”

Tradycyjna zupa chińska egg drop składa się tylko z bulionu z kury i niewielkiej ilości jajka. Jest smaczna, lecz niezbyt sycąca. Ja proponuję pożywniejszą wersję z całych jajek, kurczaka, pieczarek i cebuli.

7 szklanek (1650 ml) bulionu z kury
1½ szklanki (210 g) kurczaka pokrojonego na małe kawałki
1 średnia łodyga selera naciowego pokrojona na cienkie plasterki
½ średniej posiekanej cebuli
8 pieczarek pokrojonych na plasterki
¼ szklanki masła
4 jajka
sól i pieprz

Podgrzej bulion. Dodaj kurczaka, seler, cebulę, pieczarki i masło. Zagotuj i zmniejsz ogień. Gotuj, aż warzywa będą miękkie. Rozbij jajka do miski. Lekko ubij i wlej do zupy. Podgrzewaj na małym ogniu aż jajka będą całkowicie ugotowane. Dodaj sól i pieprz do smaku. Zupę możesz udekorować posiekanym szczypiorkiem sałatkowym.

Ilość porcji: 4
Jedna porcja zawiera: 20 g tłuszczu, 4,5 g węglowodanów netto, 30,5 g białka, 320 kalorii

Chowder z kurczaka

2 łyżki (28 g) masła
2 łodygi selera naciowego pokrojone w kostkę
1 średnia cebula pokrojona w kostkę
4 szklanki (950 ml) bulionu z kury
56 g posiekanych pieczarek
1 łyżeczka soli
¼ łyżeczki pieprzu
¼ szklanki (15 g) drobno posiekanej świeżej natki pietruszki
1 szklanka (240 ml) śmietanki kremówki
2 szklanki (280 g) gotowanej piersi kurczaka pokrojonej w kostkę

Podgrzej masło na dużej patelni na średnim ogniu. Podsmażaj seler i cebulę około 10 minut, aż zaczną się karmelizować. Dodaj bulion z kury, pieczarki, sól, pieprz i pietruszkę. Przykryj i podsmażaj przez 30 minut. Przelej zupę do miski blendera i zmiksuj na gładką masę. Przelej z powrotem na patelnię, dodaj śmietanę i podgrzewaj około 5 minut.

Ilość porcji: 4
Jedna porcja zawiera: 31 g tłuszczu, 4,5 g węglowodanów netto, 27 g białka, 405 kalorii

Zupa szparagowo-serowa

6 łyżek (84 g) masła
½ średniej cebuli pokrojonej w kostkę
1 łodyga selera naciowego pokrojona w kostkę
450 g szparagów pokrojonych na kawałki
4 szklanki (950 ml) bulionu z kury
2 posiekane ząbki czosnku
1 łyżeczka soli
¼ łyżeczki pieprzu
1 łyżka (4 g) drobno posiekanej świeżej natki pietruszki
1 szklanka (240 ml) śmietanki kremówki
2 łyżeczki soku z cytryny
1 szklanka (115 g) startego ostrego sera cheddar
4 plastry boczku bez cukru i azotanów usmażone na chrupko i pokruszone

Podgrzej masło na dużej patelni na średnim ogniu. Podsmażaj cebulę i szparagi, aż zmiękną – około 10-15 minut. Dodaj bulion, czosnek, sól i pieprz. Przykryj i gotuj przez 30 minut. Zdejmij z ognia i odstaw do lekkiego ostygnięcia. Dodaj pietruszkę. Przelej do miski blendera i zmiksuj na purée. Przelej z powrotem na patelnię, dodaj śmietanę, sok z cytryny i ser. Podgrzej. Wierzch posyp pokruszonym boczkiem.

Ilość porcji: 4
Jedna porcja zawiera: 58 g tłuszczu, 6 g węglowodanów netto, 23 g białka, 638 kalorii

Zupa ze świeżych pomidorów

4 duże pomidory
¼ szklanki (56 g) masła
1 średnia cebula pokrojona w kostkę
2 łodygi selera naciowego pokrojone w kostkę
1 średnia marchew pokrojona w kostkę
2 posiekane ząbki czosnku
3 szklanki bulionu z kury
1 łyżeczka soli
¼ łyżeczki pieprzu
½ łyżeczki suszonego koperku
1 łyżeczka suszonej bazylii
½ łyżeczki nasion selera
¼ szklanki (15 g) drobno posiekanej świeżej natki pietruszki
½ szklanki (120 ml) śmietanki kremówki
½ szklanki (120 ml) kwaśnej śmietany
¼ szklanki (25 g) startego parmezanu

Na spodzie każdego pomidora zrób nacięcia w kształcie „X". Umieść je w garnku z wrzącą wodą na 1 minutę. Wyjmij pomidory z wody łyżką cedzakową. Usuń skórki. Pokrój pomidory w kostkę i odstaw na bok.

Podgrzej masło na dużej patelni na średnim ogniu. Dodaj cebulę, seler i marchew. Podsmażaj 10-15 minut, aż warzywa lekko zmiękną. Dodaj pomidory, czosnek, bulion, sól, pieprz, koperek, bazylię i nasiona selera. Przykryj i podsmażaj przez 20 minut. Zdejmij z ognia i odstaw do lekkiego ostygnięcia. Dodaj pietruszkę. Przelej do miski blendera i zmiksuj na gładkie purée. Przelej z powrotem na patelnię, dodaj śmietankę kremówkę i podgrzej. Następnie dodaj kwaśną śmietanę i wymieszaj łyżką. Wierzch posyp startym parmezanem.

Ilość porcji: 4
Jedna porcja zawiera: 30 g tłuszczu, 11 g węglowodanów netto, 9 g białka, 350 kalorii

Zupa krem z pomidorów

2 łyżki (28 g) masła
½ średniej cebuli pokrojonej w kostkę
2 duże łodygi selera naciowego pokrojone w kostkę
1 czerwona papryka pokrojona w kostkę
1 posiekany ząbek czosnku
3½ szklanki (830 ml) bulionu z kury lub wołowego
470 ml sosu pomidorowego
¼ szklanki (15 g) drobno posiekanej świeżej natki pietruszki
1 łyżka (3 g) drobno posiekanej świeżej bazylii lub ½ łyżeczki suszonej
½ łyżeczki suszonego oregano
1¼ łyżeczki soli
⅛ łyżeczki świeżo zmielonego pieprzu
1 łyżka (15 ml) soku z cytryny
1 szklanka (240 ml) śmietanki kremówki
¼ szklanki (25 g) startego parmezanu

Podgrzej masło w dużym garnku na średnim ogniu. Podsmażaj cebulę, seler i paprykę, aż cebula zacznie się karmelizować – około 10 minut. Dodaj czosnek i podsmażaj jeszcze przez 1-2 minuty. Dodaj bulion, sos pomidorowy, pietruszkę, bazylię, oregano, sól i pieprz. Przykryj i gotuj przez 30 minut. Przelej do miski blendera i zmiksuj na gładkie purée. Przelej z powrotem do garnka, dodaj sok z cytryny i śmietanę. Podgrzej. Podawaj z parmezanem posypanym na wierzchu. Możesz dodać garść skwarek, które posłużą za grzanki.

Ilość porcji: 4
Jedna porcja zawiera: 31 g tłuszczu, 9,5 g węglowodanów netto, 10,5 g białka, 359 kalorii

Zupa krem z pieczarek

¼ szklanki (56 g) masła
2 łodygi selera naciowego pokrojone w kostkę
1 średnia cebula pokrojona w kostkę
280 g pieczarek pokrojonych w kostkę
5 szklanek bulionu z kury lub wołowego
1 łyżeczka soli
½ łyżeczki pieprzu
1 łyżeczka estragonu
½ łyżeczki tymianku
½ szklanki (120 ml) śmietanki kremówki
½ szklanki (115 g) kwaśnej śmietany

Podgrzej masło na dużej patelni na średnim ogniu. Dodaj cebulę i seler. Podsmażaj, aż cebula się skarmelizuje – około 12-15 minut. Dodaj pieczarki, bulion, sól, pieprz, estragon i tymianek. Przykryj i podsmażaj przez 30 minut. Zdejmij z ognia. Dodaj śmietankę kremówkę, wymieszaj i odstaw do lekkiego ostygnięcia. Przelej do miski blendera i zmiksuj na gładkie purée. Przelej z powrotem na patelnię i podgrzej. Dodaj kwaśną śmietanę i wymieszaj.

Ilość porcji: 4
Jedna porcja zawiera: 30 g tłuszczu, 6,5 g węglowodanów netto, 10 g białka, 336 kalorii

Bisque z pomidorów i pieczarek

4 duże pomidory obrane i pokrojone w kostkę
4 łyżki (56 g) masła
1 mała cebula pokrojona w kostkę
1 łodyga selera naciowego pokrojona w kostkę
1 posiekany ząbek czosnku
225 g pieczarek
2 szklanki (480 ml) bulionu z kury
¼ łyżeczki pieprzu
4 łyżeczki sosu rybnego
1 szklanka (240 ml) śmietanki kremówki lub mleka kokosowego

Napełnij duży garnek wodą i zagotuj. Spód każdego pomidora natnij w kształcie „X". Włóż do gotującej wody mniej więcej na 1 minutę. Następnie przełóż do zimnej wody, aż nieco ostygną. Usuń skórki. Pokrój pomidory w kostkę.

Podgrzej masło na dużej patelni na średnim ogniu. Dodaj cebulę i seler. Podsmażaj 12-15 minut, aż cebula się skarmelizuje. Dodaj czosnek i pieczarki. Gotuj jeszcze przez 3-4 minuty. Dodaj bulion, pomidory, pieprz i sos rybny. Podgrzewaj na małym ogniu przez 30 minut. Przelej do miski blendera i zmiksuj na gładkie purée. Przelej purée z powrotem na patelnię, dodaj śmietanę, zamieszaj i ponownie podgrzej.

Ilość porcji: 4
Jedna porcja zawiera: 34,5 g tłuszczu, 10 g węglowodanów netto, 7,5 g białka, 380 kalorii

Chili bez fasoli

Ta wersja chili smakuje niemalże identycznie, jak wersja z fasolą. W tym przepisie mogą być użyte inne warzywa, głównie rzodkiew japońska lub rzepa, które pokrojone na małe kawałki są doskonałymi zamiennikami fasoli.

¼ szklanki (56 g) oleju kokosowego
453 g mielonej wołowiny
1 średnia cebula pokrojona w kostkę
1 zielona papryka pokrojona w kostkę
6 posiekanych ząbków czosnku
1 lub 2 papryczki chili pokrojone w kostkę (opcjonalnie)
453 g rzodkwi japońskiej lub rzepy pokrojonej w kostkę
1⅓ szklanki (314 ml) sosu pomidorowego
½ szklanki (118 ml) wody
2 łyżeczki mielonego chili
1½ łyżeczki mielonej papryki
1 łyżeczka oregano
1 łyżeczka kminku
1½ łyżeczki soli

Podgrzej olej na dużej patelni na średnim ogniu. Dodaj mięso, cebulę, paprykę i czosnek. Gotuj, mieszając co jakiś czas, aż mięso zacznie się przyrumieniać. Dodaj paprykę chili, rzodkiew, sos pomidorowy, wodę i przyprawy. Przykryj i podgrzewaj na małym ogniu około 30 minut lub do czasu, aż potrawa zgęstnieje, a warzywa zmiękną. Tak przygotowane chili jest gotowe do podania. Wierzch możesz posypać startym serem lub dodać łyżkę kwaśnej śmietany.

Ilość porcji: 4
Jedna porcja zawiera: 21 g tłuszczu, 10 g węglowodanów netto, 38,5 g białka, 383 kalorie

Chili warzywne z wołowiną

¼ szklanki (56 g) oleju do smażenia
227 g mielonej wołowiny
½ cebuli pokrojonej w kostkę
1 łodyga selera naciowego pokrojona na cienkie plasterki
1 zielona papryka pokrojona w kostkę
2 drobno posiekane ząbki czosnku
170 g rzepy lub rzodkwi japońskiej pokrojonej w kostkę
2 łyżeczki mielonego chili
1 łyżeczka mielonego kminku
1 łyżeczka suszonego oregano
½ łyżeczki mielonej papryki
½ łyżeczki soli
1 łyżka (9 g) drobno posiekanej papryki jalapeño
½ szklanki (125 g) sosu pomidorowego
¾ szklanki (177 ml) wody lub bulionu wołowego
57 g startego sera cheddar

Podgrzej olej na głębokiej patelni na średnim ogniu. Dodaj wołowinę i podziel ją na małe kawałki. Dodaj cebulę, seler, zieloną paprykę, czosnek i rzepę. Podgrzewaj na małym ogniu około 8 minut lub aż warzywa nieco zmiękną, a mięso zacznie się przyrumieniać. Mieszaj od czasu do czasu. Dodaj chili, kminek, oregano, mieloną paprykę, jalapeño, sos pomidorowy i wodę. Przykryj patelnię i podgrzewaj na małym ogniu około 20 minut lub do czasu, aż warzywa staną się miękkie, a smaki się połączą. Mieszaj co jakiś czas. Zdejmij z ognia. Posyp chili równomiernie serem i odczekaj 1-2 minuty, aż ser zacznie się topić. Podawaj w miseczkach. Wierzch możesz udekorować łyżką kwaśnej śmietany lub plastrami awokado.

Ilość porcji: 2
Jedna porcja zawiera: 45 g tłuszczu, 12 g węglowodanów netto, 44,5 g białka, 631 kalorii

Chili z kurczakiem

2 łyżki (28 g) oleju kokosowego
½ średniej cebuli pokrojonej w kostkę
1 łodyga selera naciowego pokrojona w kostkę
1 czerwona papryka pokrojona w kostkę
110 g gotowanej piersi z kurczaka pokrojonej w kostkę
110 g pieczarek w plastrach
¼ szklanki (35 g) drobno posiekanej papryki poblano lub innej papryki chili
1 łyżeczka sosu tabasco lub innego pikantnego sosu
1 łyżeczka mielonego kminku
½ łyżeczki soli
1 szklanka (240 ml) bulionu z kury lub wody
½ szklanki (120 ml) śmietanki kremówki
1 szklanka (115 g) startego sera Monterey Jack
½ szklanki (115 g) kwaśnej śmietany

Podgrzej olej na głębokiej patelni na średnim ogniu. Dodaj cebulę, seler i czerwoną paprykę. Podgrzewaj na małym ogniu przez 6-8 minut lub aż warzywa nieco zmiękną. Dodaj kurczaka, pieczarki, paprykę poblano, sos tabasco, kminek, sól, bulion i śmietankę kremówkę. Przykryj patelnię na 10 minut. Następnie zdejmij z ognia, dodaj ser i wymieszaj, aż się stopi. Podawaj w miseczkach z dodatkiem 1 łyżki kwaśnej śmietany.

Ilość porcji: 2
Jedna porcja zawiera: 48 g tłuszczu, 10,5 g węglowodanów netto, 37,5 g białka, 624 kalorie

Gumbo z kurczaka

Uwielbiam gumbo z kurczaka. Tradycyjne gumbo jest przygotowywane z ryżu, lecz w tej wersji zamiast ryżu dodamy warzywa, trzy rodzaje mięsa i dodatkowe przyprawy. To danie jest lepsze niż jego wysokowęglowodanowe wersje.

8 szklanek (1900 ml) bulionu z kury (strona 113)
2 duże pomidory przecięte na pół
¼ szklanki (56 g) oleju kokosowego lub z czerwonej palmy
280-340 g surowej piersi z kurczaka pokrojonej na małe kawałki
400 g krewetek
225 g kiełbasy wieprzowej w przyprawach pokruszonej na kawałki
2 marchewki pokrojone w kostkę
3 łodygi selera naciowego pokrojone w kostkę
1 szklanka (100 g) zielonej fasolki szparagowej pokrojonej na małe kawałki
1 średnia cebula pokrojona w kostkę
4 drobno posiekane ząbki czosnku
1 łyżka (19 g) soli
1 łyżeczka pieprzu
225 g okry
2 łyżki (30 ml) sosu rybnego
2 łyżki (30 ml) dowolnego pikantnego sosu

Wlej bulion do czterolitrowego garnka i zagotuj. Dodaj pomidory. Zmniejsz ogień i gotuj przez 10 minut. Wyjmij pomidory i odstaw do ostygnięcia. Dodaj olej kokosowy, kurczaka, krewetki, kiełbasę, marchew, seler, fasolkę szparagową, czosnek, sól i pieprz. Z pomidorów usuń skórki. Pokrój pomidory w kostkę i dodaj do zupy. Gotuj przez 1 godzinę. Dodaj okrę, sos rybny i pikantny. Gotuj na małym ogniu przez 30 minut.

Na ogół gumbo jest pikantną potrawą, jednak nie wszyscy w takich gustują. Ta wersja jest nieco łagodniejsza. Jeżeli lubisz mocno przyprawione dania, dodaj więcej pikantnego sosu do swojej porcji. Niewykorzystaną zupę możesz przechowywać w szczelnym pojemniku w lodówce lub zamrozić.

Dodając więcej oleju, na przykład z czerwonej palmy, zwiększysz zawartość tłuszczu w potrawie. Olej z czerwonej palmy wzbogaci barwę i smak zupy. Jedna łyżka oleju doda aż 14 gramów tłuszczu jednej szklance zupy. Ta ilość nie jest wliczona w poniższe zestawienie składników.

Ilość porcji: około 14
Jedna porcja (1 szklanka) zawiera: 11 g tłuszczu, 5 g węglowodanów netto, 20 g białka, 199 kalorii

Chowder z małży

¼ szklanki (56 g) masła
1 średnia łodyga selera naciowego pokrojona na kawałki
½ posiekanej średniej cebuli
170 g rzodkwi japońskiej pokrojonej na kawałki
2 szklanki (475 ml) bulionu z kury
2 puszki (po 280 g) małży w zalewie
½ łyżeczki suszonej bazylii
½ łyżeczki soli
¼ łyżeczki świeżo zmielonego pieprzu
4 łyżeczki sosu rybnego
2½ szklanki (590 ml) śmietanki kremówki lub mleka kokosowego
10 kawałków (1,5 cm) smażonej słoniny (opcjonalnie)

Podgrzej masło w dużym rondlu na średnim ogniu. Dodaj seler, cebulę i rzodkiew. Zmniejsz ogień i podsmażaj, aż warzywa lekko zmiękną – około 10 minut. Dodaj bulion z kury, zalewę z małży, bazylię, sól, pieprz i sos rybny. Podgrzewaj jeszcze 5 minut. Następnie dodaj małże i śmietanę. Odczekaj chwilę, aż potrawa się dobrze zagrzeje. Podawaj z kawałkami słoniny jak z krakersami.

Ilość porcji: 4
Jedna porcja zawiera: 69 g tłuszczu, 5 g węglowodanów netto, 28 g białka, 753 kalorie

Chowder z owoców morza

- 2 łyżki (28 g) oleju kokosowego lub tłuszczu wytopionego ze smażonego boczku
- 3 duże posiekane szalotki
- 3 ząbki czosnku przeciśnięte przez praskę
- ½ łyżeczki drobno posiekanego imbiru
- 4 szklanki (950 ml) bulionu z kury
- 2 szklanki (470 ml) soku z małży
- 1 łyżka (15 ml) świeżo wyciśniętego soku z cytryny
- 2 łyżeczki sosu rybnego
- 1 puszka (396 g) mleka kokosowego
- 2 łyżeczki skórki otartej z cytryny
- ½ łyżeczki czerwonej papryki w płatkach
- 1 łyżeczka soli
- 225 g filetów rybnych (halibut, dorsz, okoń morski) pokrojonych na małe kawałki
- 225 g skorupiaków (krab, homar, krewetki, przegrzebki) obranych i pokrojonych na małe kawałki
- 2 łyżki (2 g) drobno posiekanej świeżej kolendry

Zagrzej olej w dużym garnku. Dodaj szalotki, czosnek i imbir. Podsmażaj, aż zaczną wydzielać aromat – około 2 minut. Dodaj bulion, sok z małży, sok z cytryny, mleko kokosowe, skórkę z cytryny, płatki papryki i sól. Zagotuj i zmniejsz ogień. Dodaj rybę, skorupiaki i gotuj, aż mięso z ryby stanie się białe i miękkie. Przed podaniem udekoruj kolendrą.

Ilość porcji: 6
Jedna szklanka zawiera: 22,5 g tłuszczu, 4,5 g węglowodanów netto, 22 g białka, 308 kalorii

Chowder z łososia

3 plastry boczku bez cukru i azotanów pokrojone w kostkę
1 średnia cebula pokrojona w kostkę
2 łodygi selera naciowego pokrojone w kostkę
340 g rzodkwi japońskiej lub rzepy pokrojonej w kostkę
2½ szklanki (600 ml) bulionu z kury
1 łyżeczka suszonego koperku
1 liść laurowy
½ łyżeczki soli
⅛ łyżeczki świeżo zmielonego pieprzu
1 puszka (212 g) łososia
2 łyżki (28 g) masła
2 szklanki (470 ml) śmietanki kremówki lub mleka kokosowego

W dużym garnku na średnim ogniu podsmaż boczek, cebulę, seler i rzodkiew. Kiedy boczek zrobi się lekko chrupiący, dodaj bulion z kury, koperek, liść laurowy, sól i pieprz. Przykryj i gotuj na małym ogniu przez 20 minut lub do czasu, aż warzywa zmiękną. Dodaj łososia, masło i śmietanę. Gotuj jeszcze przez 5 minut. Wyrzuć liść laurowy. Potrawa jest gotowa do podania.

Ilość porcji: 4
Jedna szklanka zawiera: 22,5 g tłuszczu, 4,5 g węglowodanów netto, 22 g białka, 308 kalorii

Bisque z ryby

¼ szklanki (56 g) masła
2 pokrojone w kostkę łodygi selera naciowego
1 średnia cebula pokrojona w kostkę
1 czerwona papryka pokrojona w kostkę
225 g soku z małży
2 szklanki (950 ml) bulionu rybnego lub z kury
1 średni pomidor obrany i pokrojony w kostkę
1 liść laurowy
½ łyżeczki soli
¼ łyżeczki pieprzu
¼ łyżeczki rozmarynu
¼ szklanki (16 g) drobno posiekanej świeżej natki pietruszki lub kolendry
225 g sosu pomidorowego
1 szklanka (240 ml) śmietanki kremówki lub mleka kokosowego
225 g filetu z dorsza lub halibuta pokrojonego na małe kawałki

Podgrzej masło na głębokiej patelni na średnim ogniu. Dodaj seler, cebulę i paprykę. Podsmażaj warzywa około 10 minut, aż zmiękną. Dodaj sok z małży, bulion, pomidor, liść laurowy, sól, pieprz i rozmaryn. Przykryj i gotuj na małym ogniu przez 20 minut. Wyjmij liść laurowy. Dodaj pietruszkę. Zdejmij z ognia i odstaw do lekkiego ostygnięcia. Przelej do miski blendera i zmiksuj na gładkie purée. Przelej purée z powrotem na patelnię. Dodaj sos pomidorowy, śmietanę i ponownie zagrzej. Dodaj rybę i gotuj na małym ogniu przez 5 minut lub do czasu, aż mięso ryby zrobi się białe.

Ilość porcji: 4
Jedna szklanka zawiera: 35,5 g tłuszczu, 8 g węglowodanów netto, 20,5 g białka, 433 kalorie

Gulasz z golonki

450-680 g golonki wieprzowej
3 l wody
1 średnia cebula pokrojona w kostkę
2 łodygi selera naciowego pokrojone w kostkę
2 średnie marchewki pokrojone na plasterki
1 szklanka (120 g) kalafiora pokrojonego w kostkę
1 szklanka (120 g) zielonej fasolki szparagowej pokrojonej na kawałki
6 posiekanych ząbków czosnku
1 łyżeczka suszonego majeranku
1 łyżeczka suszonej bazylii
½ łyżeczki suszonego koperku
½ łyżeczki soli
¼ łyżeczki pieprzu
6 łyżek (84 g) masła

Wodę wlej do dużego garnka. Dodaj mięso i zagotuj. Zmniejsz ogień, przykryj i gotuj na wolnym ogniu przez 6-8 godzin. Wyjmij mięso i odstaw do ostygnięcia. Do wody dodaj wszystkie pozostałe składniki, przykryj garnek i gotuj na małym ogniu przez 1 godzinę. Ostygnięte mięso oddziel od kości i pokrój na małe kawałki. Kość wyrzuć lub zachowaj do bulionu z kości. Mięso dodaj ponownie do gulaszu i dobrze podgrzej przed podaniem.

Ilość porcji: 6
Jedna szklanka zawiera: 22,5 g tłuszczu, 5 g węglowodanów netto, 28 g białka, 361 kalorii

Zupa migdałowa z kurczakiem

2 łyżki (28 g) oleju kokosowego lub masła
½ średniej cebuli pokrojonej w kostkę
170 g brokułu w kawałkach
1 średnia łodyga selera naciowego pokrojona na kawałki
3 ząbki czosnku przeciśnięte przez praskę
4 szklanki (950 ml) bulionu z kury
2 szklanki (280 g) gotowanej piersi z kurczaka pokrojonej w kostkę
1 łyżeczka mielonego kminku
½ szklanki (70 g) całych migdałów
1 łyżka (14 g) masła z prażonych migdałów
sól do smaku

Podgrzej olej w rondlu. Dodaj cebulę i podsmażaj, aż się zeszkli. Dodaj brokuł, seler i czosnek. Gotuj, aż warzywa zmiękną, i dopiero wtedy dodaj bulion. Następnie wrzuć do zupy kurczaka, kminek, migdały i masło migdałowe. Masło może utworzyć grudki, lecz rozpuszczą się podczas gotowania. Mieszaj od czasu do czasu. Gotuj na małym ogniu przez 10 minut. Posól do smaku i podaj gotową zupę w miseczkach.

Ilość porcji: 4
Jedna szklanka zawiera: 21,5 g tłuszczu, 6,5 g węglowodanów netto, 26 g białka, 323 kalorie

Chowder z kurczakiem i boczkiem

Jest to idealne danie na wykorzystanie resztek. Raz przygotowane, wystarcza na kilka dni. Świetnie nadaje się na danie na wynos, na przykład do pracy.

12 plastrów boczku bez cukru i azotanów usmażonych na chrupko i pokruszonych
3 duże piersi z kurczaka
2 szklanki (470 ml) bulionu z kury
225 g serka śmietankowego
2 szklanki (470 g) śmietanki kremówki
2 łyżki (30 g) masła
1 średnia cebula pokrojona w kostkę
1 papryka pokrojona w kostkę
2 średnie łodygi selera naciowego pokrojone w kostkę
225 g pieczarek w plastrach
6 ząbków czosnku przeciśniętych przez praskę
1 łyżeczka soli
½ łyżeczki pieprzu
1 łyżka suszonej bazylii
1 łyżka suszonego tymianku

Boczek usmaż na głębokiej patelni. Przełóż do oddzielnego naczynia i odstaw na bok. Na patelni pozostaw 4 łyżki tłuszczu wytopionego z boczku – około 60 gramów. Resztę tłuszczu zachowaj do innego dania. Na średnim ogniu obsmaż kurczaka dokładnie z każdej strony. Przełóż na deskę i pokrój w kostkę. Na tym etapie mięso nie musi być całkowicie usmażone w środku.

Wlej na patelnię 1 szklankę (235 ml) bulionu z kury. Zagotuj. Po 2 minutach cały smak z tłuszczu powinien zmieszać się z bulionem. Przelej całą zawartość patelni do wolnowaru. Dodaj resztę bulionu, serek śmietankowy, śmietankę kremówkę, masło, cebulę, paprykę, seler, pieczarki, czosnek, sól, pieprz, bazylię i tymianek. Przykryj i gotuj w wolnowarze w niskiej temperaturze przez 6 godzin.

Ilość porcji: 8
Jedna porcja zawiera: 55 g tłuszczu, 6,5 g węglowodanów netto, 26 g białka, 625 kalorii

Zupa z cukinii

¼ szklanki (56 g) masła
3 duże cukinie (około 680 g) pokrojone w plastry
2 szklanki (470 ml) bulionu z kury
¼ łyżeczki soli
⅛ łyżeczki świeżo zmielonego pieprzu
1 łyżka (15 ml) soku z cytryny
2 łyżki (6 g) posiekanego cienkiego lub sałatkowego szczypiorku

Na głębokiej patelni roztop masło. Dodaj cukinię i podsmażaj, aż zacznie się przyrumieniać – około 8-10 minut. Mieszaj co jakiś czas. Dodaj bulion, sól, pieprz i sok z cytryny. Podgrzej. Przelej do miski blendera i zmiksuj, aż otrzymasz jednolitą konsystencję. Zupę posyp szczypiorkiem lub dodaj łyżkę kwaśnej śmietany.

Ilość porcji: 4
Jedna porcja zawiera: 12,5 g tłuszczu, 4,5 g węglowodanów netto, 4,5 g białka, 148 kalorii

Strogonow wołowy

Do tego przepisu świetnie nadają się twarde, tańsze mięsa wołowe, takie jak mostek, łata lub szponder. Długi proces gotowania sprawia, że mięso staje się delikatne i przepełnia potrawę swoim smakiem.

1 l wody
680 g mostku lub innego mięsa wołowego
¼ szklanki (56 g) masła
225 g małych pieczarek portobello przekrojonych na pół
1 średnia posiekana cebula
4 posiekane ząbki czosnku
2 łyżki (30 ml) sosu Worcestershire
1 łyżka (4 g) suszonego tymianku
225 g serka śmietankowego
½ łyżeczki soli
½ łyżeczki świeżo zmielonego pieprzu
1 łyżka (14 g) musztardy Dijon
½ szklanki (120 ml) kwaśnej śmietany

Wlej wodę do wolnowaru. Dodaj mięso. Gotuj w wysokiej temperaturze przez 4 godziny. Wyjmij wołowinę i odstaw do ostygnięcia. W międzyczasie dodaj do wody masło, pieczarki, cebulę, czosnek, sos Worcestershire, tymianek, serek śmietankowy, sól, pieprz i musztardę. Wołowinę pokrój na małe kawałki i również umieść w garnku. Przykryj i gotuj przez 6 godzin. Przed podaniem dodaj kwaśną śmietanę.

Ilość porcji: 8
Jedna porcja zawiera: 24 g tłuszczu, 4 g węglowodanów netto, 32 g białka, 360 kalorii

Zupa brokułowa z serem cheddar

¼ szklanki (56 g) masła
1 średnia drobno posiekana cebula
2 drobno posiekane łodygi selera naciowego
4 szklanki (950 ml) bulionu z kury
4 szklanki (300 g) drobno posiekanego brokułu
1 liść laurowy
1 łyżeczka soli
½ łyżeczki pieprzu
2 szklanki (470 ml) śmietanki kremówki
2 szklanki (225 g) startego ostrego sera cheddar
½ szklanki (50 g) startego parmezanu

Podgrzej masło w dużym garnku na średnim ogniu. Dodaj cebulę i seler. Podsmażaj, mieszając do czasu, aż zmiękną – około 8-10 minut. Dodaj bulion z kury, brokuł, liść laurowy, sól i pieprz. Zagotuj. Zmniejsz nieco ogień. Po 30 minutach brokuły powinny być miękkie.

Połowę brokułu wyjmij z bulionu i odstaw na bok. Wyrzuć liść laurowy. Umieść zupę w misce blendera i zmiksuj na purée. Wlej z powrotem do garnka i dodaj odłożoną część brokułu. Podgrzej na średnim ogniu. Dodaj śmietanę, sery i wymieszaj, aż składniki się dobrze połączą. Przelej zupę do misek. Zupę zamiast grzankami posyp skwarkami.

Ilość porcji: 4
Jedna porcja zawiera: 39,5 g tłuszczu, 10 g węglowodanów netto, 26 g białka, 499 kalorii

Minestrone

¼ szklanki (60 ml) oliwy z oliwek extra virgin
1 średnia cebula pokrojona w kostkę
1 marchew pokrojona w kostkę
1 łodyga selera naciowego pokrojona w kostkę
170 g kalafiora pokrojonego w kostkę
5 szklanek bulionu z kury, wołowego lub wieprzowego
225 g sosu pomidorowego
3 ząbki czosnku przeciśnięte przez praskę
½ łyżeczki suszonej bazylii
½ łyżeczki tymianku
½ łyżeczki soli
¼ łyżeczki świeżo zmielonego pieprzu
1 mała cukinia w plastrach pokrojonych na ćwiartki
¾ szklanki (60 g) startego parmezanu

Podgrzej oliwę na głębokiej patelni na średnim ogniu. Dodaj cebulę, marchew, seler i kalafior. Podsmażaj, aż lekko zmiękną – około 12-15 minut. Dodaj bulion, sos pomidorowy, czosnek, bazylię, tymianek, sól, pieprz i cukinię. Przykryj patelnię i podsmażaj przez 20-30 minut, aż cukinia będzie miękka. Zdejmij z ognia i dodaj parmezan.

Ilość porcji: 4
Jedna porcja zawiera: 19,5 g tłuszczu, 9,5 g węglowodanów netto, 13,5 g białka, 267 kalorii

5
Dania warzywne

Dania z warzyw są sercem i duszą zdrowej diety ketogenicznej. Z tego też względu jest to najobszerniejszy i najważniejszy rozdział całej książki. Wielu ludzi najchętniej unikałoby warzyw. Niemniej jednak, przyrządzone na podstawie ketogenicznych przepisów, przekształcą się w pyszne potrawy.

Kiedy dorastałeś, twoja mama zapewne podawała fasolkę szparagową lub inne warzywa z dodatkiem jedynie soli lub pieprzu. Być może też była na diecie niskosodowej – wtedy nie wolno dodawać do potraw ani odrobinki soli, aby choć trochę uwydatnić ich smak. Większość warzyw gotowanych bez przypraw jest nudna i bez wyrazu. Dlatego właśnie dzieci oraz niektórzy dorośli nie lubią warzyw. Osobiście również nie za bardzo przepadam za takimi warzywami „bez życia". Uwielbiam za to, kiedy są odpowiednio przyrządzone z dodatkiem niesamowitych przypraw. Nie trzeba wiele, aby ożywić warzywa. Zwykła fasolka nabierze zupełnie nowego smaku, kiedy połączymy ją z masłem, cebulką, pieczarkami czy skwarkami z boczku.

Czasem trudno jest dołączyć odpowiednią ilość tłuszczu do diety niskowęglowodanowej, aby była prawdziwie ketogeniczna. Warzywa są wygodnym i pysznym sposobem na zwiększenie ilości tłuszczu w twojej diecie. Co więcej, są bogatym źródłem niezbędnych witamin i minerałów oraz urozmaicają każdy posiłek. Większość warzyw jest z reguły niskowęglowodanowa. Przygotowane w odpowiedni sposób, podwyższą zawartość tłuszczu w potrawach bardziej niż większość mięs, nie zwiększając przy tym ilości białka. Dzięki temu dieta ketogeniczna stanie się twoją najlepszą przyjaciółką. Odpowiednio przyrządzone warzywa są kluczem do sukcesu diety ketogenicznej.

Wiele przepisów na dania warzywne i sosy z poniższego rozdziału zawiera masło i śmietanę. Jeżeli jesteś weganinem lub wyznawcą religii palo i wolałbyś nie wykorzystywać tych składników w swoim jadłospisie, możesz zamienić masło na olej kokosowy, z czerwonej palmy lub oliwę z oliwek, a śmietanę – na mleko kokosowe. Pamiętaj, że zawsze możesz wymienić składniki na takie, które będą zgodne z twoimi preferencjami. Nie bój się eksperymentować! Ta sama zasada dotyczy wszystkich przepisów zawartych w tej książce.

Ważna uwaga: Waga warzyw uwzględniona w poniższych przepisach jest wagą po odcięciu wszelkich łodyg, usunięciu pestek, skórek, itp. Na przykład 225 g szparagów to waga ugotowanych warzyw gotowych do zjedzenia, bez zgrubiałych końcówek łodyg, które zazwyczaj się odcina i wyrzuca. Nie zdziw się zatem, gdy po zakupie pół kilograma szparagów i po przygotowaniu ich do gotowania zostanie ci zaledwie 225 gramów.

Karczochy

Dziwię się, jak wielu ludzi jeszcze nie jadło karczochów ugotowanych w najzwyklejszy sposób i podanych z masłem lub ma-

jonezem. Pomimo że karczochy nie zawierają dużo tłuszczów, po dodaniu masła lub majonezu stają się świetnym daniem wysokotłuszczowym.

Jeden karczoch to jedna porcja. Aby przygotować karczochy, najpierw należy usunąć wszelkie suche liście z zewnątrz i małe liście okalające łodygę. Łodygę należy obciąć razem z niewielkim kawałkiem dolnej części karczocha. Przycinamy również około 2,5 cm górnej części. Za pomocą nożyczek należy obciąć ostrą końcówkę każdego liścia.

Tak przygotowane karczochy umieść w garnku i zalej taką ilością wody, aby unosiły się na jej powierzchni. Dodaj 1 łyżeczkę soli. Zagotuj. Następnie zmniejsz ogień, przykryj garnek i gotuj przez 30 minut lub do czasu, aż w spodnią część karczochów da się łatwo wbić widelec. Delikatnie wyjmij karczochy z wody szczypcami lub łyżką cedzakową. Połóż je spodnią częścią do góry, aby ociekły z wody.

Podawaj na gorąco z masłem, majonezem lub sosem holenderskim (strona 47). Z gotowych karczochów należy odrywać liście jeden po drugim i maczać dolną ich część w wybranym sosie. Zębami zdziera się miękką część z liścia, a twardą skorupkę wyrzuca.

Po usunięciu wszystkich zewnętrznych liści pozostanie nam część wewnętrzna złożona z delikatnych jasnych listków. Za pomocą łyżki wydrąż wnętrze. Pozostałą część wyrzuć. Wydrążona część jest „sercem" karczocha i najcenniejszą częścią warzywa. Pokrój ją na małe kawałki i maczaj w sosie.

Jedna porcja: 1 karczoch z dodatkiem 2 łyżek (28 g) majonezu
Jedna porcja zawiera: 21 g tłuszczu, 6,5 g węglowodanów netto, 4,5 g białka, 233 kalorie

Faszerowane awokado z grilla

2 łyżki (28 g) oleju kokosowego
1 średnia drobno posiekana cebula
2 ząbki czosnku przeciśnięte przez praskę
225 g mielonej wołowiny
225 g kiełbasy wieprzowej
¼ łyżeczki soli
1 łyżka (7,5 g) mielonego chili
1 łyżka mielonej papryki
1 łyżka mielonego kminku
½ łyżeczki pieprzu kajeńskiego
1 puszka (425 g) sosu pomidorowego
6 awokado ze skórką przekrojonych na pół i bez pestek
2 szklanki (460 g) startego sera Monterey Jack
6 łyżek (90 g) kwaśnej śmietany
½ szklanki (8 g) z grubsza posiekanej świeżej kolendry

Podgrzej olej w niewielkim rondelku na średnim ogniu. Dodaj cebulę i czosnek. Podsmażaj około 5 minut. Następnie dodaj mieloną wołowinę, kiełbasę, sól, chili, paprykę, kminek i pieprz kajeński. Podsmażaj, aż mięso zacznie się przyrumieniać – około 8 minut. Dodaj sos pomidorowy i zagotuj. W międzyczasie rozgrzej grill do średniej temperatury.

Połóż połówki awokado na desce lub blacie uciętą stroną do góry. Lekko uciśnij każdą z nich, aby spłaszczyć dno. Dzięki temu nie będą się przewracać.

Umieść awokado na blasze do pieczenia. Na każdą połówkę nałóż sporą warstwę mięsnej mieszanki. Posyp serem. Ostrożnie połóż awokado na grillu. Zamknij pokrywę i zapiekaj około 5 minut lub do czasu, aż ser się roztopi i przypiecze.

Na talerzach umieść po dwie połówki. Wierzch każdej z nich udekoruj 1 łyżką kwaśnej śmietany i posiekaną kolendrą.

Ilość porcji: 12 nadziewanych połówek awokado
Jedna porcja zawiera: 35 g tłuszczu, 4,5 g węglowodanów netto, 20 g białka, 413 kalorii

Szparagi w kremowym sosie

225 g szparagów
podstawowy sos biały (strona 34)
sól i pieprz do smaku

Szparagi ugotuj na parze, sparz wrzątkiem lub podsmaż, aż będą lekko miękkie. Przygotuj podstawowy sos biały według wskazówek. Doskonałe do szparagów są również modyfikacje tego sosu: mornay, krewetkowy, pieczarkowy i musztardowy (strony 30, 36-38). Dodaj sól i pieprz do smaku.

Ilość porcji: 2
Jedna porcja z ¼ szklanki (60 ml) białego sosu podstawowego zawiera: 28 g tłuszczu, 4 g węglowodanów netto, 3,5 g białka, 282 kalorie

Szparagi z cebulką

4 plastry boczku bez cukru i azotanów usmażone na chrupko i pokruszone
1 średnia posiekana cebula
450 g szparagów bez zgrubiałych końcówek
¼ łyżeczki soli
¼ łyżeczki pieprzu cytrynowego

Usmaż boczek na średniej patelni i przełóż do osobnego naczynia. Na tłuszczu po smażeniu boczku przysmażaj cebulę i szparagi bez przykrycia do czasu, aż cebula zacznie się karmelizować. Powinno zająć to około 10-14 minut. Mieszaj od czasu do czasu. Dodaj sól i pieprz cytrynowy. Zdejmij z ognia. Przed podaniem posyp wierzch pokruszonym boczkiem.

Ilość porcji: 2
Jedna porcja zawiera: 23 g tłuszczu, 6 g węglowodanów netto, 18 g białka, 303 kalorie

Pieczone szparagi

450 g cienkich szparagów bez twardych końcówek
2 ząbki czosnku przeciśnięte przez praskę
¼ szklanki (56 g) stopionego masła
1 łyżka (15 ml) świeżego soku z cytryny
1 łyżeczka skórki otartej z cytryny
1 łyżka (4 g) z grubsza posiekanej świeżej natki pietruszki
2 posiekane szczypiorki sałatkowe z cebulkami
1 łyżeczka posiekanego świeżego rozmarynu
1 łyżeczka posiekanego świeżego tymianku
⅛ łyżeczki soli
⅛ łyżeczki świeżo zmielonego pieprzu

Nagrzej piekarnik do 200 stopni. Szparagi połóż w rządku w żaroodpornym naczyniu. W małej misce zmieszaj czosnek z masłem oraz sokiem i skórką z cytryny. Dodaj pietruszkę, szczypiorek, rozmaryn, tymianek, sól i pieprz. Dokładnie oblej szparagi sosem. Piecz przez 15 minut lub do czasu, aż szparagi będą miękkie.

Ilość porcji: 2
Jedna porcja zawiera: 23 g tłuszczu, 4 g węglowodanów netto, 4 g białka, 239 kalorii

Szparagi z sosem holenderskim

sos holenderski (strona 47)
220 g szparagów

Ugotuj szparagi na parze. Przygotuj sos holenderski według wskazówek z przepisu. Przed podaniem polej szparagi sosem.

Ilość porcji: 2
Jedna porcja z ¼ szklanki (60 ml) sosu holenderskiego zawiera: 20 g tłuszczu, 3,5 g węglowodanów netto, 6,5 g białka, 220 kalorii

Brokuł z sosem serowym

Ten prosty przepis zamieni zwykły brokuł w potrawę, którą polubią nawet dzieci.

sos serowy (strona 39)
225 g różyczek brokułu
sól
pieprz

Przygotuj sos serowy według przepisu. Ugotuj brokuł na parze. Podawaj z gorącym sosem serowym. Dodaj sól i pieprz do smaku.

Ilość porcji: 2
Jedna porcja z ½ szklanki (120 ml) sosu serowego zawiera: 40,5 g tłuszczu, 7,5 g węglowodanów netto, 11 g białka, 438 kalorii

Inne wersje:
Sos serowy jest świetnym dodatkiem do różnych warzyw. Poniższa lista zawiera warzywa, które będą stanowić doskonałe połączenie z tym sosem. Wystarczy ugotować je w dowolny sposób i polać sosem serowym.

Bakłażan
Brukselka
Burak liściowy
Cukinia
Jarmuż
Kalafior
Kapusta warzywna
Pieczarki
Pomidory
Rzepa
Serca karczocha
Szparagi
Szpinak
Zielona fasolka szparagowa
Żółta dynia podłużna
Żółta fasolka szparagowa

Zapiekanka z brokułu

560 g gotowanego i odcedzonego brokułu
1½ szklanki (360 ml) gorącego sosu serowego (strona 39) lub sosu mornay (strona 36)
½ szklanki (75 g) kurczaka lub szynki bez cukru i azotanów
⅓ szklanki (38 g) startego ostrego sera cheddar
1 łyżka (14 g) stopionego masła
2 plastry boczku bez cukru i azotanów usmażone na chrupko i pokruszone

Włącz górną grzałkę piekarnika. Umieść brokuły w 1,5-litrowym naczyniu żaroodpornym. Polej sosem serowym. Dodaj szynkę, posyp serem i polej masłem. Wstaw do piekarnika 10-12 cm pod grzałką. Piecz przez 4-5 minut lub do czasu, aż brokuły lekko się przyrumienią. Wyjmij z piekarnika i posyp pokruszonym boczkiem.

Ilość porcji: 6
Jedna porcja zawiera: 38 g tłuszczu, 8 g węglowodanów netto, 15 g białka, 434 kalorie

Inne wersje:

Brokuł z kremowym sosem pieczarkowym

Ugotuj brokuł na parze lub w wodzie. Polej kremowym sosem pieczarkowym (strona 30) i upiecz według powyższych wskazówek.

Brokuł z kremowym sosem krewetkowym

Ugotuj brokuł na parze lub w wodzie. Polej sosem krewetkowym (strona 37) i upiecz według powyższych wskazówek.

Brokuł z migdałami

¼ szklanki (30 g) uprażonych migdałów w słupkach
¼ szklanki (56 g) masła
225 g brokułu pokrojonego na małe kawałki
sól
pieprz
świeży sok z ½ cytryny

Nagrzej piekarnik do 180 stopni. Rozsyp migdały na blasze i wstaw do piekarnika na 6 minut lub do czasu, aż się lekko przyrumienią. Wyjmij z piekarnika i odstaw do ostygnięcia.

Roztop masło na głębokiej patelni na średnim ogniu. Dodaj brokuł i podsmażaj, aż zmięknie – około 10 minut. Zdejmij z ognia. Rozłóż na talerze i polej masłem. Dodaj sól i pieprz do smaku. Wierzch posyp prażonymi migdałami i polej odrobiną soku z cytryny.

Ilość porcji: 2
Jedna porcja zawiera: 30,5 g tłuszczu, 6 g węglowodanów netto, 6,5 g białka, 324 kalorie

Brokuł z masłem z prażonych orzechów pekan

2 szklanki (145 g) różyczek brokułu
2 łyżki (28 g) masła
¼ szklanki (28 g) posiekanych orzechów pekan

Ugotuj brokuł na parze. Podgrzej masło w małym rondelku na średnim ogniu. Dodaj orzechy i lekko wymieszaj. Kiedy masło zacznie brązowieć, zdejmij naczynie z ognia. Polej brokuł masłem. Dodaj sól i pieprz do smaku.

Ilość porcji: 2
Jedna porcja zawiera: 21,5 g tłuszczu, 3,5 g węglowodanów netto, 3,5 g białka, 221 kalorii

Brokuł z sosem z orzechów ziemnych

W tym daniu smak brokułu łączy się z masłem orzechowym. Taka kombinacja może wydawać się dziwna, jednak przekonasz się, że masło nada brokułowi przyjemny orzechowy smak. Jeżeli wolisz, możesz zamiast masła z orzechów ziemnych wykorzystać masło migdałowe lub migdały.

¼ szklanki (60 g) masła
2 łyżki (20 g) drobno posiekanych prażonych orzechów ziemnych
1 łyżka (16 g) naturalnego masła z orzechów ziemnych bez dodatku cukru
450 g brokułu pokrojonego na małe kawałki

Masło rozpuść w małym rondelku. Dodaj orzechy oraz masło orzechowe. Podsmażaj około 2 minut. Zdejmij z ognia i odstaw na bok. W międzyczasie ugotuj brokuł na parze. Polej ciepłym masłem z orzechami.

Ilość porcji: 4
Jedna porcja zawiera: 17 g tłuszczu, 5,5 g węglowodanów netto, 5,5 g białka, 197 kalorii

Brokuł z cebulką

4 plastry boczku bez cukru i azotanów usmażone na chrupko i pokruszone
280 g brokułu pokrojonego na małe kawałki
1 średnia cebula pokrojona w średnią kostkę
2 łyżki (28 g) masła
¼ łyżeczki soli
¼ świeżo zmielonego pieprzu
¼ szklanki (20 g) startego parmezanu

Usmaż boczek na głębokiej patelni. Przełóż do osobnego naczynia i odstaw na bok. Na tłuszczu z boczku podsmaż brokuły i cebulę bez przykrycia. Od czasu do czasu mieszaj i po około 10 minutach, kiedy cebula zacznie brązowieć, dodaj masło, sól i pieprz. Podsmażaj, aż cebula się całkowicie przyrumieni, a brokuł dobrze zmięknie. Po 4-5 minutach dodaj pokruszony boczek i zdejmij patelnię z ognia. Wierzch brokułu obsyp tartym parmezanem.

Ilość porcji: 2
Jedna porcja zawiera: 35 g tłuszczu, 10 g węglowodanów netto, 22 g białka, 443 kalorie

Zapiekany brokuł

450 g różyczek brokułu
225 g miękkiego serka śmietankowego
¼ szklanki (60 g) majonezu (strony 57-60)
28 g papryczki jalapeño pokrojonej w kostkę
½ łyżeczki soli
225 g startego ostrego sera cheddar
6 plastrów boczku bez cukru i azotanów pokrojonych na małe kawałki

Nagrzej piekarnik do 190 stopni. Ugotuj brokuł na parze lub w wodzie. Po 5 minutach wyjmij brokuł z naczynia i odstaw do ostygnięcia. Umieść brokuł w dwulitrowym naczyniu żaroodpornym. Zmieszaj serek śmietankowy z majonezem, papryką i solą. Brokuł polej sosem. Wierzch obsyp równo startym serem cheddar oraz kawałkami boczku. Piecz przez 40 minut, aż na serze pojawią się pęcherzyki powietrza.

Ilość porcji: 4
Jedna porcja zawiera: 61 g tłuszczu, 7 g węglowodanów netto, 32,5 g białka, 707 kalorii

Zapiekanka z brukselkami

- 560 g ugotowanych brukselek
- 1½ szklanki (360 ml) gorącego sosu serowego (strona 39) lub sosu mornay (strona 36)
- ⅓ szklanki (38 g) startego ostrego sera cheddar
- 1 łyżka (14 g) stopionego masła
- 4 plastry boczku bez cukru i azotanów usmażone na chrupko i pokruszone

Włącz górną grzałkę piekarnika. Umieść brukselki w półtoralitrowym naczyniu żaroodpornym. Polej gorącym sosem serowym. Wierzch posyp serem i polej masłem. Umieść 10-12 cm pod grzałką na 4-5 minut, aż brukselka zacznie się przyrumieniać. Wyjmij z piekarnika i przed podaniem posyp pokruszonym boczkiem.

Ilość porcji: 6
Jedna porcja zawiera: 29,5 g tłuszczu, 6,5 g węglowodanów netto, 13,5 g białka, 345 kalorii

Brukselka z masłem

680 g brukselki
¼ szklanki (56 g) masła
½ szklanki (50 g) połówek orzechów pekan
sól
pieprz
sok z cytryny

Po usunięciu wierzchnich liści z brukselek przekrój je wzdłuż na pół. Umieść połówki brukselek w dużym rondlu. Wlej wodę na wysokość 1 cm. Przykryj i gotuj przez 5 minut lub do czasu, aż brukselki zmiękną. Zdejmij z ognia, odcedź i odstaw na bok.

Zanim wystygną, rozpuść masło na głębokiej patelni na średnim ogniu. Dodaj orzechy i podsmażaj, aż masło zacznie brązowieć, a orzechy – wydzielać aromat. Dodaj ciepłe brukselki i podsmażaj około 5 minut, często mieszając. Zdejmij z ognia. Dopraw solą, pieprzem i sokiem z cytryny.

Ilość porcji: 4
Jedna porcja zawiera: 21 g tłuszczu, 10,5 g węglowodanów netto, 7 g białka, 259 kalorii

Pieczone brukselki z parmezanem

450 g brukselek
2 ząbki czosnku przeciśnięte przez praskę
3 łyżki (42 g) stopionego masła lub tłuszczu ze smażenia boczku
6 łyżek (30 g) startego parmezanu
sól
pieprz

Nagrzej piekarnik do 200 stopni. Odetnij dolną część brukselek. Przetnij każdą na pół, a większe – na ćwiartki. Stopione masło połącz z czosnkiem i obtocz w nim brukselki. Posyp parmezanem oraz dopraw solą i pieprzem do smaku. Przełóż do żaroodpornego naczynia i piecz przez 40 do 50 minut, aż brukselki będą miękkie w środku. Podczas pieczenia raz, dwa razy przemieszaj brukselki, aby się równo upiekły, a cienkie części nie przypaliły.

Ilość porcji: 4
Jedna porcja zawiera: 10,5 g tłuszczu, 7 g węglowodanów netto, 6,5 g białka, 148 kalorii

Duszona kapusta

¼ szklanki (56 g) tłuszczu ze smażenia boczku lub masła
1 duża cebula pokrojona w kostkę
1 średnia zielona papryka pokrojona w kostkę
1 średnia łodyga selera naciowego pokrojona w kostkę
1 mała główka kapusty starta lub posiekana
2 ząbki czosnku przeciśnięte przez praskę
1 duży pomidor pokrojony w kostkę
2 łyżeczki suszonego estragonu
¼ łyżeczki nasion selera
1½ łyżeczki soli
⅛ łyżeczki świeżo zmielonego pieprzu

Zagrzej tłuszcz na dużej patelni lub w rondlu na średnim ogniu. Podsmaż cebulę, paprykę i seler, aż zmiękną – około 8 minut. Dodaj kapustę, czosnek, pomidor, estragon, nasiona selera, sól i pieprz. Gotuj przez 6-8 minut, często mieszając, do czasu, aż kapusta zmięknie.

Ilość porcji: 4
Jedna porcja zawiera: 14,5 g tłuszczu, 12 g węglowodanów netto, 3,5 g białka, 192 kalorie

Kiszona kapusta z kminkiem

¼ szklanki (56 g) masła
1 średnia cebula pokrojona w kostkę
1 średnia łodyga selera naciowego pokrojona w kostkę
450 g odcedzonej kapusty kiszonej
1 łyżka (6 g) całego kminku

Roztop masło w dużym garnku na średnim ogniu. Dodaj cebulę i seler. Podsmażaj, aż cebula zacznie brązowieć. Dodaj kiszoną kapustę i kminek. Gotuj około 5 minut, często mieszając, aż danie się dobrze zagrzeje.

Ilość porcji: 4
Jedna porcja zawiera: 12 g tłuszczu, 4 g węglowodanów netto, 1,5 g białka, 130 kalorii

Kapusta kiszona domowym sposobem

Możesz kupić gotową kiszoną kapustę w sklepie, jednak w procesie produkcji zazwyczaj jest wykorzystywana wysoka temperatura niezbędna w pasteryzacji, która zabija wszelkie bakterie sprzyjające dobremu trawieniu kapusty. Kiszoną kapustę można łatwo przygotować samodzielnie domowym sposobem. Taka kapusta jest doskonałym źródłem bakterii przyjaznych twoim jelitom.

1 średnia główka zielonej kapusty
2 łyżki soli morskiej niejodowanej

Umyj kapustę i oderwij wierzchnie liście. Wytnij ze środka twardą łodygę. Zetrzyj kapustę na tarce lub pokrój na cienkie paseczki. Włóż do miski. Dodaj sól, wymieszaj i odstaw na 30-60 minut. Sól wyciągnie z kapusty soki, które zbiorą się na dnie miski. Przełóż kapustę razem z sokiem do 2-litrowego słoika. Najlepszy będzie słoik z szeroką szyjką. Powinieneś otrzymać tyle soku, aby przykrył całą kapustę. Gdyby zabrakło soku, dolej nieco wody. Nie używaj wody chlorowanej. Jeżeli nie masz pod ręką odpowiedniej wody, zagotuj dowolną w garnku. Gotuj przez 10 minut, a następnie odstaw do ostygnięcia. Dzięki temu chlor wyparuje z wody.

Kapusta powinna być całkowicie przykryta sokiem. Nie przejmuj się, jeżeli po jakimś czasie na wierzchu pojawi się pleśń. Zwyczajnie wyrzuć spleśniałą część. Nie będzie to miało wpływu na resztę kapusty. Słone soki zapobiegną rozprzestrzenianiu się szkodliwych bakterii, dlatego też nie skąp soli zalecanej w przepisie.

Przykryj słoik, lecz nie zakręcaj dokładnie. Powstające gazy muszą się ulatniać przez niedokręconą pokrywkę, która będzie służyła tylko jako ochrona przed owadami. Postaw słoik w ciepłym i ciemnym miejscu, na przykład w szafce kuchennej, na 4 do 8 dni. Czas fermentacji będzie zależał od temperatury w domu. W wyższej temperaturze kapusta szybciej sfermentuje. W niższej temperaturze będziesz musiał pozostawić kapustę w słoiku nieco dłużej.

Dłuższa fermentacja oznacza też kwaśniejszą kapustę. Kiedy uzyskasz preferowany smak, zakręć wieczko słoika i wstaw do lodówki. W ten sposób zatrzymasz dalszą fermentację.

Kiszona kapusta zawiera bardzo małą ilość tłuszczu, węglowodanów i białka. Jest za to bogatym źródłem witamin i zdrowych bakterii, co sprawia, że jest idealnym składnikiem diety ketogenicznej. Można podawać kapustę jako dodatek do wysokotłuszczowych dań, aby wzbogacić ich smak i zwiększyć wartość odżywczą posiłku.

Ilość porcji: około 8 porcji po pół szklanki (70 g)
Jedna porcja zawiera: 0 g tłuszczu, 1 g węglowodanów netto, 0,5 g białka, 6 kalorii

Ryż kalafiorowy

Konsystencja kalafiora dokładnie posiekanego w malakserze będzie przypominać gotowany ryż. Łagodny smak i charakterystyczna ryżowa struktura sprawiają, że tak przyrządzony kalafior jest dobrym zamiennikiem zwykłego ryżu w wielu tradycyjnych daniach. Do wykonania tego dania potrzebujesz jedynie kalafiora.

Pokrój kalafior na 2,5 cm kawałki. Przełóż je do malaksera. Miksuj, aż uzyskasz konsystencję ziarenek ryżu. Uważaj, aby nie przesadzić, gdyż zbyt długie krojenie może zmienić pożądaną konsystencję w mączkę. Jeżeli po zmiksowaniu pozostaną gdzieniegdzie większe kawałki, wyjmij je i zmiksuj jeszcze raz osobno.

Taki kalafior możesz ugotować i zjeść osobno lub dodać do konkretnego dania zamiast ryżu.

Ilość porcji: różna
Jedna porcja (1 szklanka/120 g) zawiera: 0 g tłuszczu, 3,5 g węglowodanów netto, 2,5 g białka, 24 kalorie

Aby przygotować ryż kalafiorowy, umieść pokrojony w kostkę kalafior w malakserze i miksuj, aż otrzymasz kawałki wielkości ziarenek ryżu.

Gniecony kalafior

Kalafior z tego przepisu jest doskonałym niskowęglowodanowym zamiennikiem gniecionych ziemniaków. Jest popularnym daniem diety ketogenicznej.

1 średni kalafior pokrojony na małe kawałki
110 g miękkiego serka śmietankowego
2 łyżki (28 g) stopionego masła
½ łyżeczki soli
⅛ łyżeczki świeżo zmielonego czarnego pieprzu

Umieść kalafior w naczyniu do gotowania na parze. Gotuj około 30 minut, aż całkowicie zmięknie. Przełóż kalafior do malaksera. Kalafior musi być ciągle ciepły. Dodaj serek śmietankowy, masło, sól i pieprz. Miksuj na wysokich obrotach, aż otrzymasz gładkie purée. Podawaj z kawałkiem masła na wierzchu.

Ilość porcji: 4
Jedna porcja zawiera: 15,5 g tłuszczu, 5 g węglowodanów netto, 5 g białka, 179 kalorii

Inne wersje:

Gniecony kalafior z czosnkiem i parmezanem

W małym rondelku podsmaż 1 drobno posiekany ząbek czosnku na 1 łyżce (14 g) masła. Podsmażaj około 2 minut, aż czosnek zmięknie, a masło wchłonie jego aromat. Przełóż masło czosnkowe do miski blendera. Dodaj 2 łyżki (10 g) parmezanu i zmiksuj razem ze składnikami z poprzedniego przepisu.

Jedna porcja zawiera: 19 g tłuszczu, 5 g węglowodanów netto, 6 g białka, 215 kalorii

Gnieciony kalafior, skrzydełka kurczaka i cukinia

Gnieciony kalafior z kwaśną śmietaną

Przygotuj podstawową wersję gniecionego kalafiora. Zmniejsz jednak ilość serka śmietankowego do 55 gramów i dodaj 2 łyżki (28 g) kwaśnej śmietany oraz ¼ łyżeczki mielonej cebuli. Podawaj ze świeżym posiekanym szczypiorkiem na wierzchu.

Gnieciony kalafior z serem

Przygotuj podstawową wersję gniecionego kalafiora. Dodaj tarty ser cheddar i wstaw do piekarnika na 3-4 minuty, aż na serze pojawią się pęcherzyki powietrza. Podawaj z kwaśną śmietaną i posiekanym szczypiorkiem.

Ilość porcji: różna

Zapiekany kalafior

560 g gotowanego i odcedzonego kalafiora
1½ szklanki (360 ml) gorącego sosu serowego (strona 39) lub sosu mornay (strona 36)
⅓ szklanki (38 g) startego ostrego sera cheddar
1 łyżka (14 g) stopionego masła
4 plastry boczku bez cukru i azotanów usmażone na chrupko i pokruszone

Włącz górną grzałkę piekarnika. Umieść kalafior w 1,5-litrowym naczyniu żaroodpornym. Polej sosem serowym, posyp serem i polej masłem. Piecz w odległości 10-12 cm od grzałki przez 4-5 minut lub do czasu, aż kalafior się przyrumieni. Wyjmij z piekarnika i posyp pokruszonym boczkiem.

Ilość porcji: 6
Jedna porcja zawiera: 44 g tłuszczu, 6,5 g węglowodanów netto, 18 g białka, 494 kalorie

Kalafior z dodatkami

Ta potrawa przypomina ziemniaki nadziewane twoimi ulubionymi dodatkami. Stanowi doskonałe wysokotłuszczowe połączenie z daniami mięsnymi lub rybnymi.

225 g kalafiora
4 łyżki (56 g) masła
56 g startego sera cheddar
4 łyżki (56 g) kwaśnej śmietany
2 plastry boczku bez cukru i azotanów usmażone na chrupko i pokruszone
2 łyżki drobno posiekanego szczypiorku
sól
pieprz

Ugotuj kalafior na parze lub w wodzie. Przełóż na talerz. Wierzch posyp serem, połóż masło, kwaśną śmietanę, boczek i szczypiorek. Dodaj sól i pieprz do smaku.

Ilość porcji: 2
Jedna porcja zawiera: 46 g tłuszczu, 5 g węglowodanów netto, 17,5 g białka, 504 kalorie

Kalafior z cebulką

4 plastry boczku bez cukru i azotanów usmażone na chrupko i pokruszone
1 średnia cebula pokrojona w średnią kostkę
340 g kalafiora pokrojonego na małe kawałki
¼ szklanki (56 g) masła
2 drobno posiekane ząbki czosnku
¼ łyżeczki soli
1½ łyżeczki curry
szczypta pieprzu kajeńskiego (opcjonalnie)

Usmaż boczek na patelni i odłóż do osobnego naczynia. Podgrzej tłuszcz pozostały na patelni i dodaj cebulę oraz kalafior. Podsmażaj, aż cebula zacznie się lekko przyrumieniać – około 10 minut. Mieszaj co jakiś czas. Następnie dodaj masło, czosnek, sól, curry i pieprz. Po 4-5 minutach cebula powinna być złocista, a kalafior miękki. Zdejmij z ognia. Przed podaniem posyp wierzch pokruszonym boczkiem.

Ilość porcji: 2
Jedna porcja zawiera: 42 g tłuszczu, 10 g węglowodanów netto, 18 g białka, 530 kalorii

Kalafior z sosem hiszpańskim

sos hiszpański (strona 42)

2 łyżki (30 g) oleju kokosowego lub tłuszczu ze smażenia boczku

½ główki kalafiora pokrojonej na małe kawałki

½ łyżeczki nasion kolendry

⅛ łyżeczki gałki muszkatołowej

Przygotuj sos hiszpański według przepisu. Sos należy przygotować jako pierwszy, gdyż zajmie to najwięcej czasu.

Następnie zagrzej olej na głębokiej patelni na średnim ogniu. Podsmaż kalafior, od czasu do czasu mieszając. Po 10-15 minutach kawałki kalafiora powinny być równomiernie przyrumienione. Po tym czasie dodaj sos hiszpański, kolendrę i gałkę muszkatołową. Gotuj na małym ogniu około 5 minut. Zdejmij z ognia. Kalafior jest gotowy do podania.

Ilość porcji: 4
Jedna porcja zawiera: 15 g tłuszczu, 7 g węglowodanów netto, 12 g białka, 211 kalorii

Kalafior z kremowym sosem curry

2 łyżki (28 g) oleju kokosowego
1 łyżka (15 g) masła
½ średniego kalafiora podzielonego na różyczki
½ średniej cebuli pokrojonej w kostkę
2 ząbki czosnku przeciśnięte przez praskę
110 g pieczarek w plastrach
1 łyżeczka curry
¼ łyżeczki mielonej kurkumy
⅛ łyżeczki pieprzu kajeńskiego
¼ łyżeczki soli
½ szklanki (120 ml) bulionu z kury
½ szklanki (120 ml) mleka kokosowego
½ szklanki (120 g) kwaśnej śmietany

Zagrzej olej kokosowy i masło na głębokiej patelni na średnim ogniu. Dodaj kalafior i cebulę. Podsmażaj, od czasu do czasu mieszając. Po 10-15 minutach lub kiedy kalafior zacznie się przyrumieniać, dodaj czosnek, pieczarki, curry, kurkumę, pieprz i sól. Podsmażaj przez 3 do 4 minut lub do czasu, aż czosnek zacznie wydzielać aromat. Dodaj bulion i mleko kokosowe. Gotuj na małym ogniu przez 10 minut, aż smaki się połączą, a warzywa zmiękną. Zdejmij z ognia i dodaj śmietanę. Zamieszaj.

Ilość porcji: 4
Jedna porcja zawiera: 24 g tłuszczu, 5,5 g węglowodanów netto, 4 g białka, 254 kalorie

Kalafior de la Fontaine

1 średni ugotowany kalafior podzielony na różyczki
3 łyżki (45 ml) oliwy z oliwek extra virgin
1 mała drobno posiekana cebula
1 łyżka (15 g) drobno posiekanej sardeli
¼ szklanki (30 ml) bulionu z kury
1 łyżka (15 ml) soku z cytryny
1 łyżeczka drobno posiekanej świeżej natki pietruszki
1 łyżeczka drobno posiekanej świeżej kolendry
½ łyżeczki drobno posiekanej świeżej bazylii lub ¼ łyżeczki suszonej
szczypta pieprzu

Ugotuj kalafior na parze. W międzyczasie przygotuj pozostałe składniki. Podgrzej oliwę na głębokiej patelni na średnim ogniu. Podsmaż cebulę na złoto – około 6-8 minut. Dodaj sardelę i podsmażaj 1 minutę. Dodaj bulion i sok z cytryny, przykryj naczynie i gotuj na małym ogniu przez 10 minut. Dodaj ciepły kalafior, pietruszkę, kolendrę, bazylię i pieprz. Gotuj przez 4 do 5 minut, polewając co jakiś czas kalafior bulionem.

Ilość porcji: 4
Jedna porcja zawiera: 11 g tłuszczu, 5 g węglowodanów netto, 4 g białka, 135 kalorii

Papryka faszerowana kalafiorem

2 zielone papryki
450 g różyczek kalafiora
2 łyżki (28 g) masła
¼ szklanki (56 g) serka śmietankowego
1 jajko
¼ łyżeczki soli
⅛ łyżeczki pieprzu
¼ łyżeczki mielonego czosnku
¼ łyżeczki mielonej cebuli
110 g gotowanej wieprzowiny, kurczaka lub szynki bez cukru i azotanów
110 g startego żółtego sera

Nagrzej piekarnik do 180 stopni. W międzyczasie przekrój papryki wzdłuż na połówki. Ostrożnie usuń środek z pestkami, łodygę i błony działowe. W dużym garnku zagotuj wodę. Zanurz papryki we wrzącej wodzie na 6 minut. Następnie łyżką cedzakową wyjmij papryki i odłóż na bok do ostygnięcia.

Kalafior ugotuj na miękko na parze lub w wodzie. Przełóż do miski blendera lub malaksera. Dodaj masło, serek śmietankowy, jajko, sól, pieprz, czosnek i cebulę. Zmiksuj na gładką masę. Dodaj gotowane mięso oraz połowę sera i wymieszaj łyżką.

Ułóż połówki papryk na blasze lub w żaroodpornym naczyniu. Napełnij masą kalafiorową. Wierzch posyp resztą sera. Zapiekaj przez 30 minut.

Ilość porcji: 4 faszerowane połówki papryki
Jedna porcja zawiera: 22 g tłuszczu, 6 g węglowodanów netto, 19,5 g białka, 300 kalorii

Zapiekanka kalafiorowa

450 g kalafiora pokrojonego w kostkę
2 łyżki (28 g) masła lub tłuszczu ze smażenia boczku
½ małej cebuli pokrojonej w kostkę
225 g miękkiego serka śmietankowego
½ łyżeczki soli
¼ łyżeczki pieprzu
1 szklanka (230 g) kwaśnej śmietany
225 g pieczarek w plastrach
1 szklanka (150 g) szynki bez cukru i azotanów pokrojonej w kostkę
170 g startego sera cheddar
¼ szklanki (15 g) posiekanej świeżej natki pietruszki

Nagrzej piekarnik do 190 stopni. W międzyczasie ugotuj kalafior na parze na miękko. Roztop masło w małym rondelku na średnim ogniu. Dodaj cebulę i podsmażaj, aż zmięknie. Zdejmij naczynie z ognia. Dodaj serek śmietankowy i mieszaj, aż powstanie kremowy sos. Dodaj sól, pieprz i śmietanę. Wymieszaj. Połącz sos z kalafiorem, pieczarkami i szynką. Przelej wszystko do żaroodpornej formy na zapiekankę o wymiarach 28x18 cm. Wierzch obsyp serem cheddar. Wstaw do nagrzanego piekarnika na 25 minut. Przed podaniem udekoruj natką pietruszki.

Ilość porcji: 4
Jedna porcja zawiera: 55 g tłuszczu, 10,5 g węglowodanów netto, 27 g białka, 645 kalorii

Zapiekane selery

1 wiązka selera naciowego
¼ łyżeczki soli
1½ szklanki (360 ml) sosu serowego (strona 39) lub sosu mornay (strona 36)
⅓ szklanki (38 g) startego ostrego sera cheddar
4 plastry boczku bez cukru i azotanów usmażone na chrupko i pokruszone

Pokrój łodygi selera na kawałki o długości mniej więcej 2,5 cm. Włóż do wrzącej wody na 20-25 minut. Kiedy będą miękkie, umieść je w jednolitrowym żaroodpornym naczyniu odpowiednim do zapiekania. Polej sosem serowym i wymieszaj. Wierzch posyp startym serem. Włącz górną grzałkę piekarnika. Umieść naczynie z selerem 12 cm pod grzałką. Zapiekaj przez 3 do 4 minut, aż kawałki selera przyrumienią się na wierzchu. Wyjmij z piekarnika. Przed podaniem posyp pokruszonym boczkiem.

Ilość porcji: 4
Jedna porcja zawiera: 41 g tłuszczu, 5,5 g węglowodanów netto, 16,5 g białka, 457 kalorii

Rzodkiew japońska

Jest to jedno z moich ulubionych niskowęglowodanowych warzyw. Rzodkiew japońska jest dużym warzywem o łagodnym smaku, często stosowanym w kuchni azjatyckiej. Dziś jest dostępna niemalże wszędzie. Rozróżnia się kilka odmian rzodkwi. Najpopularniejszą jest podłużny korzeń przypominający kształtem marchew. Ma zwykle około 30 cm długości i 5 do 10 cm średnicy. Inny rodzaj rzodkwi ma kształt rzepy. Można też spotkać całą gamę odcieni tego warzywa: zielony, różowy lub purpurowy. Jest sprzedawana w całości lub w kawałkach.

Rzodkiew japońska nie zawiera dużo węglowodanów i kalorii, pomimo że jest korzeniem. Dzięki temu jest odpowiednim komponentem diety ketogenicznej. Smakuje dobrze na surowo, gotowana lub marynowana. Surowa rzodkiew przypomina w smaku rzepę, lecz jest nieco łagodniejsza. Jest świetnym dodatkiem do surówek. Jest często serwowana jako zimna przekąska. Marynowana rzodkiew nadaje cierpkiego smaku daniom warzywnym i sałatkom. Podczas gotowania wchłania płyn i staje się miękka i aksamitna. Pasuje do wielu gorących dań. Rzodkiew japońska jest odpowiednim niskowęglowodanowym zamiennikiem ziemniaków wykorzystywanych w gotowanych lub pieczonych daniach, takich jak zupy, gulasze i curry.

Najpierw należy obrać rzodkiew, tak jak na przykład marchewkę. Następnie kroimy zgodnie z zaleceniami przepisu: w paseczki, na plastry, w kostkę, trzemy na tarce lub siekamy.

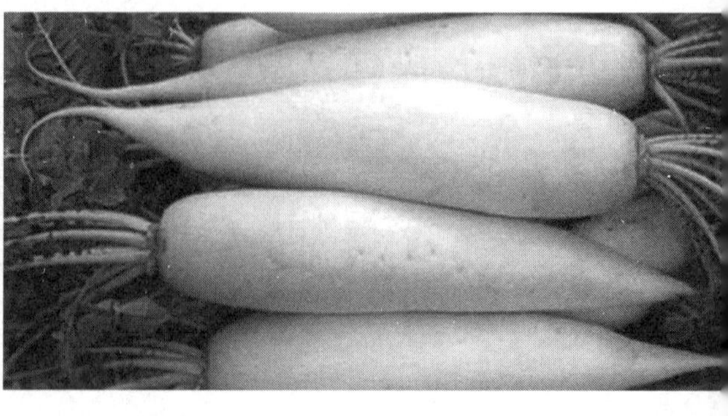

Rzodkiew japońską można kupić w większości sklepów z warzywami, ze zdrową żywnością lub z produktami kuchni azjatyckiej.

Rzodkiew japońska marynowana domowym sposobem

Marynowana rzodkiew japońska jest doskonałym uzupełnieniem warzywnym większości dań i ożywia zwyczajne sałatki i surówki. Jeżeli chcesz przygotować taką rzodkiew, musisz przeznaczyć na to co najmniej trzy dni.

680 g startej rzodkwi japońskiej
1 łyżka (18 g) soli morskiej niejodowanej

Wymieszaj rzodkiew z solą. Przełóż do dużego słoika i odstaw na 30 minut. Przez ten czas sól wyciągnie soki z rzodkwi. Następnie mocno ugnieć rzodkiew drewnianą łyżką, aby wycisnąć jeszcze więcej soku. Uciskaj, aż sok zakryje całą rzodkiew. Jeżeli po jakimś czasie wciąż będzie za mało soku, możesz dodać nieco wody, lecz musi to być woda niechlorowana lub destylowana. Między powierzchnią soku a brzegiem słoika pozostaw około 2 cm wolnej przestrzeni.

Przykryj słoik, lecz nie zakręcaj. Postaw słoik w ciepłym i ciemnym miejscu na co najmniej 3 dni. Przy niskiej temperaturze należy wydłużyć czas marynowania o kilka dni, a nawet do dwóch tygodni. Sfermentowana rzodkiew będzie miała cierpki smak, który będzie tym silniejszy, im dłuższy czas marynowania. Na koniec należy zakręcić słoik i wstawić do lodówki. Niska temperatura znacznie spowolni proces fermentacji.

Podawaj rzodkiew jako dodatek do wysokotłuszczowych dań głównych.

Ilość porcji: 6
Jedna porcja zawiera: 0 g tłuszczu, 2 g węglowodanów netto, 2,5 g białka, 18 kalorii

Surówka z rzodkwi japońskiej i kiszonej kapusty

Ta surówka jest co prawda niskotłuszczowa, lecz znakomicie uzupełnia tłuste dania główne.

1 szklanka (150 g) startej rzodkwi japońskiej
1 starta marchew
1 szklanka (140 g) kiszonej kapusty
¼ szklanki (60 ml) soku z kiszonej kapusty
¼ łyżeczki soli selerowej

W misce połącz rzodkiew z marchwią, kapustą i sokiem. Przełóż do szczelnego pojemnika, zakręć i wstaw do lodówki na 6 do 24 godzin. Od czasu do czasu potrząsaj pojemnikiem, aby wymieszać surówkę z wydzielanymi sokami. Zaraz przed podaniem odcedź sok i zmieszaj z solą selerową. Podawaj jako dodatek do dań mięsnych i warzywnych.

Ilość porcji: 2
Jedna porcja zawiera: 0 g tłuszczu, 4,5 g węglowodanów netto, 2,5 g białka, 28 kalorii

Bakłażan po izmirsku

Jest to tradycyjna potrawa turecka, której nazwa pochodzi od Izmiru – miasta na zachodnim wybrzeżu Turcji.

⅓ szklanki (80 ml) oliwy z oliwek extra virgin
1 duża cebula pokrojona w kostkę
1 średni bakłażan obrany i pokrojony w dużą kostkę
2 ząbki czosnku przeciśnięte przez praskę
2 liście laurowe
1 puszka (225 g) sosu pomidorowego
½ łyżeczki (8 ml) soku z cytryny
¼ łyżeczki suszonego oregano
¼ łyżeczki soli
⅛ łyżeczki pieprzu

Podgrzej oliwę na głębokiej patelni na średnim ogniu. Dodaj cebulę, bakłażan, czosnek i liście laurowe. Podsmażaj przez 12-15 minut lub do czasu, aż warzywa zmiękną. Dodaj sos pomidorowy, sok z cytryny, oregano, sól i pieprz. Zmniejsz ogień i podsmażaj bez przykrycia 10-12 minut, od czasu do czasu mieszając. Przed podaniem wyjmij liście laurowe.

Ilość porcji: 4
Jedna porcja zawiera: 19 g tłuszczu, 7 g węglowodanów netto, 2,5 g białka, 209 kalorii

Ratatuj

Jest to tradycyjne danie francuskie. Przypomina gulasz i jest popularne nad Morzem Śródziemnym. Zazwyczaj przygotowuje się je z duszonych warzyw, jednak można dowolnie modyfikować przepis. Głównymi składnikami w tradycyjnej wersji są bakłażan, cukinia, cebula, papryka, pomidory i czosnek. Danie jest bardzo dobre również na drugi dzień po przygotowaniu. Może być dodatkiem do dania głównego lub stanowić osobny posiłek.

¼ szklanki (60 ml) oliwy z oliwek extra virgin
1½ szklanki (240 g) posiekanej cebuli
2 ząbki czosnku przeciśnięte przez praskę
2 szklanki (160 g) bakłażana obranego i pokrojonego w kostkę
½ łyżeczki świeżych liści tymianku lub ¼ łyżeczki suszonych
1 szklanka (150 g) zielonej papryki pokrojonej w kostkę
1 szklanka (150 g) czerwonej papryki pokrojonej w kostkę
2 szklanki (240 g) cukinii pokrojonej w kostkę
1½ szklanki (270 g) pomidorów pokrojonych w kostkę
1 łyżka (3 g) świeżej bazylii pociętej w cienkie paseczki lub 1 łyżeczka suszonej
1 łyżka (4 g) drobno posiekanej świeżej natki pietruszki
¼ łyżeczki soli
⅛ łyżeczki pieprzu

Podgrzej oliwę na dużej patelni na średnim ogniu. Dodaj cebulę i podsmażaj, aż zrobi się miękka. Mieszaj od czasu do czasu. Po 6-7 minutach dodaj czosnek, bakłażan i tymianek. Nie zmniejszaj ognia i mieszaj od czasu do czasu. Po około 5 minutach bakłażan powinien być częściowo ugotowany. Dodaj papryki i cukinię. Smaż jeszcze przez 5 minut. Następnie dodaj pomidory, bazylię, pietruszkę, sól i pieprz. Po 5 minutach dobrze wymieszaj.

Ilość porcji: 4
Jedna porcja zawiera: 15 g tłuszczu, 12 g węglowodanów netto, 3 g białka, 195 kalorii

Inna wersja:
Możesz dodać ¼ lub ½ łyżeczki czerwonej papryki w płatkach, co zaostrzy smak potrawy.

Ratatuj

Bakłażan z parmezanem

Do tego dania możesz równie dobrze wykorzystać cukinię, żółtą dynię podłużną lub patisona.

sos hiszpański (strona 42)
1 średni bakłażan obrany i pokrojony na plastry
½ szklanki (50 g) startego parmezanu

Przygotuj sos hiszpański zgodnie z przepisem. Na głębokiej patelni zagotuj sos. Dodaj bakłażan i gotuj przez 5-6 minut, często mieszając, aż zrobi się miękki. Zdejmij z ognia. Podawaj na gorąco z parmezanem posypanym po wierzchu.

Ilość porcji: 6
Jedna porcja (1 szklanka/240 g) zawiera: 12 g tłuszczu, 6,5 g węglowodanów netto, 10 g białka, 174 kalorie

Fasolka szparagowa z sosem z kiełbasy

225 g zielonej fasolki szparagowej pokrojonej na małe kawałki
sos z kiełbasy (strona 30) lub sos fiesta (strona 31)

Ugotuj fasolkę na miękko na parze lub w wodzie. Przygotuj sos z kiełbasy według przepisu. Polej sosem fasolkę. Jeżeli zostanie trochę sosu, wstaw go do lodówki i użyj do innego dania.

Ilość porcji: 2
Jedna porcja z ½ szklanki (120 ml) sosu z kiełbasy zawiera: 29 g tłuszczu, 8 g węglowodanów netto, 16 g białka, 357 kalorii

Inne wersje:

Fasolka szparagowa z sosem pieczarkowym

Ugotuj fasolkę na miękko na parze lub w wodzie. Przed podaniem polej sosem pieczarkowym (strona 30).

Fasolka szparagowa z sosem śmietanowym

Dzięki temu przepisowi ożywisz zwykłą fasolkę szparagową. Ugotuj fasolkę na miękko na parze lub w wodzie. Przed podaniem polej sosem śmietanowym (strona 37).

Fasolka szparagowa po włosku

3 łyżki (45 ml) oliwy z oliwek
450 g świeżej zielonej fasolki szparagowej
½ szklanki (80 g) cebuli posiekanej w kostkę
1 ząbek czosnku przeciśnięty przez praskę
1 duży pomidor pokrojony w kostkę
½ łyżeczki soli
⅛ łyżeczki świeżo zmielonego pieprzu
¼ łyżeczki suszonego koperku
2 łyżeczki drobno posiekanej świeżej natki pietruszki
¼ szklanki (25 g) startego parmezanu

Podgrzej oliwę na patelni na średnim ogniu. Podsmaż cebulę i fasolkę, aż zmiękną i się przyrumienią – około 6-8 minut. Dodaj czosnek, pomidor, sól, pieprz i koperek. Podsmażaj przez 4-5 minut, od czasu do czasu mieszając, aż pomidor całkowicie rozmięknie. Zdejmij z ognia i dodaj pietruszkę. Zamieszaj. Przed podaniem posyp wierzch parmezanem.

Ilość porcji: 4
Jedna porcja zawiera: 12 g tłuszczu, 7,5 g węglowodanów netto, 5 g białka, 158 kalorii

Fasolka szparagowa z prażonymi migdałami

¼ szklanki (30 g) prażonych migdałów w płatkach lub słupkach
¼ szklanki (56 g) masła
½ średniej cebuli pokrojonej w kostkę
225 g świeżej zielonej fasolki szparagowej pokrojonej na małe kawałki

¼ łyżeczki soli

⅛ łyżeczki świeżo zmielonego pieprzu

Nagrzej piekarnik do 180 stopni. Rozsyp migdały na blasze i wstaw do piekarnika na 6-8 minut, aż lekko się przyrumienią. Wyjmij z piekarnika i odstaw na bok.

Masło roztop na głębokiej patelni na średnim ogniu. Dodaj cebulę i fasolkę. Podsmażaj bez przykrycia, od czasu do czasu mieszając. Po 10 minutach, kiedy warzywa będą miękkie, dodaj sól i pieprz i wymieszaj. Zdejmij z ognia. Przed podaniem posyp wierzch prażonymi migdałami.

Ilość porcji: 2
Jedna porcja zawiera: 30 g tłuszczu, 7,5 g węglowodanów netto, 6 g białka, 324 kalorie

Fasolka szparagowa z cebulką

4 plastry boczku bez cukru i azotanów usmażone na chrupko i pokruszone
1 średnia cebula pokrojona w dużą kostkę
225 g świeżej zielonej fasolki szparagowej pociętej na małe kawałki
¼ łyżeczki soli
⅛ łyżeczki świeżo zmielonego pieprzu
½ łyżeczki świeżego koperku
¼ łyżeczki nasion selera

Usmaż boczek na głębokiej patelni i przełóż do oddzielnego naczynia. Na gorący tłuszcz wytopiony z boczku wrzuć cebulę i fasolkę. Podsmażaj bez przykrycia około 12-14 minut, aż cebula zacznie się karmelizować. Mieszaj od czasu do czasu. Na koniec dodaj sól, pieprz, koperek i nasiona selera. Wymieszaj i zdejmij z ognia. Podawaj z pokruszonym boczkiem na wierzchu.

Ilość porcji: 2
Jedna porcja zawiera: 23 g tłuszczu, 8,5 g węglowodanów netto, 16 g białka, 305 kalorii

Fasolka szparagowa z pieczarkami

2 plastry boczku bez cukru i azotanów usmażone na chrupko i pokruszone
½ małej cebuli pokrojonej w kostkę
225 g świeżej zielonej fasolki szparagowej pokrojonej na małe kawałki
56 g pieczarek w plastrach
¼ łyżeczki soli
⅛ łyżeczki świeżo zmielonego pieprzu
2 łyżki (28 g) masła

Usmaż boczek na chrupko na średniej patelni, przełóż do osobnego naczynia i odstaw na bok. Na gorący tłuszcz po smażeniu boczku wrzuć cebulę i fasolkę. Podsmażaj bez przykrycia, aż cebula lekko zmięknie. Mieszaj co jakiś czas. Po 5-6 minutach dodaj pieczarki, sól i pieprz. Podsmażaj, aż grzyby zmiękną – około 5 minut. Przed podaniem posyp wierzch pokruszonym boczkiem.

Ilość porcji: 2
Jedna porcja zawiera: 19,5 g tłuszczu, 6 g węglowodanów netto, 10 g białka, 239 kalorii

Fasolka szparagowa z boczkiem i parmezanem

Przepisy na ketogeniczne potrawy wcale nie muszą być czasochłonne ani skomplikowane. Ten przepis jest dobrym przykładem na to, jak smaczne może być ketogeniczne danie, a w dodatku jest prosty i szybki.

4 plastry boczku bez cukru i azotanów usmażone na chrupko i pokruszone
225 g świeżej zielonej fasolki szparagowej pokrojonej na małe kawałki
2 łyżki (28 g) masła
sól
pieprz
2 łyżki (10 g) startego parmezanu

Usmaż boczek na głębokiej patelni, przełóż do osobnego naczynia i odstaw na bok. Na gorący tłuszcz z boczku wrzuć fasolkę i podsmażaj, aż zmięknie. Dodaj sól i pieprz do smaku. Przed podaniem posyp wierzch fasolki startym parmezanem.

Ilość porcji: 2
Jedna porcja zawiera: 17 g tłuszczu, 4,5 g węglowodanów netto, 17,5 g białka, 241 kalorii

Fasolka szparagowa z sosem sofrito

680 g zielonej fasolki szparagowej ugotowanej i odcedzonej
3 plastry boczku bez cukru i azotanów pokrojone w kostkę
2 łyżki (30 ml) masła lub smalcu
1 średnia drobno posiekana cebula
1 ząbek czosnku przeciśnięty przez praskę
1 drobno posiekana czerwona papryka
1 duży pomidor obrany, wydrążony i pokrojony w dużą kostkę
szczypta mielonej kolendry
4 drobno posiekane zielone oliwki bez pestek
¼ łyżeczki drobno posiekanych kaparów
1 łyżeczka suszonego oregano
⅓ szklanki (80 ml) wody
½ łyżeczki soli

Ugotuj fasolkę. Po około 25 minutach powinna być lekko miękka. W międzyczasie przygotuj sos. Na głębokiej patelni usmaż boczek na średnim ogniu – około 3 minut. Następnie dodaj smalec, cebulę, czosnek i paprykę. Podsmażaj 7-8 minut lub do czasu, aż cebula się przyrumieni. Dodaj pomidor, kolendrę, oliwki, kapary, oregano, wodę i sól. Podsmażaj przez 8 do 10 minut, od czasu do czasu mieszając. Zdejmij z ognia. Przed podaniem polej fasolkę sosem.

Ilość porcji: 6
Jedna porcja zawiera: 9 g tłuszczu, 7,5 g węglowodanów netto, 6 g białka, 135 kalorii

Fasolka szparagowa z sosem hiszpańskim

Dodatek sosu nadaje zwykłej fasolce ciekawy smak. Dzięki temu przepisowi nawet twoje dzieci polubią te zielone warzywa.

sos hiszpański (strona 42)
2 łyżki (30 g) masła
225 g świeżej zielonej fasolki szparagowej

Przygotuj sos hiszpański według przepisu. Podgrzej masło na głębokiej patelni na średnim ogniu. Dodaj fasolkę i podsmażaj przez 8 do 10 minut, aż zmięknie. Mieszaj od czasu do czasu. Przed podaniem polej fasolkę sosem.

Ilość porcji: 2
Jedna porcja z ½ szklanki (120 g) sosu zawiera: 22 g tłuszczu, 7,5 g węglowodanów netto, 2 g białka, 236 kalorii

Orientalna fasolka szparagowa

2 łyżki (28 g) oleju kokosowego
225 g zielonej fasolki szparagowej pokrojonej po francusku*
55 g pieczarek w plastrach
6 posiekanych szczypiorków sałatkowych z cebulkami
55 g pędów bambusa pokrojonych w słupki wielkości zapałek
1 łyżka (15 ml) sosu sojowego

Zagrzej olej na głębokiej patelni na średnim ogniu. Dodaj fasolkę. Podsmażaj, od czasu do czasu mieszając, aż zmięknie – 5 do 7 minut. Dodaj pieczarki, szczypiorek i pędy bambusa. Podsmażaj, aż grzyby zmiękną. Zdejmij z ognia i dodaj sos sojowy.

* Jeżeli nie możesz znaleźć w sklepie takiej fasolki, użyj zwykłej i pokrój ją wzdłuż na cienkie paseczki.

Ilość porcji: 2
Jedna porcja zawiera: 14,5 g tłuszczu, 8 g węglowodanów netto, 5 g białka, 182 kalorie

Fasolka szparagowa z sardelą

2 łyżki (28 g) masła
450 g zielonej fasolki szparagowej
2 ząbki czosnku przeciśnięte przez praskę
4 drobno posiekane filety z sardeli lub 1 łyżka (14 g) pasty z sardeli
⅛ łyżeczki świeżo zmielonego pieprzu
⅛ łyżeczki czerwonej papryki w płatkach
2 łyżeczki octu z czerwonego wina
¼ szklanki (28 g) prażonych orzeszków piniowych lub prażonych migdałów w słupkach
3 łyżki (15 g) startego parmezanu

Podgrzej masło na głębokiej patelni na średnim ogniu. Dodaj fasolkę i podsmażaj około 7-8 minut, aż zrobi się lekko miękka. Dodaj czosnek, sardelę, pieprz i płatki papryki. Podsmażaj, aż danie zacznie wydzielać intensywny aromat – około 5 minut. Dodaj ocet i prażone orzechy. Zdejmij z ognia i przełóż do miski. Wierzch posyp startym parmezanem.

Ilość porcji: 4
Jedna porcja zawiera: 16 g tłuszczu, 5,5 g węglowodanów netto, 5 g białka, 186 kalorii

Zapiekanka z fasolki szparagowej

½ szklanki (225 g) miękkiego serka śmietankowego
¼ szklanki (60 g) majonezu (strony 57-60)
1 łyżeczka soli
¼ łyżeczki pieprzu
¼ łyżeczki mielonego czosnku
¼ szklanki (56 g) masła
3 szklanki (300 g) zielonej fasolki szparagowej pokrojonej na kawałki
2 średnie łodygi selera naciowego pokrojone w kostkę
1 średnia cebula pokrojona w kostkę
225 g pieczarek pokrojonych w kostkę
110 g startego sera cheddar

Nagrzej piekarnik do 190 stopni. W małej misce zmieszaj trzepaczką serek śmietankowy z majonezem, solą, pieprzem i czosnkiem. Odstaw na bok.

Rozpuść masło na głębokiej patelni na średnim ogniu. Dodaj fasolkę, seler i cebulę. Podsmażaj około 6-8 minut, aż warzywa lekko zmiękną. Dodaj pieczarki i podsmażaj jeszcze przez 3 do 4 minut. W misce zmieszaj warzywa z sosem. Umieść całość w naczyniu żaroodpornym na zapiekankę. Wierzch posyp startym serem cheddar. Zapiekaj przez 20 minut, aż ser się rozpuści i zagotuje.

Ilość porcji: 4
Jedna porcja zawiera: 50,5 g tłuszczu, 9 g węglowodanów netto, 15,5 g białka, 552 kalorie

Fasolka szparagowa po prowansalsku

3 łyżki (45 ml) oliwy z oliwek extra virgin
450 g świeżej zielonej fasolki szparagowej

1 ząbek czosnku przeciśnięty przez praskę
2 łyżeczki drobno posiekanej świeżej natki pietruszki
¾ łyżeczki soli
⅛ łyżeczki pieprzu

Zagrzej oliwę na głębokiej patelni na średnim ogniu. Dodaj fasolkę. Podsmażaj, aż się lekko przyrumieni. Dodaj czosnek i smaż przez 1 minutę. Zdejmij z ognia i dodaj pietruszkę, sól i pieprz.

Ilość porcji: 4
Jedna porcja zawiera: 11 g tłuszczu, 5,5 g węglowodanów netto, 2 g białka, 129 kalorii

Smażone pieczarki

Jest to prosty i smaczny dodatek do dań mięsnych, drobiu, ryb a nawet do warzyw.

3 łyżki (42 g) masła
½ średniej cebuli pokrojonej w piórka
225 g pieczarek w plastrach
sól
pieprz

Rozpuść masło na głębokiej patelni na średnim ogniu. Dodaj cebulę i podsmażaj przez 8-10 minut, aż się przyrumieni. Następnie dodaj pieczarki. Smaż jeszcze przez 5 minut, aż grzyby zmiękną. Na koniec dodaj sól i pieprz do smaku.

Ilość porcji: 4
Jedna porcja zawiera: 8,5 g tłuszczu, 2 g węglowodanów netto, 2 g białka, 92 kalorie

Faszerowana papryka

4 duże papryki (dowolny kolor)
2 łyżki (28 g) oleju kokosowego
340 g mielonej wołowiny lub wieprzowiny
½ średniej cebuli pokrojonej w kostkę
170 g pieczarek pokrojonych w kostkę
1 drobno posiekany ząbek czosnku
½ łyżeczki soli
¼ łyżeczki świeżo zmielonego pieprzu
225 g sosu pomidorowego
4 lekko ubite jajka
1 szklanka (115 g) startego sera cheddar
4 łyżki (56 g) masła

Nagrzej piekarnik do 180 stopni. Z każdej papryki odetnij górną część. Ostrożnie usuń ze środka nasiona i błony działowe. W dużym garnku zagotuj wodę. Zanurz papryki w gotującej się wodzie. Po 5 minutach wyjmij, odcedź i odstaw na bok. Dzięki wstępnemu gotowaniu papryka będzie miękka po upieczeniu w piekarniku.

Teraz zagrzej olej kokosowy na dużej patelni na średnim ogniu. Dodaj mielone mięso i cebulę. Podsmażaj, od czasu do czasu mieszając, aż mięso się przyrumieni, a cebula zeszkli. Dodaj pieczarki i czosnek. Podsmażaj tak długo, aż grzyby zrobią się miękkie. Zdejmij patelnię z ognia. Dodaj sól, pieprz, sos pomidorowy, jajka i ser. Wymieszaj.

Napełnij papryki farszem i umieść odkrojoną częścią do góry w szklanym naczyniu żaroodpornym. Wstaw do piekarnika. Po 40 minutach wyjmij z piekarnika i rozłóż na talerze. Na wierzchu połóż po łyżce (14 g) masła.

Ilość porcji: 4
Jedna porcja zawiera: 41 g tłuszczu, 9,5 g węglowodanów netto, 42 g białka, 575 kalorii

Kremowy szpinak

Do tego przepisu najlepszy jest szpinak, lecz jeżeli chcesz, możesz zastąpić go innymi liśćmi, na przykład jarmużem, kapustą warzywną, burakiem liściowym, itp.

podstawowy sos biały (strona 34)
340 g szpinaku

Przygotuj podstawowy sos biały zgodnie z przepisem. Kiedy sos zgęstnieje, dodaj szpinak. Gotuj przez 3 do 4 minut, aż liście przywięddną i dobrze połączą się z sosem.

Do tego przepisu również nadają się sosy mornay, krewetkowy, kremowy z pieczarek, musztardowy i z szynki. Są to różne wersje podstawowego sosu białego (strony 36-38). Każdy sos nada szpinakowi nieco innego smaku.

Ilość porcji: 4
Jedna porcja z białym sosem zawiera: 35 g tłuszczu, 3,5 g węglowodanów netto, 3,5 g białka, 343 kalorie

Szpinak z curry

560 g szpinaku
2 łyżki (28 g) masła
2 łyżki (28 g) kwaśnej śmietany
2 łyżeczki curry
⅛ łyżeczki gałki muszkatołowej
½ łyżeczki soli
szczypta pieprzu

Ugotuj szpinak na parze. Rozpuść masło w małym rondelku na małym ogniu. Dodaj śmietanę, curry, gałkę muszkatołową, sól i pieprz. Zmieszaj ze szpinakiem.

Ilość porcji: 4
Jedna porcja zawiera: 7,5 g tłuszczu, 2,5 g węglowodanów netto, 4,5 g białka, 95 kalorii

Wonny szpinak w mleku kokosowym

2 łyżki (28 g) masła
½ drobno posiekanej dużej cebuli
½ łyżeczki mielonego kminku
¼ łyżeczki mielonego kardamonu
¼ łyżeczki mielonej kurkumy
¼ łyżeczki mielonego imbiru
¼ łyżeczki soli
450 g szpinaku
½ szklanki (120 ml) mleka kokosowego

Zagrzej masło w dużym rondlu na średnim ogniu. Dodaj cebulę i podsmażaj około 6 minut, aż zmięknie. Dodaj wszystkie przyprawy i smaż około 2 minut. Następnie dodaj szpinak. Podsmażaj, aż przywiędnie – 2-3 minuty. Na koniec wlej mleko kokosowe. Gotuj na małym ogniu bez przykrycia przez 2 do 3 minut, od czasu do czasu mieszając.

Ilość porcji: 2
Jedna porcja zawiera: 26,5 g tłuszczu, 8 g węglowodanów netto, 8,5 g białka, 304 kalorie

Szpinak z oliwą i octem

To danie przypomina zwykłą sałatkę z gotowanego szpinaku z oliwą i dressingiem z octu winnego.

¼ szklanki (60 ml) oliwy z oliwek extra virgin
560 g szpinaku
1 ząbek czosnku przeciśnięty przez praskę
3 łyżki (45 ml) octu z jabłek
½ łyżeczki soli
szczypta pieprzu

Zagrzej oliwę w rondelku na średnim ogniu. Dodaj szpinak i czosnek. Gotuj bez przykrycia około 8 minut, od czasu do czasu mieszając. Kiedy szpinak będzie gotowy, zdejmij rondelek z ognia, dodaj ocet, sól i pieprz i lekko wymieszaj.

Ilość porcji: 4
Jedna porcja zawiera: 15 g tłuszczu, 2,5 g węglowodanów netto, 4 g białka, 161 kalorii

Smażone pomidory

Możesz smażyć pomidory zarówno dojrzałe, jak i zielone. Najlepsze są twarde, jeszcze lekko zielonkawe.

3 łyżki (42 g) masła lub tłuszczu ze smażenia boczku
4 duże twarde pomidory pocięte na grube plastry (około 1 cm)
½ łyżeczki soli
⅛ łyżeczki pieprzu
¼ szklanki (60 g) kwaśnej śmietany

Zagrzej masło na głębokiej patelni na średnim ogniu. Połóż plastry pomidorów i podsmażaj 3 do 4 minut z każdej strony, aż się przyrumienią. Dopraw solą i pieprzem. Na wierzch połóż łyżkę kwaśnej śmietany.

Ilość porcji: 4
Jedna porcja zawiera: 12 g tłuszczu, 5 g węglowodanów netto, 2 g białka, 136 kalorii

Inna wersja:
Przygotuj smażone pomidory według powyższego przepisu. Zanim przewrócisz plastry na drugą stronę, posyp je startym parmezanem. Ser powinien się dobrze stopić, zanim skończysz smażyć. Nie dodawaj śmietany.

Zapiekana cukinia

900 g cukinii pokrojonej na plastry
sól
pieprz
½ szklanki (50 g) świeżo startego parmezanu
2 łyżki (28 g) stopionego masła
2 plastry boczku bez cukru i azotanów usmażone na chrupko i pokruszone

Nagrzej piekarnik do 190 stopni. Zagotuj wodę w garnku. Dodaj cukinię i gotuj około 3 minut. Odcedź wodę i odstaw cukinię do lekkiego ostygnięcia. Następnie układaj cukinię warstwami w naczyniu żaroodpornym. Każdą warstwę posyp solą i pieprzem. Wierzch posyp parmezanem i polej stopionym masłem. Wstaw do piekarnika na 30 minut. Następnie włącz górną grzałkę piekarnika i umieść naczynie w odległości 12 cm od grzałki. Po mniej więcej 3 minutach lub kiedy wierzch zapiekanki będzie złocisty, wyjmij cukinię z piekarnika. Przed podaniem posyp pokruszonym boczkiem.

Ilość porcji: 4
Jedna porcja zawiera: 12,5 g tłuszczu, 5,5 g węglowodanów netto, 10 g białka, 174 kalorie

Zapiekane pomidory

4 duże, twarde i dojrzałe pomidory przekrojone w poprzek na pół
½ łyżeczki soli
szczypta pieprzu
1 łyżka (3 g) drobno posiekanej świeżej trybuli lub 1 łyżeczka suszonej
1 łyżka (3 g) drobno posiekanej świeżej bazylii lub 1 łyżeczka suszonej
¼ szklanki (56 g) masła
sok z cytryny (opcjonalnie)

Włącz górną grzałkę piekarnika. Ułóż pomidory uciętą stroną do góry w płaskim naczyniu żaroodpornym. Posyp każdą połówkę solą, pieprzem i ziołami. Na wierzch połóż kawałki masła. Wstaw do piekarnika 12-15 cm pod grzałką na 10 do 12 minut. Przed podaniem polej pomidory stopionym masłem, które pozostało w naczyniu. Jeżeli chcesz, możesz też skropić pomidory sokiem z cytryny.

Ilość porcji: 4
Jedna porcja (2 połówki pomidora) zawiera: 11,5 g tłuszczu, 5 g węglowodanów netto, 1,5 g białka, 129 kalorii

Sezamowa cukinia

¼ szklanki (56 g) oleju kokosowego
2 łyżki (19 g) sezamu
½ cebuli pokrojonej w kostkę
2 średnie cukinie pokrojone na plastry
¼ łyżeczki drobno posiekanego imbiru
2 posiekane ząbki czosnku
½ łyżeczki soli
2 łyżki (30 ml) sosu sojowego

Zagrzej olej na głębokiej patelni na średnim ogniu. Dodaj sezam. Kiedy się lekko przyrumieni, dodaj cebulę i podsmażaj na średnim ogniu około 5 minut. Następnie dodaj cukinię, czosnek i imbir. Mieszaj od czasu do czasu, aż cukinia zmięknie. Zdejmij z ognia. Dodaj sos sojowy i sól. Przed podaniem polej tłuszczem z patelni.

Ilość porcji: 2
Jedna porcja zawiera: 32 g tłuszczu, 9,5 g węglowodanów netto, 5,5 g białka, 348 kalorii

Cukinia z cebulką

4 plastry boczku bez cukru i azotanów usmażone na chrupko i pokruszone
1 średnia cebula pokrojona na plastry
2 małe lub 1 średnia cukinia pokrojona na plastry
¼ łyżeczki soli
⅛ łyżeczki świeżo zmielonego pieprzu
¼ łyżeczki ziół prowansalskich (oregano, bazylia, majeranek, tymianek)
8 pomidorków cherry przekrojonych na pół
2 łyżki (10 g) startego parmezanu

Usmaż boczek na głębokiej patelni. Odłóż do osobnego naczynia. Na gorący tłuszcz wytopiony z boczku wrzuć cebulę i cukinię. Podsmażaj bez przykrycia, aż cebula się skarmelizuje – około 10-14 minut. Mieszaj od czasu do czasu. Następnie dodaj sól, pieprz, zioła, pomidory i parmezan. Gotuj około 2 minut do momentu roztopienia sera. Zdejmij z ognia. Przed podaniem posyp pokruszonym boczkiem.

Ilość porcji: 2
Jedna porcja zawiera: 24 g tłuszczu, 7,5 g węglowodanów netto, 17 g białka, 314 kalorii

Lazania

W tym przepisie zamiast makaronu użyjesz dyni letniej. Do tego dania pasuje każdy rodzaj dyni. Ugotowana dynia sprawi, że potrawa będzie nieco wilgotna, lecz pyszny smak jest gwarantowany.

1 łyżka (14 g) oleju kokosowego
225 g mielonej wołowiny
½ posiekanej średniej cebuli
2 ząbki czosnku przeciśnięte przez praskę
1 łyżeczka suszonego oregano
1 łyżeczka suszonej bazylii
½ łyżeczki soli
¼ łyżeczki pieprzu
110 g pasty pomidorowej
2 średnie dynie letnie (około 425 g) pokrojone na cienkie plastry
1½ szklanki (75 g) sera ricotta
110 g startego ostrego sera cheddar

Nagrzej piekarnik do 180 stopni. Pogrzej olej kokosowy na głębokiej patelni na średnim ogniu. Dodaj wołowinę i cebulę. Podsmażaj, aż mięso się przyrumieni, a cebula zmięknie. Dodaj czosnek, oregano, bazylię, sól, pieprz i pastę pomidorową. Gotuj przez 3 do 4 minut. Pokrój dynię na cienkie plasterki. Połóż warstwę plastrów dyni na dnie żaroodpornego naczynia o wymiarach 28x18 cm. Na dynię wyłóż warstwę mięsną, a następnie – warstwę sera ricotta. Na wierzchu ułóż kolejną warstwę dyni. Wierzch posyp serem cheddar. Wstaw do nagrzanego piekarnika na 50 minut.

Ilość porcji: 4
Jedna porcja zawiera: 18 g tłuszczu, 7,5 g węglowodanów netto, 28 g białka, 304 kalorie

Dynia letnia z kiełbasą

Jest to przepis na bardzo proste i pyszne danie, w którym zwykła dynia nabierze niesamowitego smaku. Możesz wykorzystać różne rodzaje dyń letnich – cukinię, podłużną dynię żółtą, patisona, itp. Dynia z tego przepisu może być dodatkiem lub daniem głównym.

2 łyżki (28 g) oleju kokosowego
110 g drobno posiekanej kiełbasy wieprzowej
½ posiekanej małej cebuli
340 g dyni letniej w plastrach
½ łyżeczki świeżego koperku
sól
pieprz

Zagrzej olej na głębokiej patelni na średnim ogniu. Podsmaż kiełbasę z cebulą. Kiedy kawałki mięsa się przyrumienią, dodaj dynię i koperek. Podsmażaj, aż dynia zmięknie. Mieszaj od czasu do czasu. Na koniec dodaj sól i pieprz do smaku. Zdejmij z ognia i przełóż do misek.

Ilość porcji: 2
Jedna porcja zawiera: 16 g tłuszczu, 5 g węglowodanów netto, 16,5 g białka, 348 kalorii

Pieczone warzywa

Jest to jeden z moich ulubionych przepisów na danie warzywne. Warzywa pieczone w piekarniku mają wyjątkowy smak i konsystencję – są lekko chrupiące, a jednocześnie miękkie. Możesz wykorzystać różne warzywa: miękkie i twarde, lecz nie mieszaj ich w jednym daniu. Twardsze warzywa, takie jak kalafior czy rzepa, muszą być wstępnie podgotowane.

Duże warzywa należy przed pieczeniem pociąć na mniejsze kawałki – około 4-6 cm. Dzięki temu wszystkie upieką się równomiernie. Po przygotowaniu mieszanki warzywnej należy dokładnie wymieszać ją z tłuszczem: masłem, olejem kokosowym, olejem z czerwonej palmy lub smalcem.

Piekarnik należy nagrzać do 200 stopni. Warzywa powinny być umieszczone w dużym naczyniu żaroodpornym tak, aby się ze sobą nie zlepiły. Podczas pieczenia warzywa parują i ciasno ułożone ugotują się, a nie przypieką.

2 szklanki (80 g) małych różyczek kalafiora
2 szklanki (70 g) małych różyczek brokułu
1 rzepa przekrojona na ćwiartki
2 marchewki pokrojone na 5 cm kawałki
1 szklanka (100 g) całych strąków zielonej fasolki szparagowej
12 szparagów obranych, bez twardych końcówek i przekrojonych na pół lub na 3 części
8 pieczarek
2 wydrążone czerwone papryki przekrojone na pół
1 mała cebula przekrojona na ćwiartki
6 łyżek (84 g) stopionego masła
½ łyżeczki soli
¼ łyżeczki świeżo zmielonego pieprzu
½ lub 1 łyżeczka ziół lub przypraw (opcjonalnie)*

* Do przyprawienia wystarczą sól i pieprz. Jednak możesz dodać wszelkie inne przyprawy, które lubisz: paprykę, chili, pieprz kajeński, rozmaryn, bazylię, tymianek, szałwię czy czosnek.

Nagrzej piekarnik do 230 stopni. W międzyczasie ugotuj na parze kalafior, brokuły, rzepę i marchew, aż lekko zmiękną – około 6 minut. Odstaw do lekkiego ostygnięcia. Przełóż warzywa do dużej miski. Dodaj fasolkę, szparagi, paprykę, pieczarki i cebulę. Polej masłem, dodaj sól i pieprz. Dokładnie wymieszaj. Umieść warzywa na tacy do pieczenia. Wstaw do piekarnika na 30 do 40 minut lub do czasu, aż warzywa się przyrumienią. W połowie pieczenia możesz obrócić je na drugą stronę, aby się równomiernie przypiekły. Dodaj zioła i przyprawy 10 minut przed końcem pieczenia, gdyż w wysokiej temperaturze palą się i tracą smak.

Ilość porcji: 4
Jedna porcja zawiera: 17,5 g tłuszczu, 11 g węglowodanów netto, 5 g białka, 221 kalorii

Cukinia z sosem cytrynowo-serowym

Do tego przepisu nadaje się każdy rodzaj letniej dyni. Spróbuj przygotować danie z cukinią, dynią żółtą lub patisonem.

2 małe lub 1 duża cukinia pokrojona w plastry
¼ szklanki (56 g) masła
¼ szklanki (60 ml) śmietanki kremówki
¼ szklanki (20 g) startego parmezanu
szczypta soli
⅛ łyżeczki świeżo zmielonego pieprzu
½ łyżeczki świeżego soku z cytryny

Ugotuj cukinię na parze. W międzyczasie przygotuj sos. Podgrzej masło i śmietanę w małym rondelku na średnim ogniu. Dodaj parmezan, sól i pieprz. Mieszaj cały czas, aż ser się stopi, a sos zgęstnieje – około 5-7 minut. Dodaj sok z cytryny i zamieszaj. Zdejmij z ognia. Przed podaniem polej cukinię sosem.

Ilość porcji: 2
Jedna porcja zawiera: 35 g tłuszczu, 4 g węglowodanów netto, 4,5 g białka, 349 kalorii

6

Wrapy

Wrapy z sałaty

Kanapki są bardzo popularne. Są wygodne, proste w przygotowaniu, dobre na wynos do pracy i do szkoły oraz smakują znakomicie. Jedyną wadą kanapek w związku z dietą ketogeniczną jest wysoka zawartość węglowodanów w pieczywie. Niskowęglowodanowym rozwiązaniem jest zamiana chleba na liście sałaty, która utrzyma dodatki tak jak chleb, lecz będzie miała o wiele mniej cukru.

Chleb jest na ogół tańszy niż dodatki na kanapkę. W rezultacie kanapki zawierają więcej chleba niż całej smacznej reszty. Sałata ma łagodny smak i pozwala ci cieszyć się smakiem dodatków.

Możesz wykorzystać różne rodzaje sałaty do obwinięcia dodatków, lecz najlepiej do tej roli nada się sałata masłowa lub lodowa. Sałata lodowa ma duże liście w kształcie miseczek. Są na tyle twarde, że z łatwością utrzymają wybrane przez ciebie dodatki.

Najpierw należy wykroić grubą łodygę ze środka sałaty. Dzięki temu nieporwane i niepołamane liście łatwo odczepią się od główki.

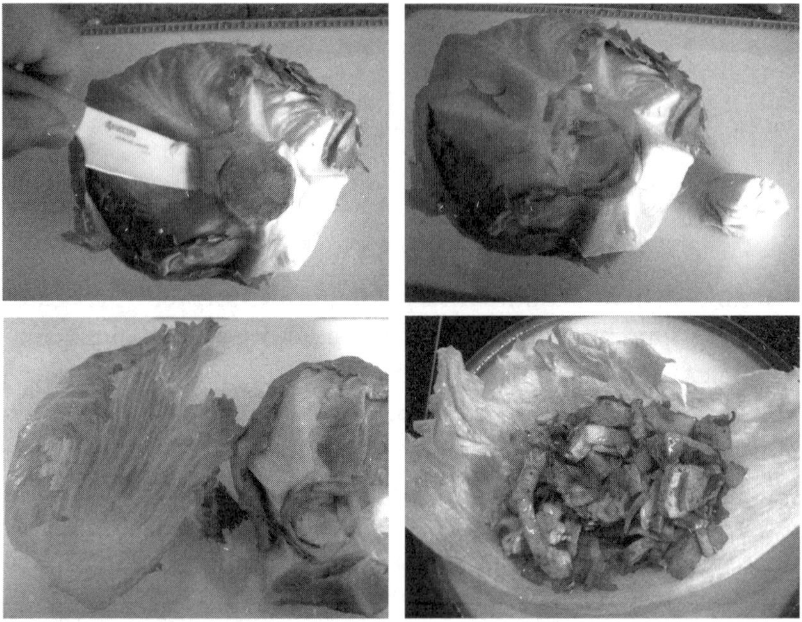

Wytnij łodygę z główki sałaty i oderwij całe liście

Umyj całą główkę sałaty i odłóż, aby ściekła woda. Sałata ma być wilgotna, lecz nie mokra, dlatego też nie pozwól, aby wyschła zupełnie, ponieważ suche liście zmiękną i nie utrzymają dodatków. Wilgotne liście umieść w woreczku lub innym pojemniku i przechowuj w najzimniejszym miejscu w lodówce – zazwyczaj jest to najniższa półka.

Wrap z owocami morza

Do tego dania możesz wykorzystać dowolne rodzaje ryb. Przepis jest też idealnym sposobem na pozbycie się resztek owoców morza z innych potraw. Dobrym dodatkiem będzie świeży okoń, sum, plamiak lub ryby w puszce, takie jak tuńczyk czy łosoś. Krewetki i krab również będą pasować do tej potrawy.

170 g ryby lub skorupiaków
1 jajko na twardo pokrojone w kostkę
2 łyżki (28 g) majonezu (strony 57-60)
¼ łyżeczki curry
1 posiekany szczypiorek sałatkowy z cebulką
½ szklanki (60 g) startej marchwi
¼ łyżeczki soli
⅛ łyżeczki pieprzu
2 duże liście sałaty
10 pomidorków cherry przekrojonych na pół

Zmieszaj rybę z jajkiem, majonezem, curry, szczypiorkiem, marchwią, solą i pieprzem. Umieść mieszankę na liściach sałaty i udekoruj połówkami pomidorów.

Ilość porcji: 2
Jedna porcja zawiera: 19,5 g tłuszczu, 4,5 g węglowodanów netto, 25 g białka, 293,5 kalorii

Wrap z sałatką z kurczaka

Jest to najlepszy wrap z sałatką z kurczaka, jaki kiedykolwiek jadłem. Do tego dania należy użyć surowego kurczaka i podsmażyć na chrupko według wskazówek z przepisu. Lubię kurczaka smażonego na tłuszczu z boczku, ponieważ mięso ma później lekko bekonowy smak. Boczek uwydatnia smak każdej potrawy. Skwarki są chrupiącym dodatkiem do potrawy i dopełniają smak warzyw i kurczaka.

2 łyżki (30 ml) tłuszczu ze smażenia boczku lub oleju kokosowego
170 g surowej piersi z kurczaka pokrojonej w kostkę
¼ szklanki (60 g) selera naciowego pokrojonego w kostkę
½ szklanki (55 g) startej marchwi
2 posiekane szczypiorki sałatkowe z cebulkami
¼ szklanki (60 g) majonezu (strony 57-60)
½ łyżeczki musztardy
⅛ łyżeczki nasion selera
⅛ łyżeczki soli
szczypta pieprzu
½ łyżeczki mielonego czosnku
2 łyżki (2 g) posiekanej świeżej kolendry
½ średniego pomidora pokrojonego w kostkę
2 duże liście sałaty
szczypta mielonej papryki
spora garść skwarek

Zagrzej tłuszcz na głębokiej patelni na średnim ogniu. Podsmaż kurczaka, aż się przyrumieni. Zdejmij z ognia i odstaw na bok.

W misce zmieszaj kurczaka z selerem, marchewką, szczypiorkiem, majonezem, musztardą, nasionami selera, solą, pieprzem, czosnkiem, kolendrą i pomidorem. Nakładaj łyżką na liście sałaty. Posyp wierzch papryką i skwarkami.

Ilość porcji: 2
Jedna porcja zawiera: 41 g tłuszczu, 4 g węglowodanów netto, 35 g białka, 525 kalorii

Wrap z łososiem

To danie przypomina mi tosty z tuńczykiem, które jadłem jako dziecko. Pamiętam jak chrupały w ustach – to uwielbiałem w tostach najbardziej. Smażone paski słoniny użyte w tym przepisie są chrupiącym dodatkiem do miękkiej sałaty. Jeżeli zabierasz danie na wynos do pracy lub szkoły, trzymaj skwarki osobno i dodaj tuż przed zjedzeniem.

170 g łososia
¼ szklanki (56 g) majonezu (strony 57-60)
2 łyżki (25 g) posiekanych korniszonów
28 g startego sera cheddar
sól i pieprz do smaku
2 duże liście sałaty
spora garść skwarek

Połącz łososia z majonezem, ogórkami, serem, solą i pieprzem. Podziel na równe porcje i umieść na liściach sałaty. Przed podaniem wierzch posyp skwarkami.

Ilość porcji: 2
Jedna porcja zawiera: 32 g tłuszczu, 0,5 g węglowodanów netto, 24,5 g białka, 388 kalorii

Wrap z awokado i boczkiem

Jest to zdecydowanie mój ulubiony wrap z sałatą. Jest pełen boczku i awokado z dodatkiem przysmażonej cebulki – po prostu nie może nie smakować.

4 plastry boczku bez cukru i azotanów
½ średniej cebuli pokrojonej na plastry
1 obrane awokado bez pestki
2 łyżki (28 g) majonezu (strony 57-60)
¼ łyżeczki mielonego chili
⅛ łyżeczki mielonej papryki
sól do smaku
2 duże liście sałaty
2 łyżki (2 g) posiekanej świeżej kolendry

Na głębokiej patelni usmaż boczek na chrupko. Przełóż na talerz. Na gorący tłuszcz po smażeniu boczku wrzuć cebulę i podsmażaj, aż się przyrumieni. Zdejmij z ognia i odstaw na bok. W małej misce zgnieć awokado i wymieszaj z majonezem, chili i papryką. Posól do smaku. Podziel masę z awokado na równe części i umieść na liściach sałaty. Na wierzch połóż po dwa paski boczku oraz po równo cebuli. Udekoruj kolendrą. Zawiń liście sałaty dookoła nadzienia jak burrito.

Ilość porcji: 4
Jedna porcja zawiera: 46 g tłuszczu, 4,6 g węglowodanów netto, 16,5 g białka, 515 kalorii

Bekonburger

Jest to szybka i smaczna wersja hamburgera bez bułki. Możesz dowolnie zwiększać lub zmniejszać ilość przypraw podanych w przepisie. Możesz też dodać inne, takie jak musztarda, sos barbecue, papryczki jalapeño lub podsmażane pieczarki. Ja na moje burgery kładę jajko sadzone z rozpływającym się żółtkiem.

4 plastry boczku bez cukru i azotanów usmażone na chrupko
170 g mielonej wołowiny
½ cebuli w plastrach
sól i pieprz do smaku
57 g startego żółtego sera
2 duże liście sałaty
1 łyżka (14 g) majonezu (strony 57-60)
½ małego pomidora w plastrach
¼ szklanki (28 g) plastrów korniszona

Na głębokiej patelni usmaż boczek na chrupko. Przełóż do osobnego naczynia i odstaw. Na gorący tłuszcz po smażeniu boczku wrzuć mięso i cebulę. Mieszaj co jakiś czas. Kiedy wołowina się przyrumieni, a cebula zmięknie, dodaj sól i pieprz do smaku. Przesuń mięso na środek patelni i posyp serem. Przykryj patelnię i zdejmij z ognia. Odstaw na bok i poczekaj, aż ser się roztopi.

Na każdym z liści rozsmaruj równą ilość majonezu. Na majonezie ułóż pomidory, ogórki i usmażony boczek. Na wierzchu połóż wołowinę. Zawiń liście sałaty dookoła nadzienia.

Ilość porcji: 2
Jedna porcja zawiera: 33,5 g tłuszczu, 3,5 g węglowodanów netto, 47 g białka, 522 kalorie

Tacos

Jeżeli lubisz kuchnię meksykańską, lecz nie możesz się nią cieszyć z powodu kukurydzy i fasoli zawartej w większości przepisów, poniższe ketogeniczne danie jest w sam raz dla ciebie. Ta wersja ma mniej węglowodanów, lecz smakuje równie dobrze.

1 łyżka (14 g) oleju kokosowego
225 g mielonej wołowiny
½ posiekanej małej cebuli
1 łyżka (9 g) posiekanej papryczki jalapeño
½ łyżeczki mielonego chili lub przyprawy do tacos
¼ łyżeczki soli
¼ szklanki (58 g) startego sera cheddar
2 duże liście sałaty
½ szklanki (90 g) pomidorów pokrojonych w kostkę
½ awokado w plastrach
2 łyżki (30 g) kwaśnej śmietany

Zagrzej olej na głębokiej patelni na średnim ogniu. Dodaj wołowinę i cebulę. Podsmażaj, aż wołowina się przyrumieni, a cebula zmięknie – około 8-9 minut. Dodaj paprykę, chili i sól. Smaż jeszcze przez 2 do 3 minut. Następnie dodaj ser, zdejmij z ognia i odstaw na kilka minut. Przez ten czas ser powinien się roztopić. Nałóż łyżką mieszankę na liście sałaty. Na wierzch połóż po równo awokado i pomidorów. Dodaj po 1 łyżce kwaśnej śmietany. Zawiń sałatę dookoła nadzienia jak burrito lub tacos.

Ilość porcji: 2
Jedna porcja zawiera: 34 g tłuszczu, 4,5 g węglowodanów netto, 43 g białka, 496 kalorii

Wrap fajita

Fajitę tradycyjnie przygotowuje się z cienko pokrojonego marynowanego lub rozbitego wołowego steku z łaty. Możesz do tego wykorzystać dowolną część mięsa wołowego. Twarde kawałki należy uprzednio rozbić lub ugotować. Do tego przepisu można użyć resztek mięsnych lub połączyć wołowinę z mięsem z kurczaka.

2 łyżki (28 g) oleju kokosowego
½ średniej cebuli pokrojonej na plastry
½ zielonej papryki pokrojonej na plasterki
½ czerwonej papryki pokrojonej na plasterki
225 g cienkich plastrów wołowiny
½ łyżeczki mielonego chili
½ łyżeczki mielonej papryki
¼ łyżeczki mielonej cebuli
½ łyżeczki mielonego kminku
¼ łyżeczki pieprzu kajeńskiego
1 łyżeczka soli
2 duże liście sałaty
½ szklanki (120 g) salsy
½ awokado w plastrach
2 łyżki (30 g) kwaśnej śmietany

Zagrzej olej na głębokiej patelni na średnim ogniu. Dodaj cebulę i pokrojone papryki. Podsmażaj około 10 minut, aż cebula się skarmelizuje. Dodaj wołowinę, chili, mieloną paprykę, mieloną cebulę, kminek, pieprz kajeński i sól. Podsmażaj, aż mięso przyrumieni się tak, jak lubisz. Ugotowane uprzednio mięso usmaży się oczywiście szybciej. Zdejmij z ognia i odstaw na chwilę do ostygnięcia.

Nakładaj po równo mięsa z warzywami na liście sałaty. Dodaj salsę, awokado i kwaśną śmietanę na wierzch. Zawiń sałatę dookoła nadzienia.

Ilość porcji: 2
Jedna porcja zawiera: 32 g tłuszczu, 9 g węglowodanów netto, 37 g białka, 472 kalorie

Ketoburrito

Jest to ketogeniczna wersja mięsnego burrito z fasolą. W tym przepisie nie ma mącznej tortilli ani fasoli.

2 duże liście sałaty
1½ szklanki (375 g) chili bez fasoli (strona 129)
57 g startego sera cheddar
1 awokado w plastrach
2 łyżki (30 g) kwaśnej śmietany

Liście sałaty połóż na talerzach. Podgrzej chili. Napełnij liście sałaty równymi porcjami chili, sera, awokado i śmietany. Zawiń sałatę dookoła nadzienia jak burrito.

Ilość porcji: 2
Jedna porcja zawiera: 27 g tłuszczu, 4 g węglowodanów netto, 19 g białka, 339 kalorii

Śniadaniowe ketoburrito

1 łyżka (14 g) oleju kokosowego
108 g kiełbasy wieprzowej
2 lekko ubite jajka
¼ łyżeczki soli
57 g startego sera cheddar
2 duże liście sałaty
2 łyżki (30 g) kwaśnej śmietany
4 łyżki (65 g) salsy

Zagrzej olej kokosowy na głębokiej patelni. Dodaj kiełbasę i podsmaż, aż się przyrumieni. Wlej jajka, dodaj sól i wierzch posyp serem. Przykryj patelnię. Po mniej więcej 5 minutach jajka powinny się ściąć. Zdejmij z ognia. Podziel kiełbasę z jajkami na dwie równe porcje i nałóż na liście sałaty. Wierzch polej salsą i połóż kwaśną śmietanę. Zawiń sałatę dookoła nadzienia jak burrito.

Ilość porcji: 2
Jedna porcja zawiera: 43,5 g tłuszczu, 3 g węglowodanów netto, 29,5 g białka, 521,5 kalorii

Kanapka filadelfijska

Aby przygotować smaczny stek serowy, należy zakupić dobrej jakości mięso. Im lepsza jakość, tym lepszy rezultat. Osobiście polecam antrykot z górnej części żeber (stek rib eye), część rostbefu (stek New York), stek z kością T-bone lub inne dobrej jakości steki. Wybieraj mięso o dużej liczbie nitek tłuszczu, czyli tzw. marmurkowe. Nie odcinaj tłuszczu, gdyż ten nadaje mięsu smak.

Pokrój mięso w cienkie paski o grubości około 3 mm. Możesz poprosić o to sprzedawcę w sklepie mięsnym. Jeżeli chcesz zrobić to samodzielnie, wstaw mięso na mniej więcej 45 minut do zamrażarki, aby nieco stwardniało. Dzięki temu łatwiej pokroisz je w cienkie paski.

2 łyżki (28 g) oleju kokosowego

½ posiekanej średniej cebuli

½ posiekanej zielonej papryki

227 g steku wołowego pokrojonego w cienkie paski

85 g pieczarek w plastrach

¼ łyżeczki soli

¼ łyżeczki pieprzu

57 g sera Monterey Jack, munster lub provolone

2 duże liście sałaty

Zagrzej olej na głębokiej patelni na średnim ogniu. Dodaj cebulę i podsmażaj około 3-4 minut, aż się zeszkli. Dodaj zieloną paprykę. Podsmażaj jeszcze przez 5 do 8 minut, aż papryka lekko zmięknie. Dodaj mięso, pieczarki, sól i pieprz. Smaż około 5 minut, aż mięso się przyrumieni, a cebulka skarmelizuje. Zdejmij z ognia. Dodaj ser i przykryj patelnię. Po mniej więcej 2 minutach ser powinien się roztopić. Przełóż równe porcje mięsa na liście sałaty.

Ilość porcji: 2
Jedna porcja zawiera: 30,5 g tłuszczu, 4 g węglowodanów netto, 43 g białka, 466 kalorii

Kanapka Reubena

1 łyżeczka oleju kokosowego
170 g peklowanej wołowiny lub pastrami
56 g sera Swiss w plastrach
2 duże liście sałaty
1 łyżeczka musztardy
½ awokado w plastrach
1 korniszon przecięty wzdłuż na pół
¼ szklanki (60 g) kiszonej kapusty

Zagrzej olej na głębokiej patelni na średnim ogniu. Dodaj mięso i podsmaż. Wyłącz gaz. Ułóż plastry sera na mięsie i przykryj patelnię. Po mniej więcej 2 minutach ser powinien się roztopić. Przełóż mięso z serem na liście sałaty. Na wierzch połóż musztardę, awokado, po połówce ogórka i kiszoną kapustę. Przed podaniem zawiń.

Ilość porcji: 2
Jedna porcja zawiera: 30,5 g tłuszczu, 3,5 g węglowodanów netto, 20,5 g białka, 370 kalorii

Wrap z kurczakiem po azjatycku

¼ szklanki (30 g) prażonych migdałów w płatkach lub słupkach
2 łyżki (28 g) oleju kokosowego
½ szklanki (80 g) posiekanej cebuli
55 g pędów bambusa
1 łyżeczka drobno posiekanego świeżego imbiru
110 g gotowanej piersi kurczaka pokrojonej w kostkę
55 g pieczarek w plastrach
2 łyżki (30 ml) octu z ryżu
¼ łyżeczki soli
⅛ łyżeczki pieprzu
2 duże liście sałaty
28 g świeżych kiełków lucerny
1 łyżka (15 ml) sosu sojowego lub przyprawy coconut aminos

Nagrzej piekarnik do 180 stopni. Migdały rozsyp na blasze. Wstaw do piekarnika na mniej więcej 8 minut, aż się lekko przyrumienią. Wyjmij z piekarnika i odstaw na bok.

Zagrzej olej na głębokiej patelni na średnim ogniu. Dodaj cebulę i podsmażaj około 5 minut, aż się zeszkli. Dodaj imbir, pędy bambusa, kurczaka i pieczarki. Podsmażaj przez 5 minut, od czasu do czasu mieszając. Następnie dodaj ocet, sól i pieprz. Po 3-4 minutach, kiedy warzywa będą miękkie, a kurczak przyrumieniony, zdejmij patelnię z ognia. Przełóż nadzienie na liście sałaty. Wierzch posyp prażonymi migdałami, kiełkami i polej sosem sojowym.

Ilość porcji: 2
Jedna porcja zawiera: 23 g tłuszczu, 6,5 g węglowodanów netto, 22 g białka, 321 kalorii

Wrap z wołowiną po azjatycku

2 łyżki (28 g) oleju kokosowego
½ szklanki (80 g) posiekanej cebuli
220 g steku wołowego pokrojonego na małe kawałki
85 g posiekanej kapusty chińskiej
55 g posiekanych pieczarek
2 ząbki czosnku przeciśnięte przez praskę
¼ łyżeczki soli
⅛ łyżeczki pieprzu
2 duże liście sałaty
sos sojowy lub przyprawa coconut aminos do smaku

Zagrzej olej na głębokiej patelni na średnim ogniu. Dodaj cebulę i wołowinę. Podsmażaj około 6 minut, aż mięso się przyrumieni. Dodaj kapustę, pieczarki, czosnek, sól i pieprz. Smaż, aż warzywa zmiękną – około 6-8 minut. Zdejmij z ognia. Przełóż równe porcje mięsa na liście sałaty. Skrop sosem sojowym do smaku.

Ilość porcji: 2
Jedna porcja zawiera: 21 g tłuszczu, 6 g węglowodanów netto, 36 g białka, 357 kalorii

Deli wrap

Możesz cieszyć się swoimi ulubionymi kanapkami bez nadmiernej ilości węglowodanów dzięki zamianie pieczywa na sałatę. Do tego przepisu będzie pasował każdy rodzaj wędliny: indyk, kurczak, szynka, pastrami, wołowina, itp. Zanim kupisz wędlinę, sprawdź dokładnie listę składników, czy aby nie zawiera żadnych niepożądanych dodatków. Kanapki tego rodzaju podaje się na zimno. Mogą być drugim śniadaniem w pracy, w szkole czy na piknikach rodzinnych. Możesz dowolnie modyfikować przepis, usuwając z niego zaproponowane składniki i dodając inne, takie jak papryka zielona, bananowa, jalapeño, świeża kolendra, awokado, itp.

110 g wędliny
55 g sera Monterey Jack, munster lub provolone
2 duże liście sałaty
1 łyżka (14 g) majonezu (strony 57-60)
½ łyżeczki żółtej musztardy (opcjonalnie)
55 g plastrów korniszona
½ średniego pomidora pokrojonego na plastry
28 g świeżych kiełków lucerny

Na liściach sałaty rozłóż wędlinę, a następnie plastry sera. Wierzch posmaruj majonezem i musztardą. Połóż na to plastry ogórka, pomidora i posyp kiełkami lucerny. Zawiń sałatę dookoła dodatków i zjedz tak jak burrito.

Ilość porcji: 2
Jedna porcja zawiera: 12 g tłuszczu, 4,5 g węglowodanów netto, 17 g białka, 194 kalorie

Wrap z kurczakiem i boczkiem

4 plastry boczku bez cukru i azotanów usmażone na chrupko
120 g piersi z kurczaka (gotowanej lub surowej)
½ awokado w plastrach
½ średniego pomidora pokrojonego w plasterki
2 duże liście sałaty
1 łyżka (14 g) majonezu (strony 57-60)
1 posiekany szczypiorek sałatkowy z cebulką
sól i pieprz do smaku

Na głębokiej patelni usmaż boczek na chrupko. Przełóż na talerz i odstaw. Pokrój kurczaka na małe kawałki i wrzuć na gorący tłuszcz wytopiony z boczku. Możesz wykorzystać mięso surowe lub uprzednio ugotowane. Tłuszcz z boczku dopełni smak kurczaka. Surowe mięso należy smażyć około 10 minut, aż zrobi się białe i lekko przyrumieni. Gotowane mięso usmaży się szybciej – w 5 do 8 minut. Usmażonego kurczaka przełóż do miski i odstaw na bok do ostygnięcia.

Na każdym liściu sałaty ułóż równą ilość awokado, pomidora i boczku. Kurczaka zmieszaj z majonezem, szczypiorkiem, solą i pieprzem. Rozłóż na sałacie.

Ilość porcji: 2
Jedna porcja zawiera: 33 g tłuszczu, 3 g węglowodanów netto, 33 g białka, 441 kalorii

Sajgonki

2 łyżki (28 g) oleju kokosowego
½ szklanki (55 g) startej marchwi
½ szklanki (80 g) posiekanej cebuli
1 ząbek czosnku przeciśnięty przez praskę
1 szklanka (70 g) gotowanej piersi z kurczaka pokrojonej w kostkę
½ szklanki (45 g) posiekanej białej kapusty
1 łyżeczka drobno posiekanego imbiru
1 łyżka (15 ml) sosu sojowego lub przyprawy coconut aminos
2 duże liście sałaty

Zagrzej olej na głębokiej patelni na średnim ogniu. Dodaj marchew, cebulę i czosnek. Podsmażaj około 5 minut, aż zmniejszą objętość. Dodaj kurczaka, kapustę i imbir. Podsmażaj, aż kapusta zmięknie – około 5 minut. Zdejmij z ognia i wymieszaj z sosem sojowym. Podziel farsz na równe porcje i napełnij nim liście sałaty.

Ilość porcji: 2
Jedna porcja zawiera: 15 g tłuszczu, 7 g węglowodanów netto, 11,5 g białka, 209 kalorii

Wrap z indykiem i szynką

2 duże liście sałaty
110 g piersi z indyka w plastrach
60 g szynki w plastrach bez cukru i azotanów
1 mały pomidor pokrojony na ósemki
½ awokado w plastrach
50 g świeżych kiełków lucerny
2 łyżeczki świeżego soku z cytryny
¼ szklanki (60 ml) dressingu farmerskiego (strona 65)

Na liściach sałaty ułóż po równo indyka, szynkę, pomidor, awokado i kiełki. Zmieszaj sok z cytryny z dressingiem farmerskim i polej nim kanapki. Owiń dodatki sałatą.

Ilość porcji: 2
Jedna porcja zawiera: 15 g tłuszczu, 3 g węglowodanów netto, 23,5 g białka, 241 kalorii

Wrap z sałatką z szynki

1½ szklanki (225 g) szynki bez cukru i azotanów usmażonej i pokrojonej w kostkę
1 jajko na twardo pokrojone w kostkę
1 łyżka (8 g) drobno posiekanego selera naciowego
2 łyżeczki posiekanego korniszona
1 posiekany szczypiorek sałatkowy z cebulką
½ szklanki (115 g) majonezu (strony 57-60)
½ łyżki (5 g) musztardy
2 duże liście sałaty

W misce zmieszaj szynkę z jajkami, selerem, ogórkami i szczypiorkiem. W osobnej misce połącz majonez z musztardą. Następnie zmieszaj ze sobą zawartości obu misek. Przełóż mieszankę na liście sałaty.

Ilość porcji: 2
Jedna porcja zawiera: 31 g tłuszczu, 1,5 g węglowodanów netto, 22 g białka, 373 kalorie

Kanapka z sałatką z jajek

2 łyżki (14 g) prażonych migdałów w płatkach lub słupkach
2 jajka na twardo pokrojone w kostkę
1½ łyżki (21 g) majonezu (strony 57-60)
1 łyżeczka musztardy
⅛ łyżeczki soli
2 łyżki (25 g) posiekanych korniszonów
1 łyżka (2 g) posiekanej świeżej kolendry
1 duży liść sałaty
1 łyżeczka posiekanego cienkiego szczypiorku

Nagrzej piekarnik do 180 stopni. Rozsyp migdały na blasze do pieczenia. Wstaw do piekarnika na mniej więcej 7 minut, aż się lekko przyrumienią. Migdały łatwo się przypalają, dlatego należy często zaglądać do piekarnika. Po upływie około 7 minut wyjmij migdały z piekarnika i odstaw na bok.

Zmieszaj jajka z majonezem, musztardą, solą, ogórkami i kolendrą. Przełóż wszystko na liść sałaty, a wierzch posyp migdałami i szczypiorkiem.

Ilość porcji: 2
Jedna porcja zawiera: 15,5 g tłuszczu, 1,5 g węglowodanów netto, 7,5 g białka, 175,5 kalorii

Wrap z sałatką z boczku i jajek

2 plastry boczku bez cukru i azotanów usmażone na chrupko i pokruszone
2 jajka na twardo pokrojone w kostkę
2 łyżki (28 g) majonezu (strony 57-60)
2 łyżki (7 g) drobno posiekanego selera naciowego
1 posiekany szczypiorek sałatkowy z cebulką
szczypta curry (opcjonalnie)
sól i pieprz do smaku
1 duży liść sałaty

Połącz pokruszony boczek z jajkami, majonezem, selerem i szczypiorkiem. Posyp curry, solą i pieprzem do smaku. Napełnij mieszanką liść sałaty.

Ilość porcji: 2
Jedna porcja zawiera: 35 g tłuszczu, 2 g węglowodanów netto, 25 g białka, 423 kalorie

Wrap z sałatką krewetkową

170 g ugotowanych krewetek
½ szklanki (65 g) sosu koktajlowego (strona 50)
1 łyżka (15 ml) świeżego soku z cytryny
2 łyżeczki skórki otartej z cytryny
1 szklanka (120 g) ogórka pokrojonego w kostkę
½ szklanki (50 g) selera naciowego pokrojonego w kostkę
2 łyżki (6 g) posiekanego cienkiego lub sałatkowego szczypiorku
2 łyżki (2 g) posiekanej świeżej kolendry
sól i pieprz do smaku
2 duże liście sałaty

W średniej misce zmieszaj krewetki z sosem koktajlowym, sokiem i skórką z cytryny, ogórkiem, szczypiorkiem, selerem, kolendrą, solą i pieprzem. Przełóż równą ilość mieszanki na liście sałaty. Zawiń sałatę dookoła nadzienia.

Ilość porcji: 2
Jedna porcja zawiera: 1,5 g tłuszczu, 7 g węglowodanów netto, 20 g białka, 121,5 kalorii

Wrap z krewetkami i awokado

170 g ugotowanych krewetek
¼ szklanki (60 g) majonezu (strony 57-60)
1 łyżka (9 g) posiekanej papryki jalapeño
½ średniego pomidora pokrojonego w kostkę
1 awokado pokrojone w kostkę
2 łyżki (2 g) posiekanej świeżej kolendry
2 posiekane szczypiorki sałatkowe z cebulkami
⅛ łyżeczki soli
2 duże liście sałaty

W średniej misce dokładnie zmieszaj krewetki z majonezem, papryką jalapeño, pomidorem, awokado, kolendrą, szczypiorkiem i solą. Nakładaj mieszankę na liście sałaty i zawiń.

Ilość porcji: 2
Jedna porcja zawiera: 37 g tłuszczu, 5 g węglowodanów netto, 22 g białka, 441 kalorii

Wrap z krewetkami i przegrzebkami

3 łodygi selera naciowego (jedna pocięta na cztery części, a pozostałe – na cienkie plasterki)
2 ząbki czosnku (2 zgniecione, 1 posiekany)
sok z całej cytryny
227 g minimarchewek przekrojonych wzdłuż na cztery części
340 g małych surowych krewetek bez żył i skorupek
227 g przegrzebków przekrojonych w poprzek
1 awokado bez pestki obrane i przekrojone na pół
3 łyżeczki kaparów i 1 łyżka (15 ml) zalewy z kaparów
1 łyżka (14 g) majonezu (strony 57-60)

½ łyżeczki soli
¼ łyżeczki pieprzu
½ szklanki (55 g) prażonych posiekanych migdałów
4 duże liście sałaty

Do dużego rondla wlej 10 szklanek wody. Do wody wrzuć seler, zgnieciony czosnek i wlej połowę soku z cytryny. Przykryj i zagotuj. Następnie dodaj marchewki i gotuj przez 2 minuty. Dodaj krewetki i gotuj kolejne 4 minuty, aż krewetki zrobią się białe. Przełóż krewetki i marchew do durszlaka i przepłucz zimną wodą.

Ponownie zagotuj wodę. Dodaj przegrzebki i gotuj, aż zrobią się białe – około 2 minut. Wyjmij przegrzebki z wody łyżką cedzakową. Włóż do durszlaka i przepłucz zimną wodą.

Odlej ⅓ szklanki (80 ml) wywaru i odstaw do ostygnięcia. Pozostałą część wywaru wstaw do lodówki lub zamrażarki i wykorzystaj jako bazę do zupy z innego przepisu. W blenderze lub malakserze zmiksuj na gładką masę połowę awokado, odlany bulion, resztę soku z cytryny, zalewę z kaparów, posiekany czosnek, majonez, sól i pieprz. Odstaw na bok.

Posiekaj migdały lub użyj migdałów w słupkach i wstaw do piekarnika nagrzanego do 180 stopni na mniej więcej 7 minut, aż się lekko przyrumienią. Często sprawdzaj, gdyż łatwo się przypalają. Wyjmij z piekarnika i odstaw na bok.

Posiekaj pozostałą część awokado i przełóż do miski razem z ugotowaną marchewką, krewetkami i przegrzebkami. Dodaj plastry selera, kapary oraz prażone migdały. Na koniec dodaj purée i dobrze wymieszaj. Napełnij sałatę mieszanką i zawiń.

Ilość porcji: 4
Jedna porcja zawiera: 22 g tłuszczu, 11 g węglowodanów netto, 34 g białka, 378 kalorii

Wrap ze smażonymi paluszkami z kurczaka

2 łyżki (30 ml) tłuszczu ze smażenia boczku lub oleju kokosowego
2 (po 85 g) piersi z kurczaka bez kości pocięte w paski o grubości palca
½ szklanki (55 g) startej marchwi
½ szklanki (65 g) ogórka pokrojonego w kostkę
2 posiekane szczypiorki sałatkowe z cebulkami
½ szklanki (75 g) zielonej papryki pokrojonej w kostkę
½ średniego pomidora pokrojonego w kostkę
¼ szklanki (60 ml) azjatyckiego dressingu migdałowego (strona 62)
2 duże liście sałaty
spora garść skwarek

Zagrzej olej na głębokiej patelni na średnim ogniu. Usmaż paluszki z kurczaka. Przewracaj z jednej strony na drugą, aż się całe przyrumienią – około 10-15 minut. Przełóż kurczaka do osobnego naczynia i odstaw do ostygnięcia.

W misce zmieszaj marchew z ogórkiem, szczypiorkiem, papryką i pomidorem. Polej warzywa dressingiem i wymieszaj. Następnie nałóż na liście sałaty i dodaj po równo paluszków z kurczaka. Wierzch posyp skwarkami.

Ilość porcji: 2
Jedna porcja zawiera: 41 g tłuszczu, 7 g węglowodanów netto, 31 g białka, 521 kalorii

Kanapka z sałatką z szynki i sera

Wrapy są jak sałatka jedzona rękoma – taka sałatkowa kanapka. Wszystkie składniki tej sałatki są zawijane w liść sałaty i polane ulubionym dressingiem.

2 duże liście sałaty
110 g szynki w plastrach bez cukru i azotanów
55 g sera cheddar w plastrach
1 średni pomidor pokrojony w kostkę
½ awokado w plastrach
28 g kiełków lucerny
2 łyżki (30 ml) dressingu winegret (strona 64)

Na liście sałaty rozłóż po równo szynkę, ser, pomidor, awokado i kiełki. Polej dressingiem i zawiń.

Ilość porcji: 2
Jedna porcja zawiera: 21 g tłuszczu, 3,5 g węglowodanów netto, 17 g białka, 432 kalorie

Kanapka z sałatką ogrodową

Również i w tym przepisie sałatka jest zawinięta w liście sałaty. Co prawda przepis mówi o dressingu farmerskim, lecz możesz przygotować inny, dowolny.

2 duże liście sałaty
½ średniego pomidora pokrojonego w kostkę
¼ szklanki (30 g) startej marchwi
¼ szklanki (35 g) posiekanej zielonej papryki
½ szklanki (35 g) posiekanej białej kapusty
½ szklanki (55 g) plastrów ogórka
2 drobno posiekane szczypiorki sałatkowe z cebulkami
4 plastry boczku bez cukru i azotanów usmażone na chrupko i pokruszone
55 g sera feta
¼ szklanki (56 g) dressingu farmerskiego (strona 65)

Napełnij liście sałaty równą ilością pomidora, papryki, marchwi, kapusty, szczypiorku, boczku, ogórka i sera feta. Polej dressingiem i zawiń.

Ilość porcji: 2
Jedna porcja zawiera: 28 g tłuszczu, 7,5 g węglowodanów netto, 20 g białka, 362 kalorie

Wrap z migdałowym kurczakiem

¼ szklanki (30 g) prażonych posiekanych migdałów
2 łyżki (28 g) oleju kokosowego
170 g surowej piersi z kurczaka pokrojonej w kostkę
1 średnia marchewka pokrojona w cienkie paseczki
2 łyżeczki drobno posiekanego świeżego imbiru
55 g pędów bambusa
½ szklanki (40 g) posiekanej białej kapusty
¼ łyżeczki soli
2 łyżki (30 ml) octu ryżowego
2 posiekane szczypiorki sałatkowe z cebulkami
2 łyżki (30 ml) sosu sojowego lub przyprawy coconut aminos
2 duże liście sałaty

Nagrzej piekarnik do 180 stopni. Rozsyp migdały na blasze i wstaw do piekarnika na mniej więcej 7 minut, aż się lekko przyrumienią. Wyjmij z piekarnika i odstaw na bok.

Podgrzej olej na głębokiej patelni na średnim ogniu. Dodaj kurczaka i marchew. Podsmażaj, aż kurczak zrobi się biały – około 8 minut. Następnie dodaj imbir, pędy bambusa i kapustę. Podsmażaj przez 5 minut, aż kapusta zmięknie. Dodaj sól, ocet i szczypiorek. Wymieszaj i smaż około 1 minuty. Zdejmij z ognia i dodaj prażone migdały i sos sojowy. Odczekaj, aż mieszanka lekko ostygnie, i napełnij nią liście sałaty.

Ilość porcji: 2
Jedna porcja zawiera: 24 g tłuszczu, 7 g węglowodanów netto, 30 g białka, 364 kalorie

Wrap z kurczakiem i mango

2 łyżki (30 ml) tłuszczu wytopionego ze smażonego boczku lub oleju kokosowego
170 g surowej piersi z kurczaka pociętej na paseczki
½ szklanki (90 g) świeżego mango pokrojonego w kostkę
2 posiekane szczypiorki sałatkowe z cebulkami
¼ szklanki (75 g) czerwonej papryki pokrojonej w kostkę
½ szklanki (60 g) ogórka pokrojonego w kostkę
¼ szklanki (25 g) posiekanych prażonych migdałów
¼ szklanki (60 ml) dressingu limonkowego z kolendrą (strona 69)
2 duże liście sałaty

Zagrzej olej na głębokiej patelni na średnim ogniu. Dodaj kurczaka i podsmażaj około 10 minut, aż mięso zrobi się białe i ładnie przyrumieni. Zdejmij z ognia z odstaw do ostygnięcia. W misce zmieszaj mango ze szczypiorkiem, papryką, ogórkiem, migdałami i dressingiem. Napełnij mieszanką liście sałaty, a na wierzchu połóż paski kurczaka. Zawiń.

Ilość porcji: 2
Jedna porcja zawiera: 23 g tłuszczu, 11 g węglowodanów netto, 28 g białka, 363 kalorie

7
Wołowina

Wołowina to mięso z dorosłej, około dwuletniej krowy. Żywy okaz waży około 550 kilogramów, z czego około 220 kg stanowi mięso. Na świecie jest co najmniej 50 ras krów, z czego mniej niż 10 to rasy mięsne.

Na początku zwierzęta żywią się trawą na pastwisku. Jednak trzy czwarte z nich w późniejszym okresie żyje w tuczarni, gdzie są karmione specjalnie przygotowaną paszą bazującą na kukurydzy i innych ziarnach. W ten sposób są przygotowywane do uboju. Jeżeli zwierzę całe życie żywiło się organiczną trawą bez dodatku hormonów i antybiotyków – popularnych w tuczarniach – taka informacja może być uwzględniona na etykiecie.

Mięso wołowe dzieli się na cztery główne części: łopatkę, lędźwie, żebra oraz udziec. Często na opakowaniach można znaleźć nazwę głównej części mięsa i dodatkowo nazwę przeznaczenia produktu, na przykład pieczeń lub stek. Dzięki temu wiadomo, w jaki sposób należy przyrządzić mięso. Łopatka i udziec są na ogół twardsze i wymagają wilgoci i wysokiej temperatury podczas przygotowywania. Jednym z dobrych sposobów na przyrządzenie tych rodzajów mięsa jest na przykład duszenie. Mięso z części lędźwiowej oraz żeber natomiast jest najlepsze do pieczenia i grillowania.

Nazwy różnych partii mięsa mogą się niestety różnić w zależności od regionu i uniemożliwić identyfikację. Na przykład stek z rostbefu bez kości w różnych restauracjach może nosić nazwę stek Ambassador, New York Strip czy Kansas City. Jeżeli masz wątpliwości, poproś sprzedawcę o pomoc z nazewnictwem lub rekomendacje.

Jeżeli na opakowaniu jest wytłoczona data ważności, ściśle się do niej dostosuj. Jeżeli na produkcie widnieje natomiast zalecana data sprzedaży lub w ogóle nie ma daty, ugotuj mięso lub zamroź, posiłkując się wskazówkami z poniższej tabeli.

Czas przechowywania mięsa wołowego

Rodzaj mięsa	Przechowywanie lodówce w 4°C	Przechowywanie w zamrażarce w -18°C
Surowe mięso na pieczeń, kotlety, steki i żeberka	3 do 5 dni	6 do 12 miesięcy
Świeża wątroba i podroby	1 do 2 dni	3 do 4 miesięcy
Mięso gotowane w domu, zupy, gulasze i zapiekanki	3 do 4 dni	2 do 3 miesięcy
Gotowe dania mięsne	1 do 2 dni	2 do 3 miesięcy
Bulion i sosy własne	1 lub 2 dni	2 do 3 miesięcy
Parówki i wędlina w opakowaniu próżniowym	2 tygodnie (lub 1 tydzień po upływie daty ważności)	1 do 2 miesięcy
Parówki luzem	7 dni	1 do 2 miesięcy
Wędliny luzem	3 do 5 dni	1 do 2 miesięcy
Mrożone obiady i zapiekanki	Tylko mrożone	3 do 4 miesięcy

Mięso w puszce	2 do 5 lat w spiżarni; po otwarciu 3 do 4 dni	Po otwarciu 2 do 3 miesięcy
Suszone mięso pakowane próżniowo	1 rok w spiżarni; w lodówce 2 do 3 miesięcy	Nie zamrażać

Elementy zasadnicze mięsa wołowego

Czym się różni rostbef od steku z łopatki i udźca? Większość ludzi nie wie. Wiele osób wybiera smak i miękkość mięsa, patrząc jedynie na cenę. Nie jest to najlepszy sposób. Chociaż twarde mięso jest na ogół tańsze niż miękkie, nie jest jednak tak zupełnie tanie. Z każdego rodzaju mięsa wyjdzie dobra potrawa, jeżeli wiemy, jak je należy przygotować. Jeżeli za przyrządzanie łaty zabierzesz się tak jak za rostbef, będziesz wielce rozczarowany. Z tego też względu, jeżeli pragniesz przyrządzić pyszne steki, pieczenie i gulasze, powinieneś najpierw dowiedzieć się nieco o różnicach między poszczególnymi rodzajami mięsa oraz o sposobach ich przygotowywania.

Każda półtusza jest wstępnie dzielona na główne części. Następnie wołowinę dzieli się na ogół na osiem części, wieprzowinę – na cztery, a jagnięcinę – na pięć. Każda z części jest dzielona na mniejsze, które kupujemy w sklepie. Wszystkie części mięsa z poszczególnej części głównej są podobnej jakości. Żeberka, rostbef i antrykot są stosunkowo drogie. Części z mostku, goleni, szpondra, łaty i udźca są zazwyczaj najtwardsze i tym samym najtańsze.

Pomimo że nazwy konkretnych części mięsa mogą się różnić w zależności od regionu, ich nazwy zwyczajowe są raczej stałe. Czy kupujesz cały bok wołowy, czy jego poszczególne części, rodzaj mięsa, z których zostały wycięte, jest ten sam. Na przykład każda partia mięsa z łopatki ma podobną jakość i strukturę. Zamawiając stek z antrykotu (delikatny i tłusty) lub stek z łaty (chudy i twardy), dokładnie wiesz, co otrzymujesz. Niektóre części są większe, inne – tłustsze, z kością lub bez. Pomimo to jakość każdego odcinka mięsa należącego do poszczególnej części głównej jest podobna.

Mięso jest zbudowane z tkanki mięśniowej i jest twardsze, jeżeli zawiera ścięgna, tkankę łączną oraz kiedy zwierzę zażywało więcej ruchu. Mięśnie kończyn (golenie i udziec) są intensywniej ćwiczone i dlatego są zwykle twardsze. Mięśnie lędźwi i żeber są rzadziej używane, dlatego też są przetkane nitkami tłuszczu. Marmurkowe, tłuste mięsa są delikatniejsze i smaczniejsze niż mięsa chude. Również kości nadają mięsu więcej smaku. Z tego też powodu pieczeń z antrykotu – zawierająca bardzo niewielką ilość tkanki łącznej, przeplatana nitkami tłuszczu i przylegająca do licznych kości żebrowych – należy do najdelikatniejszych i najsmaczniejszych mięs.

Do mielenia wykorzystuje się twardsze i mniej popularne partie wołowe oraz ścinki z delikatnych mięs. Proces mielenia zmiękcza mięso, a tłuszcz nadaje mu soczystości i polepsza smak.

Łopatka

Część przednia stanowi około 26 procent wagi tuszy wołowej. Składa się z górnej części kręgosłupa, pięciu kości żebrowych, części łopatki oraz kończyny przedniej. Mięśnie z tej części są intensywnie używane, dlatego też zawierają stosunkowo dużo tkanki łącznej. Z łopatki produkuje się większość wołowego mięsa mielonego, do którego często dodaje się również tłuszcz z pozostałych części głównych tuszy. Najbardziej charakterystyczną częścią łopatki jest stek 7-bone, którego nazwa pochodzi od kształtu zawartej w nim kości.

Popularnymi rodzajami dań z części przedniej tuszy wołowej są pieczeń z łopatki, stek 7-bone, gulasz i żeberka.

Mostek i goleń przednia

Mostek jest wycinany z piersi zwierzęcia i stanowi około 10 procent wagi tuszy. Mostek nie zawiera kości i jest jedną z najtwardszych partii mięsnych. Odpowiednio przygotowany, świetnie nada się do grillowania, peklowania i przyrządzenia pastrami. Mostek i goleń przednia są również doskonałe na bulion.

Popularnymi daniami z tej części są mostek i golonka.

Żebra

Żeberka składają się na około 10 procent wagi tuszy. Są najdelikatniejszym i najcenniejszym mięsem. Składają się z antrykotu z górnej części żeber oraz z żeberek. Antrykot jest często sprzedawany razem z żeberkami, lecz może być też oddzielany i sprzedawany osobno.

Popularnymi daniami przyrządzanymi z tej części są żeberka i steki z kością.

Łata i skrzydło

Te dwie części mięsa znajdują się w klatce piersiowej i na brzuchu zwierzęcia. Razem stanowią około 10 procent wagi tuszy. Mięśnie znajdujące się w tym miejscu otrzymują dużo ruchu, dlatego też wycięte z nich porcje mięsa zawierają dużo tkanki łącznej i są raczej twarde. Z tego względu należy je przypiekać lub marynować, aby nieco zmiękły. Steki są krojone w cienkie plastry w poprzek włókien. Często wykorzystuje się je w daniach takich jak fajita i azjatyckie stir-fry. Znaczna część tego mięsa przeznaczona jest do zmielenia.

Z tej części zwykle przyrządza się steki oraz kotlety mielone.

Lędźwie

Ta część zwierzęcia składa się z mięśni ciągnących się wzdłuż kręgosłupa między najkrótszym żebrem a kością biodrową. Stanowi około 8 procent wagi tuszy. Należące do tej części rostbef i polędwica (filet mignon) to najdelikatniejsze i najdroższe mięsa marmurkowe. Steki Porterhouse i T-bone zawierają część polędwicy. Podczas podziału tuszy można wykroić z niej albo stek T-bone, albo Porterhouse, lecz nie oba na raz. Stek T-bone natomiast może być pokrojony wzdłuż kości głównej, dając filet mignon i stek New York Strip. Różnica między częściami filet mignon i New York w steku T-bone jest wyraźnie wyczuwalna. Porterhouse jest podobny do T-bone, chociaż znajduje się w tylnej części tuszy i zawiera większą porcję polędwicy.

Popularnymi rodzajami dań z części lędźwiowej są stek T-bone, stek Porterhouse, pieczeń z polędwicy, steki z polędwicy, stek New York Strip.

Krzyżowa

Jest to górna część udźca znajdująca się obok rostbefu. Zawiera część kręgosłupa oraz część kości biodrowej. Stanowi około 9 procent wagi tuszy. Krzyżowa daje najdelikatniejsze, zaraz po polędwicy, mięso. Mięso z krzyżowej doskonale nadaje się do pieczenia, grillowania i duszenia.

Z tej części przygotowywane są głównie steki i pieczenie.

Udziec

Udziec pochodzi z zadu i tylnych kończyn zwierzęcia. Stanowi około 27 procent wagi tuszy. Mięso z tej części jest chude i wyćwiczone, dlatego też jest o wiele twardsze niż rostbef czy antrykot. Steki z tego mięsa nadają się do marynowania. Należy też uważać, aby nie piec ich zbyt długo – najlepsze są średnio wypieczone. Części udźca są wykorzystywane do przyrządzenia steków oraz do suszenia.

Popularnymi rodzajami dań z udźca są steki i pieczenie.

Zmiękczanie twardego mięsa

Na pewno nieraz w życiu trafiłeś na porcję mięsa twardą jak podeszwa. Niewłaściwy sposób przygotowania może niekorzystnie wpłynąć na twarde z natury mięso. Żadne mięso podane w potrawie nie powinno być twarde. Nawet najtwardsze części będą pyszne i delikatne, kiedy odpowiednio się je przyrządzi.

Wiek również wpływa na twardość mięsa. Im starsze zwierzę, tym twardsze otrzymamy z niego mięso. Najbardziej przeciążane mięśnie są silniejsze oraz przetkane tkanką łączną i ścięgnami. Do tej grupy należą mięśnie kończyn przednich, tylnych, bioder, szyi i barków. Będą one zatem twardsze niż mniej używane mięśnie żebrowe i lędźwiowe.

Zaznajomienie się z różnymi rodzajami mięs pomoże ci odpowiednio je przyrządzić i uzyskać jak najlepsze efekty kulinarne. Nie musisz na przykład kupować drogiego rumsztyku na gulasz. Tańszym odpowiednikiem będzie karkówka, goleń i łopatka, a dodatkowo będą miały bogatszy smak. Delikatne mięso zachowaj do smażenia, pieczenia i grillowania.

Twarde mięsa można w prosty sposób zmiękczyć, polepszając tym samym wygodę ich jedzenia. Rozróżnia się dwa sposoby obróbki twardego mięsa: chemiczny i mechaniczny. Mechaniczne zmiękczanie polega na rozbijaniu twardych włókien mięśni za pomocą tłuczka. Mięso można też pokroić w kostkę, przysmażyć lub zemleć. Substancje chemiczne natomiast zmiękczają włókna mięśniowe enzymami, kwasami marynującymi lub podczas obróbki w wysokiej temperaturze. Enzymy nie są nowoczesnym wynalazkiem i stosuje się je od wielu pokoleń. Konkretne owoce zawierają białkowe enzymy trawienne stosowane do zmiękczania mięsa. Na przykład sok z papai zawiera enzym papainę, a z ananasa – bromelainę. Obydwa skutecznie rozbijają twarde włókna mięśniowe. Wiele komercyjnych środków zmiękczających jest krystaliczną formą tych enzymów. Ocet winny, sok z cytryny i wino mają odczyn kwaśny. Zawarte w nich kwasy również rozbijają włókna mięśni.

Marynowanie nie jest jednak najskuteczniejszą metodą, ponieważ soki marynujące przenikają tylko wierzchnie partie mięsa. Połączenie dwóch metod – marynowania oraz mechanicznej, na przykład obsmażania – przyniesie znacznie lepszy efekt, gdyż soki marynujące przenikną takie mięso głębiej.

Mięso należy marynować przynajmniej przez 4 godziny, a najlepiej przez noc. Nie zaleca się jednak marynowania dłuższego niż 24 godziny, ponieważ włókna mięśniowe na powierzchni będą zbyt rozmiękłe i gąbczaste.

Do marynowania najlepiej nadają się specjalne torebki lub szklane naczynia. Wybieraj duże naczynia, w których mięso nie będzie ściśnięte. Od czasu do czasu obracaj mięso, aby równomiernie się zamarynowało.

Szybka obróbka cieplna (obsmażanie, zapiekanie, grillowanie) wysusza i utwardza mięso. Im krócej przygotowujesz mięso, tym mniej stwardnieje. Aby uzyskać najlepsze efekty, twarde mięsa należy zamarynować i podawać średnio wysmażone lub średnio wypieczone. Bardzo twarde mięsa, takie jak mostek i łopatka, można uczynić przepysznie delikatnymi dzięki długiemu duszeniu. W procesie duszenia tkanka łączna zostanie rozbita, a mięso będzie wręcz rozpływało się w ustach. Jest to najskuteczniejszy sposób zmiękczania twardych części mięsa.

Steki

Jak upiec stek wołowy

Podstawowe części wołowiny, takie jak polędwica, steki T-bone i Porterhouse, krzyżowa, rostbef oraz szponder – wszystkie doskonale nadają się do pieczenia. Jeżeli na wierzchu steku znajduje się warstwa tłuszczu, należy naciąć go w poprzek co 2 cm bez naruszania mięsa. Dzięki temu stek nie wygnie się podczas pieczenia.

Ustaw temperaturę piekarnika na 280 stopni. Umieść stek na podstawce do pieczenia nad blachą. Steki średniej grubości (1,5-2 cm) powinny znajdować się w odległości 5-7 cm od górnej grzałki piekarnika. Grubsze steki (2 do 5 cm) należy umieścić 7-12 cm pod źródłem ciepła.

Mięso pieczemy tak długo, aż wierzch zrobi się brązowy. Następnie należy odwrócić mięso na drugą stronę i piec na takich samych zasadach. Na następnej stronie znajduje się tabela z informacjami na temat czasu pieczenia różnego rodzaju steków wołowych.

Stek krwisty powinien mieć temperaturę wewnętrzną 60 stopni, średnio krwisty – 63 stopnie, a średni – 70. Nie zaleca się dłuższego pieczenia.

Czas pieczenia mięsa wołowego

Rodzaj mięsa	Grubość	Sposób pieczenia	Czas pieczenia	Temperatura wewnętrzna
Antrykot z kością	1,8-2,7 kg	Piekarnik w 170 stopniach	25-27 min/0,5 kg	
Antrykot bez kości	1,3-1,8 kg	Piekarnik w 170 stopniach	31-33 min/0,5 kg	
Łopatka i mostek	1,1-1,8 kg	Duszenie* w 170 stopniach	2-3 godziny	
Udziec	1,8-2,7 kg	Piekarnik w 170 stopniach	33-39 min/0,5 kg	
Cała polędwica	1,9 cm grubości	Piekarnik w 220 stopniach	45-60 minut	
Steki	2,5-3,8 cm grubości	Opiekanie i grill	4-5 minut na stronę	Średnio krwisty 63 stopnie Średni 70 stopni Dobrze wypieczony 76 stopni
Mięso gulaszowe i golonka	10 cm długości, 5 cm grubości	Duszenie pod przykryciem	2-3 godziny	
Żeberka	10 cm długości, 5 cm grubości	Duszenie w 170 stopniach	1,5-2,5 godziny	
Surowe kotlety na hamburgera	110 g	Grill, opiekanie i smażenie	3-5 minut na stronę	

*Duszenie polega na pieczeniu lub gotowaniu twardszych mięs w niewielkiej ilości płynu w zakrytym naczyniu.

Jak usmażyć idealny stek

Smażenie jest bardzo dobrym sposobem na przygotowanie steków wołowych, zwłaszcza tych z dużą ilością włókien tłuszczu. Tłuszcz uwydatnia smak mięsa, które smaży się we własnych sokach. Podczas pieczenia na grillu czy w piekarniku soki ściekają i nie są wykorzystane. Smażenie steku jest łatwe, niemniej jednak należy przestrzegać kilku prostych zasad, gdyż w innym razie zepsujemy całą potrawę.

Głównym sekretem smacznych mięs smażonych jest szybkie obsmażenie ich z każdej strony na gorącym tłuszczu tak, aby pozostawić surowe wnętrze. Dzięki temu wierzch mięsa nabierze smaku i zamknie przepyszne soki we wnętrzu. Nie należy smażyć zbyt długo. Średnio wysmażone mięso jest najlepsze. Długie smażenie pozbawi mięso delikatności i soczystości.

Przygotuj dobrej jakości stek wołowy z antrykotu, rostbefu lub krzyżowej (patrz strony 240-242). Najlepsze partie mięsa są przetkane licznymi włóknami tłuszczu (tzw. marmurkowe) i mają ładny różowy kolor. Ciemnoczerwona barwa mięsa może oznaczać, że jest stare.

Mięso powinno mieć temperaturę pokojową. Przed przygotowywaniem upewnij się, że mięso jest całkowicie rozmrożone. Nie należy smażyć ani gotować mięsa rozmrożonego tylko z wierzchu. Stek wyjęty z lodówki należy umieścić na talerzu i przykryć. Nie powinno się zanurzać mięsa w wodzie. Mokre mięso przed smażeniem należy osuszyć ręcznikiem papierowym. Mokry stek ugotuje się zamiast usmażyć.

Nagrzej patelnię do takiej temperatury, aby można było szybko przysmażyć wierzch mięsa. Dodaj 1 łyżkę (14 g) oleju kokosowego lub smalcu oraz 1 łyżkę (14 g) masła. Smalec i olej zapobiegną przyklejeniu się mięsa do patelni, a masło nada lepszego smaku. Posyp mięso z każdej strony solą i pieprzem i połóż na rozgrzanej patelni. Na tym etapie sól jest ważnym dodatkiem, gdyż wyciągnie wilgoć z powierzchni mięsa. Dzięki temu stek ładnie się przysmaży z każdej strony i zamknie soki w środku.

Przez 5 do 7 minut obsmażaj mięso tylko z jednej strony. Nie przewracaj i nie przesuwaj na patelni. Nie przykrywaj. Kiedy jedna strona będzie gotowa, dopiero wtedy przewróć stek na drugą i smaż przez 5 do 7 minut. Jednym z trików smażenia na patelni jest tylko jednokrotne przewrócenie mięsa.

Nie smaż innych składników razem ze stekiem. Warzywa podsmaż na osobnej patelni lub na tej samej, na tłuszczu wytopionym z mięsa, lecz po uprzednim wyjęciu steku.

Wyjmij mięso z patelni i odczekaj kilka minut przed podaniem. Na gorącej patelni włókna mięsa się napinają. Kilka minut odpoczynku nada stekowi lepszy smak i sprawi, że ponownie zmięknie. Jeżeli chcesz, możesz położyć na wierzch plasterek masła.

Czas smażenia będzie się różnił w zależności od wielkości porcji mięsa oraz preferowanego stopnia wysmażenia. Oczywiście stek o grubości 2,5 cm usmaży się szybciej niż pięciocentymetrowy, a krwisty szybciej niż średnio wysmażony. Z czasem na pewno nabierzesz doświadczenia i będziesz wiedzieć, jak długo smażyć dany stek. Cenną pomocą w określaniu stopnia wysmażenia mięsa jest test palca opisany na stronie 250.

Czas smażenia steku wołowego (w minutach)

Grubość/waga	Krwisty	Sredniokrwisty	Średnio wysmażony
Stek T-bone			
2,5 cm	20	22	25
3,8 cm	30	32	35

Rodzaj mięsa	Krwisty	Sredniokrwisty	Średniowysmażony
		Stek Porterhouse	
2,5 cm	20	22	25
3,8 cm	30	32	35
		Polędwica (filet mignon)	
113 g	10	12	15
226 g	15	17	20
		Górna część skrzydła	
2,5 cm	15	17	20
2,8 cm	25	27	30
5 cm	35	40	45
		Rostbef	
1,5 cm	20	22	25
2,8 cm	30	32	35
		Antrykot z górnej części żeber	
1,5 cm	15	17	20
2,8 cm	25	27	30
5 cm	35	40	45

Jak sprawdzić stopień wysmażenia steku, czyli test palca

Są różne metody na sprawdzenie, czy stek jest już dobrze wysmażony, czy jeszcze krwisty. Większość początkujących kucharzy nacina nożem stek i sprawdza środek. Nie jest to jednak zalecane, gdyż w ten sposób soki zamknięte w środku wypłyną na zewnątrz. Inną metodą jest zmierzenie wewnętrznej temperatury mięsa. Należy wtedy wbić kuchenny termometr w mięso, lecz i tym razem przez otwór po nakłuciu wypłynie ze środka cenny sok.

Najbardziej doświadczeni kucharze przeprowadzają test palca. Polegają wyłącznie na dotyku i określają stopień wysmażenia mięsa przez porównanie miękkości mięśnia kciuka do miękkości smażonego mięsa. Wymaga to nieco praktyki, lecz kiedy już się w tym wprawisz, bezbłędnie ocenisz, czy twój stek jest już gotowy.

Surowy

Otwórz i rozluźnij dłoń. Uciśnij mięsień u podstawy kciuka palcem drugiej ręki – będzie miękki i mięsisty. Mniej więcej taki sam będzie surowy stek.

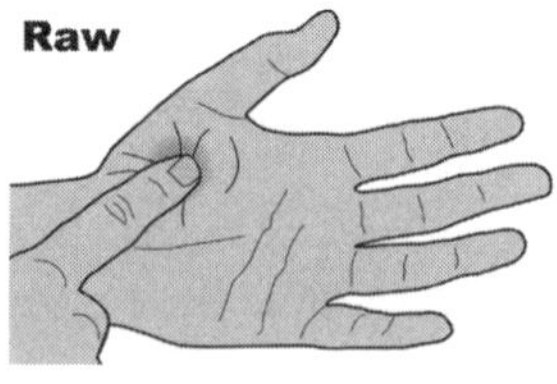

Krwisty

Złącz palec wskazujący z kciukiem tworząc kółko. Uciśnij poduszkę mięśniową u podstawy kciuka palcem drugiej ręki. Pozycja palców napina nieco mięsień. Miękkość mięśnia będzie zbliżona do miękkości krwistego steku.

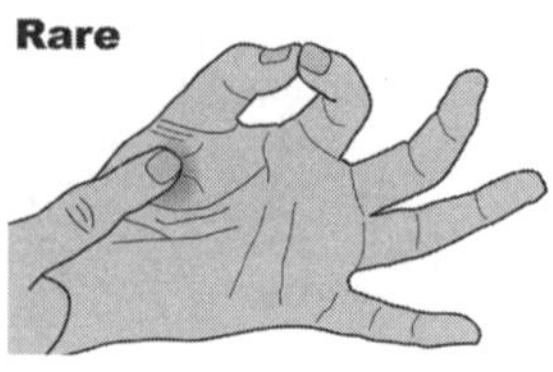

Średnio krwisty

Złącz czubki kciuka i palca środkowego. Mięsień u podstawy kciuka napnie się jeszcze bardziej. Będzie wciąż miękki, lecz już nie gąbczasty. W tej pozycji miękkość mięśnia pomoże ci określić stek średnio krwisty.

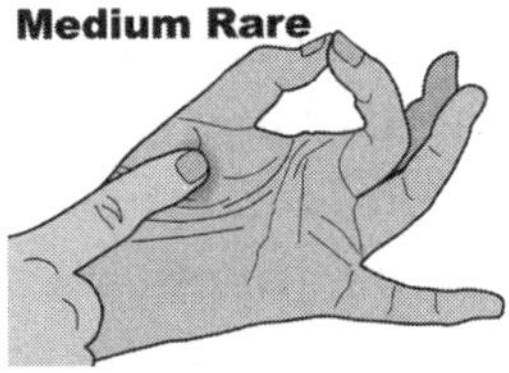

Średnio wysmażony

Złącz czubki kciuka i palca serdecznego. Nie zaciskaj mocno. Uciśnij mięsień u podstawy kciuka palcem drugiej ręki. Tak samo miękki będzie średnio wysmażony stek.

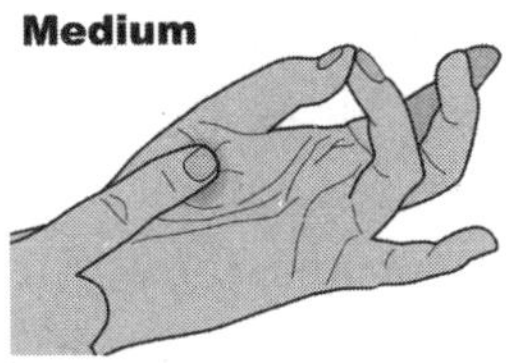

Dobrze wysmażony

Przytknij koniuszek małego palca do kciuka. Uciśnij mięsień u podstawy kciuka palcem drugiej ręki. Dobrze wysmażony stek będzie tak samo miękki, jak mięsień kciuka uciśnięty na tyle mocno, aby zrobić w nim wgłębienie.

Jak przygotować idealny stek na grillu

Przede wszystkim przygotuj dobrej jakości stek wołowy. Tańsze mięso nie da tak dobrych rezultatów. Najlepsze na grilla są steki z antrykotu, T-bone, Porterhouse, New York Strip, z górnej części skrzydła, z polędwicy oraz rostbefu. Z tych partii mięsa przygotujesz najdelikatniejsze i najsmaczniejsze steki grillowane. Możesz użyć mięsa z kością lub bez. Kość jednak nadaje lepszego smaku.

Najlepiej wybrać gruby stek, mniej więcej 4-5 cm. Nie chodzi tu o ilość, lecz o smak. W cienkim kawałku mięsa trudno o kontrast między idealnie przypieczonym wierzchem a delikatnym i soczystym wnętrzem. Kiedy cienki stek ładnie przypiecze się na wierzchu, w środku będzie zbyt wypieczony i suchy – częsty błąd przy grillowaniu steków. Taki sposób przygotowania jest dobry, pod warunkiem oczywiście, że lubisz tak upieczone mięso. Stek gruby na 4-5 cm może ważyć 340 g lub więcej. To dużo mięsa. Lepiej jednak przygotować jeden duży stek i rozdzielić go między gości niż upiec dwa małe kawałki.

Przed grillowaniem należy wyjąć mięso z lodówki, przykryć i odstawić na 20-30 minut, aby nabrało pokojowej temperatury. Mięso zimne w środku wydłuży czas grillowania i w konsekwencji możesz otrzymać przypieczony stek surowy w środku.

Rozpal dobrze grilla. Natrzyj stek oliwą i szczodrze przypraw solą i pieprzem. Oliwa zapobiegnie przylepieniu się mięsa do grilla, a sól wyciągnie wilgoć z powierzchni mięsa, zatrzymując jednocześnie soki w środku. Umieść stek na grillu i przypiekaj 5 do 6 minut. Przypiekanie sprawi, że stek będzie smaczniejszy, gdyż soki zostaną zamknięte wewnątrz, co wzbogaci smak mięsa. Idealny stek powinien być chrupiący i lekko przypalony z zewnątrz oraz lekko różowy, delikatny i soczysty w środku.

Do ułożenia, przewracania i zdejmowania mięsa z grilla użyj szczypiec. Po styczności z surowym mięsem dokładnie umyj szczypce. Nie używaj widelca, ponieważ ząbki nakłują powierzchnię mięsa i część soku wypłynie na zewnątrz, wysuszając wnętrze. Co więcej, jeżeli stek zawiera dużą ilość włókien tłuszczu, nakłucie mięsa spowoduje, że razem z sokami tłuszcz będzie kapał na rozżarzone węgle. To z kolei wywoła iskry, które mogą w parę sekund spalić stek.

Wielu ludzi preferuje steki wysmażone lub średnio wysmażone. Pomimo to długo smażony stek jest twardszy i szczerze mówiąc, mniej smaczny. Średnio krwisty i średnio wysmażony stek jest najlepszy – mięso jest usmażone i jednocześnie delikatne i przepyszne. Na grillu ciężko jest określić temperaturę mięsa, dlatego też czas grillowania będzie się różnił. Skorzystaj z metody „test palca", aby określić stopień wysmażenia mięsa.

Kiedy mięso jest gotowe, przełóż je na talerz i odczekaj około 5 minut przed podaniem. W wysokiej temperaturze włókna mięsa się napinają. Kilkuminutowy odpoczynek po grillowaniu wydobędzie jego smak i sprawi, że mięso będzie miękkie.

Sosy do steków

Wszystkie steki dobrej jakości do przyprawienia wymagają jedynie soli i pieprzu. Najlepsze mięso odpowiednio przygotowane smakuje wyśmienicie bez żadnych dodatków. Czasem jednak mamy ochotę na małe urozmaicenie naszego dania. Poniżej przedstawiam kilka propozycji na sosy do steków. Nie musisz ograniczać się do stosowania sosów jedynie do najlepszych porcji mięsa, gdyż równie dobrze wzbogacą smak tych tańszych.

Sos barbecue

1 łyżka (15 ml) oliwy z oliwek extra virgin
1 drobno posiekana mała cebula
2 łyżki (32 g) pasty pomidorowej
1 łyżeczka mielonego chili
1 łyżeczka mielonego kminku
¾ łyżeczki granulowanego czosnku
¾ łyżeczki musztardy w proszku
¼ łyżeczki gałki muszkatołowej
⅛ łyżeczki pieprzu kajeńskiego
1½ szklanki (350 ml) sosu pomidorowego
1½ łyżki (23 ml) octu jabłkowego
2 łyżeczki sosu Worcestershire

Podgrzej oliwę w małym rondelku na średnim ogniu. Dodaj cebulę i podsmażaj, aż się przyrumieni – około 8 minut. Dodaj pozostałe składniki i gotuj na małym ogniu około 8 minut, od czasu do czasu mieszając. Zużyj sos bezpośrednio po przygotowaniu lub przechowuj w lodówce w szczelnym pojemniku.

Ilość porcji: około 2 szklanek (448 g)
Jedna porcja (2 łyżki/28 g) zawiera: 1 g tłuszczu, 1,5 g węglowodanów netto, 0,5 g białka, 17 kalorii

Sos chrzanowo-musztardowy

1 łyżka (14 g) chrzanu ze słoiczka
1 łyżka (11 g) musztardy Dijon
¼ szklanki (60 ml) maślanki
2 łyżki (28 g) kwaśnej śmietany
1 łyżeczka świeżo zmielonego pieprzu
½ łyżeczki soli

W małej misce dokładnie zmieszaj wszystkie składniki. Ta ilość sosu wystarczy na 2-4 steki.

Ilość porcji: około 8 łyżek (112 g)
Jedna porcja (2 łyżki/28 g) zawiera: 1,5 g tłuszczu, 1,5 g węglowodanów netto, 1 g białka, 23 kalorie

Sos musztardowy z szalotkami

¼ szklanki (60 ml) oliwy z oliwek extra virgin
¼ szklanki (44 g) musztardy Dijon
¼ szklanki (60 ml) octu z czerwonego wina
2 średnie posiekane szalotki
¾ łyżeczki soli

Umieść wszystkie składniki w blenderze i zmiksuj na gładką masę. Polej sosem stek lub gorące gotowane warzywa.

Ilość porcji: około 1 szklanka (224 g)
Jedna porcja (2 łyżki/28 g) zawiera: 7 g tłuszczu, 1 g węglowodanów netto, 0,5 g białka, 69 kalorii

Sos chimichurri

Jest to tradycyjny sos argentyński podawany do steków. Ma żywy kolor i smak ziół, czosnku i octu. W Argentynie grillowane mięsa zawsze podaje się z sosem chimichurri.

1 szklanka (60 g) świeżej natki pietruszki włoskiej
2 średnie ząbki czosnku zgniecione lub przeciśnięte przez praskę
¼ szklanki (4 g) świeżej kolendry
2 łyżki (8 g) posiekanego świeżego oregano (lub 2 łyżeczki suszonego)
¼ szklanki (60 ml) octu z czerwonego wina
¼ łyżeczki czerwonej papryki w płatkach
¼ łyżeczki soli
½ szklanki (120 ml) oliwy z oliwek extra virgin

Umieść pietruszkę, czosnek, kolendrę, oregano, ocet, płatki papryki i sól w malakserze. Posiekaj na drobne kawałeczki. Co jakiś czas wyłączaj maszynę i drewnianą łyżką zsuwaj mieszankę ze ścianek miski na środek. Podczas miksowania cienką strużką dodawaj oliwę. Przełóż sos do szczelnego pojemnika i wstaw do lodówki na 2 do 24 godzin. Przed podaniem dobrze wymieszaj. Można przechowywać w lodówce do 1 tygodnia.

Ilość porcji: około 1 szklanki (224 g)
Jedna porcja (2 łyżki/28 g) zawiera: 14,5 g tłuszczu, 1 g węglowodanów netto, 0,5 g białka, 136 kalorii

Sos provolone

2 łyżki (28 g) masła
½ szklanki (120 ml) śmietanki kremówki
2 szklanki (225 g) startego sera provolone

¼ szklanki (20 g) startego parmezanu
½ łyżeczki soli
¼ łyżeczki świeżo zmielonego pieprzu

Masło rozpuść w małym rondelku. Dodaj śmietanę. Zmniejsz ogień i dodaj sery, sól i pieprz. Mieszaj 4 do 5 minut, aż sery się roztopią, a sos zgęstnieje.

Ilość porcji: około 4
Jedna porcja zawiera: 15,5 g tłuszczu, 1,5 g węglowodanów netto, 11 g białka, 189 kalorii

Sos z szalotek

Ten sos nie jest gęsty i przygotowuje się go z soków ze steku smażonego na patelni.

3 łyżki (30 g) drobno posiekanych szalotek
2 łyżki (30 ml) tłuszczu z pieczenia lub smażenia steku
½ szklanki (60 ml) bulionu wołowego
2 łyżki (30 ml) octu z czerwonego wina
1 łyżka (4 g) drobno posiekanej świeżej natki pietruszki (opcjonalnie)

Podsmaż szalotki na tłuszczu. Po 3-5 minutach powinny być miękkie. Jeżeli nie masz odpowiedniej ilości tłuszczu, dodaj masło, aby w sumie uzyskać objętość 30 ml. Następnie dodaj bulion, ocet i pietruszkę. Gotuj na małym ogniu około 5 minut.

Ilość porcji: 3
Jedna porcja (¼ szklanki/60 ml) zawiera: 8 g tłuszczu, 2 g węglowodanów netto, 0,5 g białka, 82 kalorie

Mieszanki do nacierania steków

Takimi mieszankami można zastąpić sosy. Nacieramy nimi wierzch mięsa zaraz przed smażeniem czy pieczeniem. Wygodnie jednak jest natrzeć mięso kilka godzin wcześniej i wstawić do lodówki. Im dłużej mięso natarte takim sosem leżakuje, tym lepszy będzie miało smak po upieczeniu. Możesz stworzyć własne mieszanki lub skorzystać z poniższych przepisów.

Mieszanka do steku Emerila

Jest to ulubiona mieszanka sławnego szefa kuchni Emerila Lagasse'a.

2 łyżeczki soli
½ łyżeczki świeżo zmielonego pieprzu
1 łyżeczka mielonej papryki
1 łyżeczka kminku
1 łyżeczka mielonego chili

Mieszanka cytrynowa z rozmarynem

1½ łyżeczki skórki otartej z cytryny
1 łyżeczka suszonego rozmarynu
¼ łyżeczki suszonego tymianku
¼ łyżeczki soli
¼ łyżeczki świeżo zmielonego pieprzu
2 duże ząbki czosnku przeciśnięte przez praskę

Mieszanka południowo-zachodnia

1½ łyżeczki mielonego chili
1 łyżeczka granulowanego czosnku
½ łyżeczki suszonego oregano
¼ łyżeczki mielonego kminku

Połącz wszystkie składniki i dokładnie natrzyj mięso przed smażeniem. Z powyższych przepisów otrzymasz ilość wystarczającą do nasmarowania około 900 g mięsa.

Ilość porcji: na 2 steki
Jedna porcja zawiera: 0 g tłuszczu, 0,5 g (lub mniej) węglowodanów netto, 0 g białka, 0 kalorii

Potrawy z mięsa wołowego

Stek z cebulką w sosie provolone

mieszanka do natarcia do mięsa (patrz przepis poniżej)
2 łyżki (28 g) masła
1 duża cebula hiszpańska pokrojona na cienkie plasterki
225 g pieczarek w plastrach
1 łyżeczka soli
1 łyżka (14 g) oleju kokosowego lub z czerwonej palmy
340 g steku wołowego
sos provolone

Mieszanka do natarcia mięsa:
½ łyżki mielonej papryki
½ łyżeczki mielonego chili
¼ łyżeczki mielonego kminku
¼ łyżeczki mielonej kolendry
¼ łyżeczki musztardy w proszku
¼ łyżeczki suszonego oregano
¼ łyżeczki soli
¼ łyżeczki pieprzu

Przygotuj mieszankę: dokładnie zmieszaj wszystkie składniki i odstaw na bok.

Na głębokiej patelni rozpuść masło na średnim ogniu. Dodaj cebulę i podsmaż na złoto – około 10-12 minut. Następnie dodaj pieczarki i podsmażaj około 5 minut, aż zmiękną. Dodaj sól i przełóż zawartość patelni na ciepły talerz. Cebulę i pieczarki można ponownie podgrzać na patelni na chwilę przed zdjęciem z niej steku (tak jak na powyższym zdjęciu).

Na patelnię wlej olej kokosowy. Zwiększ ogień na średni. Natrzyj dokładnie stek uprzednio przygotowaną mieszanką. Umieść stek na gorącej patelni i obsmażaj każdą stronę około 5 minut. Przed podaniem ułóż cebulę i pieczarki na steku, a całe danie polej sosem provolone.

Ilość porcji: 2
Jedna porcja (z sosem provolone) zawiera: 45 g tłuszczu, 9,5 g węglowodanów netto, 67 g białka, 711 kalorii

Plastry wołowiny z sosem pieczarkowym

Do tego przepisu potrzebny ci będzie stek z polędwicy lub antrykotu pokrojony na cienkie plastry.

½ szklanki (35 g) pieczarek pokrojonych na cienkie plasterki
2 łyżki (20 g) posiekanej cebuli
1 łyżeczka soku z cytryny
1 łyżeczka sosu Worcestershire
⅛ łyżeczki soli
1 zgnieciony ząbek czosnku
¼ szklanki (56 g) masła
2 łyżki (2 g) posiekanej świeżej natki pietruszki lub kolendry
2 łyżki (28 g) masła
450 g steku z polędwicy wołowej lub antrykotu pokrojonego na 8 cienkich plastrów

W małym rondelku rozpuść ¼ szklanki (56 g) masła na średnim ogniu. Podsmaż pieczarki, cebulę, czosnek, sól, sok z cytryny i sos Worcestershire. Kiedy pieczarki zmiękną, zdejmij z ognia i dodaj pietruszkę. Wymieszaj. Nie studź sosu podczas przygotowywania mięsa.

Zagrzej 2 łyżki (28 g) masła na głębokiej patelni na średnim ogniu. Podsmaż wołowinę, ale pamiętej, aby przewrócić ją tylko raz na drugą stronę. Każdą stronę podsmażaj około 5-7 minut (patrz tabelka na stronie 246) lub tak jak lubisz. Przed podaniem polej sosem pieczarkowym. Podawaj z dodatkami warzywnymi.

Ilość porcji: 4
Jedna porcja (2 plastry) zawiera: 27 g tłuszczu, 0,5 g węglowodanów netto, 33 g białka, 377 kalorii

Stek pieczony z pieczarkami, cebulą i zieloną papryką

225 g steku
3 łyżki (42 g) oleju kokosowego lub masła
½ średniej posiekanej cebuli
1 posiekana zielona papryka
225 g pieczarek w plastrach
2 łyżeczki sosu sojowego lub przyprawy coconut aminos
sól
pieprz

Upiecz stek zgodnie ze wskazówkami ze strony 245. Zagrzej olej w głębokiej patelni na średnim ogniu. Dodaj cebulę i paprykę. Podsmażaj około 8-10 minut, aż cebula się przyrumieni. Następnie dodaj pieczarki i podsmażaj, aż zmiękną. Dodaj sos sojowy oraz sól i pieprz do smaku.

Ilość porcji: 2
Jedna porcja zawiera: 27 g tłuszczu, 7 g węglowodanów netto, 45 g białka, 451 kalorii

Pieczeń z Nowej Anglii

Ten stek można przyrządzić w żeliwnym garnku z grubym dnem lub w wolnowarze. Soki z mięsa i warzywa miksuje się na purée i polewa mięso jak sosem.

- 2 łyżki (28 g) oleju kokosowego lub smalcu
- 680 g łopatki wołowej
- 1½ szklanki (350 ml) wody
- 2 łyżeczki soli
- 1 łyżeczka świeżo zmielonego pieprzu
- 1 liść laurowy
- ¼ szklanki (60 g) pasty pomidorowej lub 1 duży pomidor pokrojony w kostkę
- 4 średnie marchewki pokrojone na kawałki (około 2,5 cm)
- 4 średnie łodygi selera naciowego pokrojone na kawałki (około 2,5 cm)
- 2 średnie czerwone papryki pokrojone w dużą kostkę
- 1 duża cebula przekrojona na ćwiartki
- 4 ząbki czosnku
- 2 łyżeczki suszonego majeranku
- 2 łyżeczki suszonej bazylii
- 450 g pieczarek
- ¼ szklanki (56 g) miękkiego masła

Zagrzej olej w garnku z grubym dnem na średnim ogniu. Dodaj mięso i przysmaż z dwóch stron na brązowo. Dodaj wodę, sól, pieprz, liść laurowy, pastę pomidorową, marchew, seler, paprykę, cebulę, czosnek, majeranek i bazylię. Zmniejsz ogień. Przykryj i duś przez 2 godziny (jeżeli używasz wolnowaru, dodaj od razu pieczarki i gotuj przez 4 godziny). Sprawdzaj poziom wody i dolewaj, jeśli to konieczne. Nie dodawaj jednak zbyt dużo, gdyż sos zrobi się wodnisty. Następnie dodaj całe pieczarki i duś jeszcze przez 20 minut lub do czasu, aż grzyby zmiękną.

Wyjmij mięso i pieczarki z garnka. Wyrzuć liść laurowy. Bulion, masło i warzywa umieść w misce blendera i zmiksuj na gładki sos. Dodaj sól i pieprz do smaku. Polej sosem mięso i pieczarki.

Ilość porcji: 4
Jedna porcja zawiera: 59,5 g tłuszczu, 13 g węglowodanów netto, 52 g białka, 795 kalorii

Peklowana wołowina z kapustą

Peklowana wołowina ze sklepu zawiera cukier i azotany sodu stosowane w procesie konserwacji. Z poniższym przepisem przygotujesz własną, dużo zdrowszą peklowaną wołowinę bez cukru i dodatków chemicznych. Zazwyczaj do tego dania wykorzystuje się mostek – najtwardsze mięso.

marynata (patrz przepis poniżej)
około 900 g mostku
1 cebula przekrojona na ćwiartki
1 duża marchew pokrojona w dużą kostkę
1 łodyga selera naciowego pokrojona w dużą kostkę
4 rzepy przekrojone na ćwiartki

½ łyżeczki nasion selera
1 łyżeczka nasion kolendry
½ łyżeczki musztardy w proszku
½ łyżeczki świeżego koperku
1 mała główka białej kapusty pokrojona na grube kawałki
½ szklanki (120 g) masła

Marynata:
1-2 l wody
½ szklanki (150 g) soli koszernej
1 laska cynamonu połamana na kawałki
1 łyżeczka nasion gorczycy
1 łyżeczka całych ziarenek pieprzu
8 całych goździków
8 kulek ziela angielskiego
10 całych owoców jałowca
2 pokruszone liście laurowe
½ łyżeczki mielonego imbiru
lód

Przygotuj marynatę: wlej wodę do dużego, 6-8-litrowego garnka. Dodaj sól, cynamon, gorczycę, pieprz, goździki, ziele angielskie, jałowiec, liście laurowe i imbir. Gotuj na dużym ogniu, aż rozpuści się sól. Zdejmij z ognia i dodaj lód. Mieszaj, aż lód się rozpuści, a marynata ostygnie.

Umieść mięso w dużej foliowej torebce z zasuwanym zamknięciem i wlej ostudzoną marynatę. Szczelnie zamknij torebkę i połóż płasko w naczyniu żaroodpornym lub innym pojemniku. Wstaw do lodówki na 7-10 dni. Codziennie przewracaj torebkę z mięsem na drugą stronę, aby dobrze nasiąkło marynatą.

Po 7-10 dniach wyjmij mięso z marynaty i dokładnie opłucz pod zimną wodą. Marynatę wylej. Umieść mięso w garnku, dodaj cebulę, marchew, seler, rzepę, goździki, nasiona selera i kolendry. Zalej wodą 2,5 cm ponad mięso. Zagotuj na dużym ogniu. Następnie zmniejsz ogień i gotuj jeszcze przez 2 godziny. Dodaj musztardę i koperek. Na wierzch mięsa połóż kapustę i gotuj przez 30 do 60 minut, do czasu, aż mięso będzie miękkie. Zdejmij z ognia i pokrój mięso w poprzek włókien. Podawaj z warzywami i masłem na wierzchu. Bulion zachowaj i wykorzystaj do innych przepisów lub wypij jak napój lub zupę.

Ilość porcji: 8
Jedna porcja zawiera: 39 g tłuszczu, 10,5 g węglowodanów netto, 33,5 g białka, 527 kalorii

Rolada ze steku z łaty

Miękki stek z łaty z warzywami i boczkiem zwinięty w roladę jest pyszny i niesamowicie delikatny. Żeby się nie rozleciał, należy go związać sznurkiem. Specjalny sznurek do mięsa kupisz w sklepie mięsnym lub internetowym. Jest zrobiony z bawełny i całkowicie bezpieczny.

450 łaty wołowej
½ szklanki (120 ml) sosu sojowego lub przyprawy coconut aminos
2 łyżki (30 ml) octu ryżowego lub jabłkowego
6 plastrów boczku bez cukru i azotanów
1 czerwona papryka pokrojona w cienkie paseczki
½ szklanki (80 g) posiekanej cebuli
1 szklanka (70 g) pieczarek w plastrach
1 łyżka (14 g) masła
2 łyżeczki soli
¼ łyżeczki pieprzu
110 g cienkich plastrów sera provolone (opcjonalnie)
1 szklanka (30 g) świeżego szpinaku

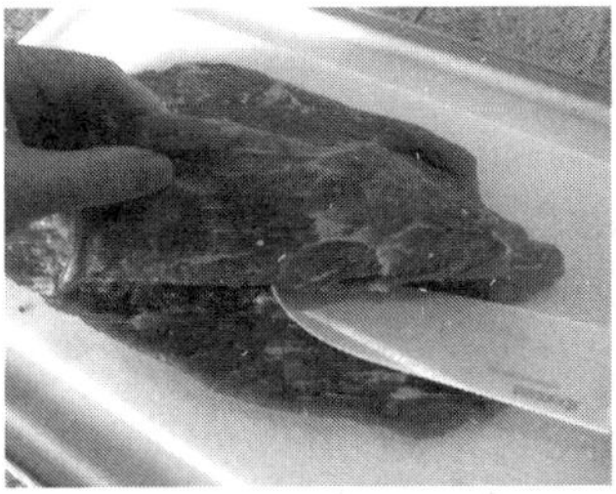
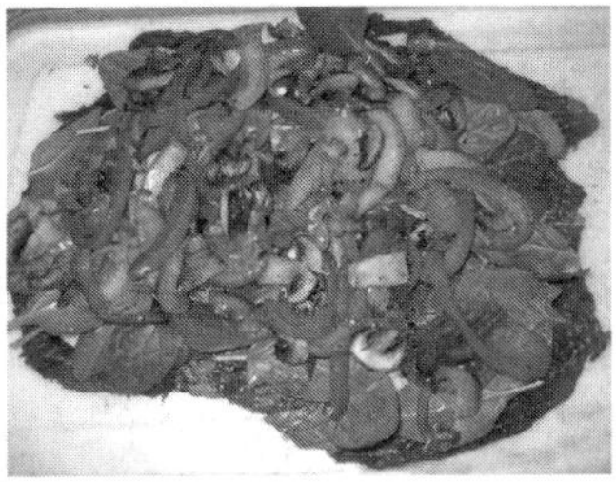

Najpierw należy przeciąć stek w odpowiedni sposób: przyłóż nóż do boku plastra i przetnij mięso w poprzek tak, jak biszkopt na tort. Zostaw około 1,5 cm nieprzeciętego kawałka z brzegu. Rozłóż połówki steku jak skrzydła motyla. Możesz poprosić o to sprzedawcę, aby zaoszczędzić sobie kłopotu (gorąco polecam).

Umieść rozłożony stek na desce i rozbij tłuczkiem. Przewróć na drugą stronę i powtórz czynność, rozciągając przy tym nieco mięso na boki. Dzięki temu stek będzie cieńszy i większy. Następnie umieść stek w dużym naczyniu. Zmieszaj sos sojowy z octem i tak przygotowaną marynatą polej dokładnie mięso. Wstaw do lodówki na 4 do 12 godzin lub na całą noc.

Kiedy stek będzie gotowy, nagrzej piekarnik do 180 stopni. W międzyczasie na głębokiej patelni usmaż boczek prawie na chrupko. Przełóż do osobnego naczynia i odstaw na bok. Na pozostały na patelni tłuszcz wrzuć cebulę i paprykę. Podsmażaj około 6 minut, aż warzywa nieco zmiękną. Następnie dodaj pieczarki, masło, sól i pieprz. Smaż przez kolejne 2 minuty. Nie trzeba czekać, aż wszystkie warzywa dobrze zmiękną, gdyż nastąpi to podczas pieczenia.

Wyjmij stek i potrzymaj chwilę nad naczyniem, aby nadmiar marynaty ściekł z mięsa. Nie płucz pod wodą. Rozłóż stek płasko na desce. Na wierzchu połóż plastry sera, zostawiając około 2,5 cm wolnego miejsca na brzegach. Na ser połóż boczek i warzywa. Polej resztkami tłuszczu z patelni. Na koniec połóż liście szpinaku.

Zwiń ciasno mięso jak roladę i zwiąż sznurkiem co 7-12 centymetrów. To najtrudniejszy etap przyrządzania tej potrawy. Jeżeli możesz, poproś kogoś o pomoc.

Umieść gotową roladę w żaroodpornym naczyniu. Wstaw do nagrzanego piekarnika na 1 godzinę. Wyjmij mięso z piekarnika i zanim pokroisz, odstaw na 5 do 10 minut. Przed podaniem polej tłuszczem pozostałym po pieczeniu. Dobrym dodatkiem do tego dania jest sałatka.

Ilość porcji: 4
Jedna porcja zawiera: 31,5 g tłuszczu, 6 g węglowodanów netto, 52 g białka, 515 kalorii

Marynowany stek ze szpinakiem

3 ząbki czosnku przeciśnięte przez praskę
2 łyżki (30 ml) oliwy z oliwek extra virgin
1 łyżka (15 ml) octu z czerwonego wina
sól
pieprz
⅛ łyżeczki czerwonej papryki w płatkach

1 łyżka (14 g) oleju kokosowego
450 g steku z łaty wołowej
¼ szklanki (56 g) masła
900 g świeżego szpinaku sałatkowego
sok z cytryny
starty ser romano

W misce połącz połowę czosnku z oliwą, octem, 1 łyżeczką soli, ½ łyżeczki pieprzu i płatkami papryki. Tak przygotowaną marynatą nasmaruj dokładnie mięso. Połóż na talerzu, przykryj i wstaw do lodówki na co najmniej 4 godziny lub na całą noc.

Kiedy mięso będzie gotowe, osusz je ręcznikiem papierowym. Zagrzej olej kokosowy na głębokiej patelni na średnim ogniu. Połóż mięso na rozgrzany olej i smaż około 5 minut z każdej strony, aby otrzymać średnio krwisty stek. Jeżeli chcesz, możesz smażyć dłużej. Przełóż na talerz i odstaw na bok.

Na patelni roztop masło. Dodaj resztę czosnku i podsmażaj przez 1 minutę. Dodaj szpinak i smaż, aż przywiędnie – około 3-4 minut. Zdejmij patelnię z ognia i dopraw szpinak solą, pieprzem i sokiem z cytryny. Pokrój stek na cienkie plastry w poprzek włókien i podawaj ze szpinakiem oraz serem romano.

Ilość porcji: 4
Jedna porcja zawiera: 25 g tłuszczu, 4 g węglowodanów netto, 38 g białka, 393 kalorie

Stek z brokułami i sosem warzywnym

Jest to bardzo ekonomiczny przepis, gdyż wykorzystane są tu najtańsze części mięsa wołowego, takie jak rumsztyk czy karkówka. Mięso i brokuły polane są treściwym sosem z kawałkami warzyw.

450 g steku wołowego bez kości
¼ szklanki (56 g) oleju kokosowego, smalcu lub oleju z czerwonej palmy
1 szklanka (230 g) pomidorów z puszki lub świeżych i rozgniecionych
1 duża cebula pokrojona w dużą kostkę
2 ząbki czosnku
1 zielona papryka pokrojona w dużą kostkę
1 czerwona papryka pokrojona w dużą kostkę
2 łodygi selera naciowego pokrojone na duże kawałki
1 łyżeczka suszonego oregano
1 łyżeczka suszonego tymianku
½ łyżeczki nasion selera
1 łyżeczka soli
½ łyżeczki pieprzu
450 g różyczek brokułu ugotowanych na parze

Umieść mięso na desce i rozbij tłuczkiem z dwóch stron. Możesz też ponacinać mięso z obu stron w kratkę na głębokość około 0,5 cm. Zagrzej tłuszcz na patelni na średnim ogniu. Przysmaż mięso po 5 minut z każdej strony. Dodaj pomidory, cebulę, papryki, seler, oregano, tymianek, nasiona selera, czosnek, sól i pieprz. Zmniejsz ogień, przykryj patelnię i duś około 45 minut, aż mięso zrobi się miękkie. Podawaj steki z brokułami polanymi sosem warzywnym. Dodaj sól i masło do smaku.

Ilość porcji: 4
Jedna porcja zawiera: 21,5 g tłuszczu, 12,5 g węglowodanów netto, 39,5 g białka, 401 kalorii

Grillowane żeberka

Tradycyjny sos barbecue zawiera na ogół sporą ilość węglowodanów. Z tego też względu nie jest odpowiedni do diety ketogenicznej. W poniższym przepisie jest wykorzystana niskowęglowodanowa wersja tego sosu. Żeberka wołowe są zazwyczaj twarde, dlatego należy je odpowiednio zmiękczyć przed grillowaniem lub pieczeniem. Najlepszym sposobem jest uprzednie ugotowanie lub duszenie mięsa.

900 g żeberek wołowych
2 łyżki (28 g) oleju kokosowego lub z czerwonej palmy
2 łyżki (30 ml) octu jabłkowego
1 łyżeczka soli
¼ łyżeczki pieprzu
1 łyżeczka musztardy w proszku
1 łyżka (6 g) granulowanej cebuli
2 ząbki czosnku przeciśnięte przez praskę
110 g sosu pomidorowego
220 g zgniecionego ananasa razem z sokiem
1 łyżka (15 ml) sosu Worcestershire

Umieść żeberka w dużym garnku i zalej wodą 2,5 cm ponad powierzchnię mięsa. Zagotuj. Następnie zmniejsz ogień, przykryj garnek i gotuj około 1 godziny, aż mięso będzie na tyle miękkie, aby łatwo było wbić w nie widelec. Wywar zachowaj do innej potrawy lub ugotuj na nim zupę.

W średnim rondelku połącz olej z ananasem, sosem Worcestershire, sosem pomidorowym, czosnkiem, cebulą, musztardą, pieprzem, solą i octem. Gotuj na małym ogniu około 15 minut, od czasu do czasu mieszając, aż sos zgęstnieje. Polej żeberka sosem i przenieś na rozgrzany grill. Jako pierwszą upiecz stronę z mięsem – około 8-10 minut. Możesz również umieścić żeberka w naczyniu żaroodpornym i zapiec w nagrzanym do 200 stopni piekarniku przez 20 do 30 minut. Podawaj z resztką sosu oraz ketogenicznym dodatkiem warzywnym.

Ilość porcji: 6
Jedna porcja zawiera: 18,5 g tłuszczu, 6 g węglowodanów netto, 43,5 g białka, 364 kalorie

Pieczony rostbef z warzywami

Jest to przepis na duże danie, którym można podzielić się z gośćmi lub zachować na drugi dzień.

6 średnich marchwi pokrojonych na kawałki (około 2,5 cm)
1 koper włoski pokrojony w kostkę
340 g kalafiora pokrojonego na kawałki (około 2,5 cm)
2 średnie cebule przekrojone na ćwiartki
½ łyżeczki rozmarynu
½ łyżeczki soli
¼ łyżeczki świeżo zmielonego pieprzu
900 g rostbefu na pieczeń
½ szklanki (112 g) miękkiego masła

Nagrzej piekarnik do 230 stopni. W naczyniu żaroodpornym umieść marchew, koper włoski, kalafior i cebulę. Posyp warzywa rozmarynem, solą i pieprzem. Mięso połóż na warzywa i natrzyj masłem. Wbij w mięso termometr kuchenny i włóż naczynie do piekarnika na 15 minut. Następnie obniż temperaturę do 180 stopni i piecz do czasu, aż termometr pokaże 63 stopnie. Powinno to zająć mniej więcej 1 godzinę i dać średnio krwisty stek. Przed podaniem pokrój mięso na plastry i podawaj z pieczonymi warzywami oraz polane tłuszczem z formy.

Ilość porcji: 10
Jedna porcja zawiera: 20 g tłuszczu, 6 g węglowodanów netto, 26 g białka, 308 kalorii

Wołowina zapiekanka z cukinią

¼ szklanki (56 g) masła
170 g mielonej wołowiny
½ łyżeczki soli
¼ łyżeczki świeżo zmielonego pieprzu
½ łyżeczki oregano
½ łyżeczki granulowanego czosnku
¼ szklanki (20 g) startego parmezanu
2 średnie cukinie (około 340 g) pokrojone na plastry
¼ szklanki (110 g) sosu pomidorowego
85 g startego sera Monterey Jack
spora garść skwarek (opcjonalnie)

Nagrzej piekarnik do 180 stopni. Na głębokiej patelni zagrzej masło na średnim ogniu. Dodaj mieloną wołowinę. Podsmażaj około 5 minut, aż mięso się przyrumieni. Następnie dodaj sól, pieprz, oregano i czosnek. Wymieszaj i zdejmij z ognia. Dodaj parmezan i cukinię i wymieszaj. Przełóż mieszankę do formy o wymiarach 28x18x4 cm. Wierzch polej sosem pomidorowym i posyp serem. Wstaw do piekarnika na 45 minut. Przed podaniem posyp skwarkami.

Ilość porcji: 2
Jedna porcja zawiera: 43 g tłuszczu, 10 g węglowodanów netto, 43 g białka, 599 kalorii

Wołowina z sosem hiszpańskim

Jest to świetny przepis na wykorzystanie resztek dania z wołowiny. Poniższy przepis uwzględnia rostbef, jednak możesz użyć tańszych mięs, takich jak mostek, łata czy udziec. W takim przypadku jednak przed użyciem należy dusić mięso przez kilka godzin, aby było wystarczająco miękkie.

sos hiszpański (strona 42)
1 łyżka (14 g) oleju kokosowego lub oleju z czerwonej palmy
340 g rostbefu pokrojonego na małe kawałki
1 zielona papryka pocięta w cienkie paseczki
110 g pieczarek pokrojonych na plastry
2 łyżki (30 ml) sosu Worcestershire
¾ szklanki (175 g) kwaśnej śmietany

Przygotuj sos hiszpański zgodnie z przepisem. Przygotowanie sosu zajmuje najwięcej czasu, zatem od tego rozpocznij gotowanie.

Kiedy sos będzie gotowy, zagrzej olej na głębokiej patelni. Dodaj mięso i paprykę. Podsmażaj, aż mięso się przyrumieni. Dodaj pieczarki i smaż około 5 minut, aż zmiękną. Następnie dodaj sosy hiszpański i Worcestershire. Zagotuj. Po mniej więcej 5 minutach zdejmij z ognia, dodaj śmietanę i wymieszaj.

Ilość porcji: 4
Jedna porcja zawiera: 33,5 g tłuszczu, 10 g węglowodanów netto, 38,5 g białka, 495 kalorii

Kotleciki wołowe z sosem serowym

sos serowy (strona 39)
2 łyżki (28 g) oleju kokosowego

215 g mielonej wołowiny
¼ łyżeczki soli
⅛ łyżeczki pieprzu
1 średnia cebula pokrojona na cienkie plasterki
110 g pieczarek w plastrach

Przygotuj sos serowy zgodnie z przepisem. Zagrzej olej na głębokiej patelni na średnim ogniu. W misce zmieszaj wołowinę, sól i pieprz. Podziel na dwie części, uformuj płaskie kotlety i połóż je na patelnię. Dookoła kotletów rozsyp cebulę. Kotlety podsmażaj, aż się przyrumienią z obu stron. Cebula powinna dobrze zmięknąć. Dodaj pieczarki i podsmażaj, aż zmiękną.

Przełóż kotlety na talerze, dodaj cebulę z pieczarkami i polej sosem serowym. Do tego dania pasują brokuły gotowane na parze, również polane sosem serowym.

Ilość porcji: 2
Jedna porcja z ½ szklanki (120 ml) sosu serowego zawiera: 62 g tłuszczu, 8 g węglowodanów netto, 43 g białka, 762 kalorie

Gulasz wołowy z kalafiorem

340 g steku z karkówki bez kości
2 łyżki (28 g) oleju kokosowego lub z czerwonej palmy
1 średnia cebula pokrojona w kostkę
2 średnie marchewki pokrojone w kostkę
2 drobno posiekane ząbki czosnku
4 szklanki (400 g) kalafiora w kawałkach
2 łyżki (14 g) mielonej papryki
4 szklanki (950 ml) bulionu wołowego lub wody
1 zielona papryka posiekana w kostkę
½ łyżeczki całego kminku
sól i pieprz

Pokrój mięso na małe kawałki. Zagrzej olej w dużym rondlu lub na głębokiej patelni na średnim ogniu. Dodaj mięso i podsmaż na brązowo z każdej strony. Przełóż mięso do osobnego naczynia i odstaw na bok. Do rondla wrzuć cebulę, marchew i czosnek. Podsmażaj około 5 minut, aż cebula zmięknie. Przełóż mięso z powrotem do rondla i dodaj kalafior, zieloną i mieloną paprykę, bulion i kminek. Zagotuj. Gotuj na małym ogniu przez 1 godzinę. Na koniec dopraw solą i pieprzem do smaku.

Ilość porcji: 4
Jedna porcja zawiera: 21,5 g tłuszczu, 10,5 g węglowodanów netto, 25,5 g białka, 337 kalorii

Fajita z wołowiną

W tym daniu nie wykorzystuje się tortilli. Zamiast tego stek podawany jest z gotowanymi warzywami.

340 g steku z łaty lub szpondra
marynata (patrz przepis poniżej)
2 łyżki (28 g) oleju kokosowego
1 mała cebula pokrojona w plasterki
1 zielona papryka pokrojona w cienkie plasterki
1 czerwona papryka pokrojona w cienkie plasterki
sól
pieprz

Marynata:
¼ szklanki (45 ml) octu z czerwonego wina
sok z 2 limonek
2 łyżki (30 ml) oliwy z oliwek extra virgin
2 łyżeczki mielonej kolendry

1 łyżeczka mielonego chili
2 ząbki czosnku przeciśnięte przez praskę
1 łyżeczka oregano
½ łyżeczki mielonego kminku
½ łyżeczki pieprzu

Umieść stek na desce i rozbij z obu stron tłuczkiem. Przełóż do naczynia żaroodpornego. Naczynie powinno być na tyle duże, aby mięso można było płasko rozłożyć na dnie. Zmieszaj wszystkie składniki marynaty i dokładnie polej obie strony steku. Zakryj szczelnie naczynie folią plastikową i umieść w lodówce na co najmniej 4 godziny lub na noc. Co jakiś czas przewracaj stek na drugą stronę, aby marynata dotarła do każdego miejsca mięsa.

Kiedy stek będzie gotowy, zagrzej olej na głębokiej patelni na średnim ogniu. Wyjmij stek z marynaty i potrzymaj chwilę nad naczyniem, aby ściekł jej nadmiar. Następnie połóż stek na rozgrzanym tłuszczu i usmaż na brązowo. Każda strona powinna się smażyć około 4-5 minut. Przełóż stek do osobnego naczynia. Nie powinien całkowicie wystygnąć. Na patelnię wrzuć cebulę i paprykę. Podsmażaj, aż zmiękną. Dodaj sól i pieprz do smaku. Przełóż gotowe warzywa na talerz obok steku. Dobrym dodatkiem będzie odrobina świeżej kolendry, kwaśna śmietana lub sos guacamole.

Ilość porcji: 2
Jedna porcja zawiera: 30 g tłuszczu, 8,5 g węglowodanów netto, 49 g białka, 500 kalorii

Smażona wołowina ze słodkimi ziemniakami

To danie jest połączeniem posiekanych i przysmażonych składników. Tradycyjnie potrawa (ang. hash) łączy w sobie wołowinę z ziemniakami. W poniższym przepisie wykorzystamy mieloną wołowinę, posiekane słodkie ziemniaki oraz inne warzywa. Słodkie ziemniaki zawierają średnią ilość węglowodanów, dlatego też do tego dania wykorzystana jest mała ich ilość – taka, aby poczuć smak ziemniaków, a jednocześnie zachować ketogeniczne właściwości.

2 łyżki (28 g) oleju do smażenia
85 g słodkich ziemniaków pokrojonych w kostkę
85 g cebuli pokrojonej w kostkę
113 g zielonej fasolki szparagowej pokrojonej na kawałki (około 2,5 cm)
113 g papryki pokrojonej w kostkę
170 g mielonej wołowiny
57 g pieczarek pokrojonych w kostkę
sól i pieprz do smaku
sos sojowy lub przyprawa coconut aminos do smaku (opcjonalnie)

Zagrzej olej na głębokiej patelni na średnim ogniu. Pokrój słodkie ziemniaki w małą kostkę (około 1 cm). Wrzuć na patelnię razem z cebulą, fasolką i papryką. Przykryj i duś około 12 minut. W międzyczasie przemieszaj raz lub dwa. Kiedy warzywa będą lekko miękkie, dodaj wołowinę, pieczarki, sól i pieprz. Podsmażaj bez przykrycia przez 4 do 5 minut, do czasu, aż mięso się przyrumieni, a warzywa zmiękną. Mieszaj od czasu do czasu. Warzywa nie powinny być zbyt miękkie ani rozgotowane. Zdejmij z ognia i dodaj sos sojowy do smaku.

Ilość porcji: 2
Jedna porcja zawiera: 19,5 g tłuszczu, 15 g węglowodanów netto, 40 g białka, 396 kalorii

Mieszanka hamburgerowa

Ta potrawa zazwyczaj jest smażona na patelni i przygotowana z mięsa (często wołowiny peklowanej) i ziemniaków. W tej wersji użyjemy mielonej wołowiny i zastąpimy ziemniaki kawałkami rzodkwi japońskiej. Ugotowana rzodkiew ma łagodny smak, dlatego bardzo dobrze sprawdza się w daniach jako nieskowęglowodanowy zamiennik ziemniaków. Jeżeli nie masz rzodkwi japońskiej, możesz również użyć rzepy, która jednak zawiera więcej węglowodanów.

2 łyżki (28 g) oleju kokosowego lub tłuszczu wytopionego zesmażonego boczku
226 g mielonej wołowiny
250 g rzodkwi japońskiej pokrojonej w kostkę (około 0,5 cm)
½ średniej cebuli pokrojonej w kostkę
1 posiekana zielona papryka
140 g pieczarek
1 łyżeczka tymianku
¼ łyżeczki pieprzu
½ łyżeczki soli
2 łyżki sosu Worcestershire (opcjonalnie)

Zagrzej olej na głębokiej patelni. Dodaj mieloną wołowinę, rzodkiew, cebulę i paprykę. Podsmażaj przez 12 do 14 minut, od czasu do czasu mieszając. Dodaj pieczarki, tymianek, pieprz i sól. Smaż bez przykrycia przez kolejne 5 do 7 minut lub do czasu, aż pieczarki i warzywa dobrze zmiękną. Dodaj sos Worcestershire i wymieszaj.

Ilość porcji: 2
Jedna porcja zawiera: 21 g tłuszczu, 11,5 g węglowodanów netto, 39,8 g białka, 413 kalorii

8
Wieprzowina

Wieprzowina jest najpowszechniejszym mięsem na świecie. Jednak od wczesnych lat siedemdziesiątych spożycie wieprzowiny w niektórych krajach zmalało ze względu na wysoką zawartość tłuszczu. Wielu ludzi wybiera chude mięso. Przemysł spożywczy podporządkowuje się preferencjom klientów i dzisiaj świnie przeznaczone do uboju mają znacznie mniej tłuszczu dzięki nowoczesnym metodom hodowli i odpowiedniemu żywieniu.

Udomowienie świń nastąpiło około 7000 lat p.n.e. na obszarach Środkowego Wschodu. Istnieją dowody wskazujące, że nawet człowiek epoki kamienia łupanego polował na dziki – pradawnych przodków dzisiejszych świń hodowlanych. Najstarszy znany przepis z mięsem wieprzowym pochodzi z Chin sprzed 2000 lat. Przez całe pokolenia wieprzowina służyła za surowiec pokarmowy ludzi na całym świecie.

Wieprzowinę otrzymuje się na ogół z młodych okazów (6-7-miesięcznych), ważących od 80 do 110 kilogramów. Większa część tuszy wieprzowej jest wędzona lub marynowana i sprzedawana jako szynka, boczek i kiełbasa. Nieprzetworzone mięso to surowa wieprzowina.

Nie trzeba myć surowego mięsa wieprzowego przed gotowaniem, smażeniem lub pieczeniem, gdyż wszelkie bakterie zostaną zniszczone w wysokiej temperaturze podczas przyrządzania.

Nigdy nie należy podsmażać wieprzowiny i wstawiać do lodówki, aby potem skończyć gotowanie potrawy. W ten sposób nie pozbędziemy się ewentualnych bakterii. Najbezpieczniej jest ugotować mięso wieprzowe i od razu przenieść je na grilla czy do piekarnika.

Z pewnością słyszałeś, że wieprzowina powinna być dokładnie wypieczona, aby była bezpieczna do spożycia. Większość ludzi obawia się surowej wieprzowiny. Strach ten jest przekazywany z pokolenia na pokolenie przez nasze mamy, lecz również publicznie mówią o tym ludzie zajmujący się zdrowiem oraz liczni autorzy książek kucharskich. Od lat twierdzi się też, że mięso wieprzowe powinno być dobrze ugotowane lub wypieczone. W konsekwencji wieprzowina zazwyczaj jest serwowana sucha i przesadnie wysmażona.

Czas przechowywania mięsa wieprzowego

Rodzaj mięsa	Przechowywanie w lodówce w 4°C	Przechowywanie w zamrażarce w -18°C
Surowe pieczenie, steki, żeberka i kotlety z kością	3 do 5 dni	4 do 6 miesięcy
Wątróbka i podroby	1 do 2 dni	3 do 4 miesięcy
Wieprzowina gotowana w domu, zupy, gulasze i zapiekanki	3 do 4 dni	2 do 3 miesięcy
Gotowe dania	1 do 2 dni	2 do 3 miesięcy

Mrożonki i przystawki	Tylko w zamrażarce do czasu przyrządzenia	3 do 4 miesięcy
Wieprzowina w puszce	2 do 5 lat w spiżarni; 3 do 4 dni po otwarciu	Po otwarciu 2 do 3 miesięcy

Są to krótkie, lecz bezpieczne terminy przechowywania wieprzowiny. Przestrzeganie powyższych zasad zapobiegnie zepsuciu się mięsa. Zamrożone mięso jest bezpieczne do czasu wyjęcia z zamrażarki. Po przekroczeniu czasu podanego w tabeli mrożone mięso będzie powoli tracić jakość.

Nowe wytyczne dotyczące przyrządzania wieprzowiny wykluczają uwagę, jaką poświęcano tej kwestii w przeszłości. Wieprzowinę atakują te same bakterie, co inne rodzaje mięsa, dlatego też obowiązują tu takie same zasady dotyczące jej przygotowywania.

Dlaczego zatem w przeszłości traktowano wieprzowinę inaczej? Powodem takiego zachowania było potencjalne zagrożenie płynące ze strony konkretnego pasożyta – włosienia krętego *Trichinella spiralis*. Włosień sieje postrach, ponieważ wwierca się w mięśnie świń i innych zwierząt hodowlanych, a następnie zaraża ludzi spożywających niedogotowane skażone mięso. Kiedyś te obawy były całkiem uzasadnione. W przeszłości jednak pasożyt ten stanowił większe zagrożenie niż dzisiaj. Postęp w hodowli świń i przetwarzaniu wieprzowiny pozwolił na całkowitą eliminację skażenia pasożytem mięsa wieprzowego sprzedawanego w sklepach rozwiniętych krajów.

Prawdopodobieństwo skażenia mięsa sklepowego włosieniem jest dziś znikome. Nawet gdyby mięso faktycznie było skażone włosieniem *Trichinella*, nie trzeba bardzo wysokiej temperatury, aby zlikwidować pasożyty. Zwykłe gotowanie czy smażenie doskonale sobie z tym poradzi. Wystarczy poddać mięso dowolnej obróbce cieplnej przez 30 sekund w 54 stopniach lub przez 1 minutę w 50 stopniach. Każda temperatura powyżej 50 stopni zabije pasożyty w kilka sekund. Średnio krwisty stek ma wewnętrzną temperaturę 63 stopnie. To całkowicie wystarczy, aby twój posiłek był bezpieczny. Upieczone mięso będzie różowe w środku nawet wtedy, kiedy jego temperatura wewnętrzna będzie wysoka. Jeżeli świeża wieprzowina osiągnęła 63 stopnie, lecz w środku jest jeszcze różowa, i tak będzie bezpieczna. Różowy kolor wynika z metody gotowania lub użytych składników.

Co więcej, zamrażanie również zabija wszelkie pasożyty, które mogą być obecne w mięsie wieprzowym. Jest to nasza przewaga nad przodkami z dawnych czasów. Z tego też względu cała wieprzowina i wieprzowe produkty sprzedawane w Stanach Zjednoczonych, nawet te z etykietą „surowe", były wcześniej zamrożone. Jeżeli jeszcze nie czujesz się bezpiecznie, każde zakupione mięso wieprzowe przed przygotowaniem możesz wstawić na dzień lub dwa do zamrażarki.

Amerykańska Agencja Żywności i Leków stworzyła w 2009 roku kodeks żywienia, który nie zawiera żadnych specjalnych klauzul dotyczących przyrządzania wieprzowiny. Zamiast tego zaleca czas i temperaturę gotowania czy smażenia taki sam dla wszystkich mięs. Tabela na stronie 286 zawiera informacje na temat średniego czasu pieczenia mięsa na przykładzie wieprzowiny o temperaturze 4°C. Należy również pamiętać, że grille piknikowe oraz sprzęty kuchenne różnią się pod względem wytwarzanej temperatury. Zalecam korzystać z kuchennego termometru, aby dokładnie określić stopień wypieczenia, a tym samym bezpieczeństwo mięsa.

Elementy zasadnicze mięsa wieprzowego

Łopatka

Ta część mięsa znajduje się z przodu zwierzęcia. Zawiera łopatkę oraz przednią kończynę i stanowi około 25 procent wagi tuszy wieprzowej. Większość mięsa z tej części jest przyrządzana jako pieczenie, steki oraz golonki i nóżki wieprzowe. Golonka zazwyczaj zawiera kość i świetnie nadaje się na gulasze i zupy. Ta część tuszy zawiera też największe skupisko tkanki łącznej, gdyż zwierzę najczęściej używa mięśni łopatek i przednich kończyn. Z tych części mięsa produkowana jest większość mielonej wieprzowiny i kiełbas.

Popularnymi daniami z łopatki są steki, pieczenie, kiełbasa i golonka.

Schab

Ze schabu pochodzi najdroższe mięso. Najdelikatniejszą jego częścią jest polędwica. Schab składa się z mięśni grzbietu i części żeber. Stanowi około 22 procent tuszy. Żeberka są wycinane ze środkowej części schabu podczas oddzielania kotletów z kością oraz schabu bez kości. Kotlety wieprzowe mogą być odcięte z przylegającą do nich kością żebrową lub bez.

Powszechnymi daniami z tej części są cały schab, żeberka, polędwica oraz kotlety wieprzowe.

Boczek

Bok wieprzowy stanowi około 23 procent tuszy. Boczek jest pełen grubych pasm tłuszczu i stanowi około połowy całego boku zwierzęcia. Boczek można jeść surowy lub wędzony.

Powszechnymi daniami z tej części tuszy wieprzowej są żeberka i boczek.

Czas i temperatura przyrządzania mięsa wieprzowego

Rodzaj mięsa	Waga lub grubość	Czas przyrządzania	Minimalna temperatura wewnętrzna
PIECZENIE: Piekarnik nagrzany do 180 stopni C. Pieczenie w płytkim naczyniu bez przykrycia.			
Schab z kością lub bez kości	0,9-2,3 kg	20 min/0,54 kg	63°C
Pieczeń z żeberek (tzw. crown roast)	4,5 kg	12 min/0,54 kg	63°C
Cała surowa szynka z kością	8-9 kg	15 min/0,54 kg	63°C
Pół surowej szynki z kością	2,3-3,6 kg	22-25 min/0,54 kg	63°C
Karkówka	1,3-2,7 kg	45 min/0,54 kg	63°C
Polędwica pieczona w 220°C	0,23-0,68 kg	20-27 min	63°C
Żeberka	0,9-1,8 kg	1,5-2 godz.	63°C
ZAPIEKANIE (10 cm pod grzałką; mięso obrócone 1 raz) lub GRILLOWANIE (nad bezpośrednim ogniem; mięso obrócone raz w połowie grillowania).			
Kotlety wieprzowe z kością lub bez kości	0,6-3,8 cm	8-9 lub 12-16 min	63°C
Mięso na kebab ze schabu	Kostki 2,5 cm	10-15 min	63°C
Polędwica	0,23-0,68 kg	20 min	63°C
Żeberka	0,9-1,8 kg	1,5-2 godz.	63°C
Kotlety mielone	1,3 cm	8-10 min	63°C

SMAŻENIE			
Kotlety schabowe bez kości lub kotlety mielone ze schabu	0,6-1,9 cm	3-4 lub 7-8 min	63°C
Medalion z polędwicy	0,6-1,3 cm	4-8 min	63°C
Kotlety mielone			
DUSZENIE: Mięso gotowane w płynie, na małym ogniu pod przykryciem.			
Kotlety schabowe z kością lub bez kości	0,6-1,9 cm	6-8 min	63°C
Gulasz ze schabu i medalion z polędwicy	Kostki 1,3-2,5 cm	8-10 min	63°C
Karkówka bez kości	1,3-2,7 kg	2-2,5 godz.	63°C
Żeberka	0,9-1,8 kg	1,5-2 godz.	63°C
Gulasz ze schabu lub łopatki	Kostki 2,5 cm	45-60 min	63°C

Szynka

Ta część pochodzi z górnego fragmentu kończyny tylnej i stanowi około 30 procent wagi tuszy. Dzięki procesowi peklowania i wędzenia otrzymujemy wędlinę, a z surowej szynki – mięso na pieczenie i steki. Szynka może być wycięta z kością lub bez. Zazwyczaj jest pieczona w całości. Dolne części kończyny tylnej są przeznaczone na golonki.

Powszechnymi rodzajami dań z tej partii głównej są wędliny i pieczenie.

Potrawy z mięsa wieprzowego

Pieczona wieprzowina

Przygotuj 225 g mięsa na osobę. Umieść mięso w płaskim naczyniu żaroodpornym tłustą stroną do góry. Niektóre przepisy zalecają piec mięso wieprzowe na ruszcie, aby oddzielić je od ociekającego tłuszczu. My skorzystamy z tego tłuszczu, który sprawi, że mięso będzie soczyste oraz nada mu smaku. Wkłuj termometr w najgrubszą część mięsa z dala od kości. Przekręć termometr tak, abyś łatwo mógł odczytać z niego temperaturę, nie otwierając piekarnika. Nie dodawaj do mięsa wody ani nie przykrywaj naczynia.

Postępując zgodnie ze wskazówkami z powyższej tabeli, piecz mięso w 180 stopniach. Nie trzeba uprzednio nagrzewać piekarnika, ponieważ stopień wypieczenia mięsa określa temperatura, a nie czas.

Pieczeń łatwiej jest pokroić, gdy po wyjęciu z piekarnika poleży 10 do 15 minut. Po wyjęciu z piekarnika mięso zatrzymuje ciepło i w środku wciąż się piecze przez kilka minut. Dlatego też najlepiej wyjąć pieczeń, kiedy termometr pokaże 2 stopnie mniej od pożądanej temperatury.

Szparagi i łosoś s. 151

Barszcz z kiełbasą s. 116

Boczek z dipem z guacamole z limonką i kolendrą s. 461

Bisque z ryby s. 137

Sałatka cesarska s. 481

Kurczak cacciatore s. 352

Zapiekany łosoś podany ze szpinakiem s. 361

Curry z kurczaka s. 348

Chrupiące skrzydełka s. 343

Dipy (przepisy od s. 460)

Fajita z wołowiną s. 276

Grillowane żeberka s. 271

Kanapka z sałatką z jajek s. 227

Kiełbaski z kapustą s. 300

Krewetki ze szparagami s. 369

Peklowana wołowina z kapustą s. 264

Pieczone warzywa s. 204

Pieczony boczek z warzywami s. 299

Pieczony dziec jagnięcy s. 307

Wrap ze smażonymi paluszkami z kurczaka s. 232

Sałatka kalafiorowa s. 102

Sos holenderski na sałatce z łososiem s. 47

Smażona wołowina ze słodkimi ziemniakami s. 277

Smażone jajka z kalafiorem s. 423

Ratatuj s. 178

Stek z cebulką w sosie provolone s. 260

Dressing winegret s. 63

Śniadaniowa pizza s. 420

Warzywna szakszuka s. 422

Wrap z kurczakiem po azjatycku s. 221

Zapiekanka z kurczakiem i brokułami s. 341

Zupa krem z pieczarek s. 127

Pieczona polędwiczka wieprzowa z cytryną i pieprzem

Jest to przepis na smaczne, ketoprzyjazne danie. Nie zawiera co prawda wystarczającej ilości tłuszczu, żeby być w pełni ketogeniczne, lecz z odpowiednimi dodatkami takie właśnie się stanie.

skórka otarta z 2 cytryn
1½ łyżeczki soli
1 łyżeczka suszonego tymianku
1 łyżeczka mielonego czosnku
½ łyżeczki pieprzu
1 łyżka (14 g) stopionego oleju kokosowego
450 g polędwicy wieprzowej

Nagrzej piekarnik do 220 stopni. W małej misce zmieszaj skórkę z cytryny z solą, tymiankiem, czosnkiem i pieprzem. Równomiernie natrzyj mięso olejem kokosowym. Następnie każdą stronę mięsa dokładnie obsyp cytrynową mieszanką. Przełóż wieprzowinę do płytkiego naczynia żaroodpornego wysmarowanego tłuszczem. Wstaw do piekarnika na 15 minut lub do czasu, aż termometr wbity w mięso pokaże 63°C. Wyjmij mięso z piekarnika i odstaw na 5 minut przed pokrojeniem. Podziel mięso na plastry o grubości około 0,5 cm. Podawaj z odrobiną soku z cytryny i dodatkowym ketogenicznym daniem.

Ilość porcji: 4
Jedna porcja zawiera: 7,5 g tłuszczu, 0 g węglowodanów netto, 29,5 g białka, 185 kalorii

Pieczona rolada z boczku z nadzieniem pieczarkowym

Najlepszy oczywiście jest soczysty pieczony cały prosiak. Poniższe danie plasuje się na drugim miejscu. W trakcie pieczenia tłusta warstwa wierzchnia staje się przepysznie chrupkim płaszczykiem otulającym całą pieczeń. Podczas krojenia rolady na plastry ukazuje się nam smaczne pieczarkowe nadzienie ze środka. Boczek wieprzowy zawiera dużo tłuszczu, dlatego też większość wytopi się do naczynia – około 470 ml. Nie wylewaj go. Wstaw do lodówki i użyj do innych przepisów.

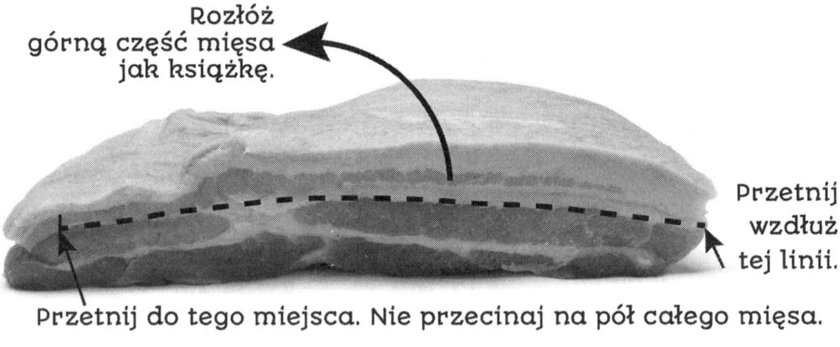

1,4-1,8 kg boczku wieprzowego w jednym kawałku

4 posiekane ząbki czosnku

½ średniej czerwonej cebuli

110 g pieczarek pokrojonych w kostkę

1 drobno posiekana mała marchew

1 łyżka (2 g) posiekanego świeżego rozmarynu

½ łyżeczki soli

¼ łyżeczki świeżo zmielonego pieprzu

Nagrzej piekarnik do 190 stopni. W międzyczasie połóż mięso płasko na blacie kuchennym tłustą stroną do dołu. Powinno mieć co najmniej 40 cm długości, aby dało się zwinąć w rulon. Jeżeli twój kawałek mięsa jest krótszy (zazwyczaj tak jest), weź ostry nóż, przetnij je w poprzek i otwórz. Na części z mięsem połóż warstwę czosnku, cebuli, pieczarek, marchewki, rozmarynu, soli i pieprzu. Dokoła dodatków na brzegach mięsa zostaw około 5 cm wolnego miejsca. Zaczynając od najmniej tłustego brzegu, ciasno zwiń mięso w roladę tak, aby najwięcej tłuszczu było w zewnętrznej warstwie. Zwiąż roladę sznurkiem kuchennym trzy razy: przy końcach i na środku.

Umieść roladę w naczyniu żaroodpornym głębokim na co najmniej 5 cm, aby nie przelał się wytapiający się podczas pieczenia tłuszcz. W środek mięsa wbij termometr. Wstaw do piekarnika i piecz, aż termometr pokaże co najmniej 70°C, a powierzchnia mięsa będzie złocista i chrupiąca. Wyjmij roladę z piekarnika i odstaw na 10 minut. Przed podaniem pokrój na plastry i podawaj z ketogenicznym dodatkiem.

Ilość porcji: około 6
Jedna porcja zawiera: 48 g tłuszczu, 2 g węglowodanów netto, 40 g białka, 600 kalorii

Wieprzowina po prowansalsku

1 ząbek czosnku przeciśnięty przez praskę
½ łyżeczki suszonej bazylii
¼ łyżeczki pieprzu
2 plastry wieprzowiny na kotlety
2 łyżki (28 g) oleju kokosowego
1 łyżka (15 ml) oliwy z oliwek extra virgin
¼ szklanki (40 g) cebuli posiekanej w kostkę

2 cukinie pokrojone w cienkie plastry
6 pomidorków cherry przekrojonych na połówki
¼ łyżeczki świeżego koperku
2 łyżki (10 g) parmezanu
¼ łyżeczki soli

Połącz czosnek z bazylią i pieprzem i podziel mieszankę na pół. Jedną część równo rozsmaruj po obu stronach kotletów. Zagrzej olej na dużej patelni na średnim ogniu. Na rozgrzany olej połóż mięso i smaż z każdej strony przez 4 do 5 minut, aż się dobrze przyrumieni. Przełóż na talerz i odstaw na bok.

Na patelnię dodaj oliwę i pozostałą część czosnku z pieprzem. Dodaj cebulę i cukinię. Podsmażaj około 3-4 minut, od czasu do czasu mieszając. Następnie dodaj pomidory i koperek. Podsmażaj około 2 minut, do czasu, aż cukinia zmięknie. Przełóż warzywa na talerz z mięsem i posyp serem. Dodaj sól do smaku.

Ilość porcji: 2
Jedna porcja zawiera: 42,5 g tłuszczu, 7 g węglowodanów netto, 22,5 g białka, 500 kalorii

Szynka faszerowana szpinakiem z sosem chrzanowym

½ szklanki (80 ml) schłodzonej śmietanki kremówki
3 łyżki (45 g) chrzanu ze słoiczka
½ łyżeczki soli
2 łyżki (28 g) oleju kokosowego
1 średnia posiekana łodyga selera naciowego
¼ szklanki (120 g) posiekanej cebuli
110 g pieczarek w plastrach

220 g świeżego szpinaku
4 łyżeczki soli
⅛ łyżeczki pieprzu
2 upieczone plastry wędzonej szynki (5 cm grubości)
1 łyżka (14 g) stopionego masła

Nagrzej piekarnik do 170 stopni. W międzyczasie przygotuj sos chrzanowy: ubij na sztywno śmietanę. Dodaj dobrze odsączony chrzan i sól. Wymieszaj i odstaw na bok.

Przygotuj farsz: zagrzej olej na patelni na średnim ogniu. Dodaj seler i cebulę. Podsmażaj, aż warzywa zmiękną. Dodaj pieczarki, szpinak, sól i pieprz. Podsmażaj, aż pieczarki zmiękną.

Umieść 1 plaster szynki w czystym płytkim naczyniu żaroodpornym. Na szynkę połóż farsz szpinakowy i przykryj drugim plastrem. Wierzch posmaruj masłem. Przykryj naczynie i piecz przez 15 minut. Odkryj naczynie i zapiekaj jeszcze przez 15 minut. Podawaj z sosem chrzanowym.

Ilość porcji: 4
Jedna porcja zawiera: 26 g tłuszczu, 8 g węglowodanów netto, 22 g białka, 354 kalorie

Kotlety wieprzowe z fasolką

2 łyżki (28 g) oleju kokosowego
2 plastry schabu
½ posiekanej średniej cebuli
3 szklanki (300 g) zielonej fasolki szparagowej
110 g pieczarek w plastrach
sól
pieprz

Nagrzej olej w głębokiej patelni na średnim ogniu. Dodaj kotlety i podsmaż jedną stronę, aż się dobrze przyrumieni. Przewróć mięso na drugą stronę i dodaj cebulę i fasolkę. Mieszaj warzywa co jakiś czas i smaż do czasu, aż zmiękną, a kotlety przyrumienią się z drugiej strony. Dodaj pieczarki i smaż, aż zmiękną. Zdejmij patelnię z ognia. Dodaj sól i pieprz do smaku. Przełóż na talerze i polej tłuszczem z patelni.

Ilość porcji: 2
Jedna porcja zawiera: 34 g tłuszczu, 9 g węglowodanów netto, 22,5 g białka, 337 kalorii

Pieczone kotlety wieprzowe z warzywami

150 g różyczek kalafiora
150 g różyczek brokułu
2 łyżki (30 ml) oliwy z oliwek extra virgin
3 łyżki (42 g) stopionego masła
5 ząbków czosnku przeciśniętych przez praskę
½ łyżeczki suszonego tymianku
¼ łyżeczki pieprzu
½ łyżeczki soli
2 plastry schabu
⅔ szklanki (50 g) startego parmezanu
2 łyżki (8 g) posiekanej świeżej natki pietruszki

Nagrzej piekarnik do 200 stopni. Ugotuj kalafior i brokuł na parze, aż będą lekko miękkie, i odstaw na bok. W dużej plastikowej torebce z zamknięciem zmieszaj oliwę z masłem, czosnkiem, tymiankiem, pieprzem i solą. Dodaj kalafior i brokuł. Zasuń torebkę i dokładnie wymieszaj, aby całe warzywa pokryły się mieszanką. Przełóż warzywa do naczynia żaroodpornego.

Następnie do torebki z resztkami mieszanki włóż mięso i dokładnie wymieszaj. Przełóż kotlety do naczynia obok warzyw. Jeżeli w torebce pozostała jakaś resztka oliwy, przelej ją na mięso i warzywa. Wierzch posyp równo parmezanem. Wstaw do piekarnika na 35 do 40 minut, aż mięso się upiecze, a warzywa dobrze przyrumienią. Przełóż pieczone kotlety i warzywa na talerz. Polej wytopionym tłuszczem z naczynia i udekoruj pietruszką.

Ilość porcji: 2
Jedna porcja zawiera: 55,5 g tłuszczu, 8 g węglowodanów netto, 30 g białka, 651 kalorii

Kotlety wieprzowe cytrynowo-rozmarynowe

- ¼ szklanki (60 ml) oliwy z oliwek
- sok z ½ cytryny
- ½ łyżeczki suszonego rozmarynu
- 4 posiekane ząbki czosnku
- 1½ łyżeczki suszonej szałwii
- ¼ łyżeczki soli
- ¼ łyżeczki pieprzu
- 2 plastry schabu
- 1 łyżka (14 g) oleju kokosowego
- ½ średniej posiekanej cebuli
- 2 cukinie pokrojone na cienkie plastry

W małej misce połącz oliwę z sokiem z cytryny, rozmarynem, czosnkiem, szałwią, solą i pieprzem. Umieść kotlety w płaskim naczyniu lub na talerzu i polej obie strony mieszanką z oliwy. Odstaw na 30 do 60 minut.

Rozgrzej olej kokosowy na dużej patelni na średnim ogniu. Połóż kotlety na rozgrzany olej. Nie wyrzucaj marynaty. Smaż mięso około 6 minut z każdej strony, aż się dobrze przyrumieni. Następnie przełóż na ciepły talerz i odstaw na bok. Przelej marynatę na patelnię i podsmaż na tym cebulę i cukinię. Mieszaj od czasu do czasu, aż warzywa zmiękną. Przełóż na talerz obok kotletów.

Ilość porcji: 2
Jedna porcja zawiera: 49 g tłuszczu, 8,5 g węglowodanów netto, 21 g białka, 559 kalorii

Śmietanowa wieprzowina z pieczarkami

2 łyżki (28 g) oleju kokosowego
2 steki wieprzowe lub porcje na kotlety
½ średniej cebuli pokrojonej w kostkę
1 czerwona papryka w plastrach
1 zielona papryka w plastrach
2 posiekane ząbki czosnku
225 g pieczarek w plastrach
½ szklanki (120 ml) śmietanki kremówki
1 łyżeczka przyprawy do drobiu
½ łyżeczki soli
¼ łyżeczki pieprzu
¼ szklanki (60 g) kwaśnej śmietany

Zagrzej olej na dużej patelni na średnim ogniu. Usmaż wieprzowinę na brązowo z dwóch stron – około 5 minut na stronę. Przełóż na talerz i odstaw na bok. Na patelnię wrzuć cebulę i papryki. Podsmażaj około 6-8 minut, aż zmiękną. Dodaj czosnek i pieczarki. Podsmażaj, aż pieczarki zmiękną. Przełóż wieprzowinę z powrotem na patelnię. Dodaj śmietankę kremówkę, przyprawy, sól i pieprz. Gotuj, często mieszając, około 4 minut. Zdejmij z ognia i dodaj kwaśną śmietanę. Przełóż na talerz i podawaj z warzywami i sosem.

Ilość porcji: 2
Jedna porcja zawiera: 51,5 g tłuszczu, 12 g węglowodanów netto, 24,5 g białka, 609 kalorii

Szparagowa kanapka

450 g ugotowanych szparagów
4 plastry (po około 85 g) szynki bez cukru i azotanów
1 szklanka gorącego sosu serowego (strona 39)
¼ szklanki (20 g) startego parmezanu

Zagrzej górną grzałkę piekarnika. Umieść gorące szparagi na plastrach szynki w płytkim naczyniu żaroodpornym. Polej sosem serowym i wierzch posyp parmezanem. Wstaw do piekarnika 10 cm pod grzałką i zapiekaj 3 do 4 minut, aż na sosie powstaną przyrumienione pęcherzyki powietrza.

Ilość porcji: 4
Jedna porcja zawiera: 28,5 g tłuszczu, 5 g węglowodanów netto, 22 g białka, 364 kalorie

Inna wersja:

Szparagi na kanapce z jajek

Przygotuj szparagową kanapkę według powyższego przepisu, lecz na wierzch szparagów i szynki połóż bardzo miękkie jajko w koszulce. Na koniec polej sosem i zapiekaj jak powyżej.

Ilość porcji: 4
Jedna porcja zawiera: 33 g tłuszczu, 6 g węglowodanów netto, 27,5 g białka, 330 kalorii

Wieprzowina z parmezanem

2 łyżki (28 g) oleju kokosowego lub z czerwonej palmy
2 plastry mięsa wieprzowego na steki lub kotlety
½ średniej cebuli pokrojonej na plastry
1 zielona papryka pokrojona na plastry
1 średnia marchewka pokrojona na plasterki
2 ząbki czosnku przeciśnięte przez praskę
2 szklanki (170 g) obranego i pokrojonego w kostkę bakłażana
½ szklanki (120 g) zgniecionych pomidorów
½ łyżeczki suszonego oregano
½ łyżeczki suszonej bazylii
½ łyżeczki soli
¼ łyżeczki pieprzu
2 łyżki (10 g) startego parmezanu

Zagrzej olej na dużej patelni na średnim ogniu. Przysmaż wieprzowinę dokładnie z obu stron – około 5 minut na stronę. Przełóż mięso na talerz i odstaw na bok. Na patelnię dodaj cebulę, paprykę i marchew. Podsmażaj na tłuszczu z mięsa, aż lekko zmiękną. Dodaj czosnek i bakłażan i podsmażaj 4 minuty, od czasu do czasu mieszając. Dodaj pomidory, oregano, bazylię, sól i pieprz. Po mniej więcej 4 minutach ponownie podgrzej mięso na patelni. Przełóż na talerz i podawaj z warzywami. Wierzch posyp parmezanem.

Ilość porcji: 2
Jedna porcja zawiera: 35 g tłuszczu, 12,5 g węglowodanów netto, 23 g białka, 457 kalorii

Pieczony boczek z warzywami

Pieczony boczek jest przepyszny. Tym, co wyróżnia to danie, jest pełen przypraw tłuszcz wytopiony podczas pieczenia. Na końcu, tak jak w przypadku każdego przepisu z tej książki, umieszczone są wartości odżywcze gotowego dania. Boczek wieprzowy, składający się głównie z tłuszczu, podczas pieczenia zmniejsza swoją objętość niemal o połowę. Dlatego też 280-gramowy plaster po upieczeniu będzie ważył mniej niż 140 gramów.

280 g surowego boczku wieprzowego
110 g różyczek kalafiora
110 g różyczek brokułu
110 g szparagów
½ średniej cebuli przekrojonej na 4 części
110 g całych pieczarek
½ łyżeczki mielonego rozmarynu
¼ łyżeczki soli
⅛ łyżeczki świeżo zmielonego pieprzu

Nagrzej piekarnik do 220 stopni. Umieść wieprzowinę w dwulitrowym naczyniu żaroodpornym i wstaw do piekarnika na mniej wiecej 20 minut. Wyjmij z piekarnika. Dodaj kalafior, brokuł, szparagi, cebulę i rozmaryn. Dokładnie polej całe warzywa wytopionym tłuszczem.

Wstaw naczynie z powrotem do piekarnika na kolejne 20 minut. Następnie dodaj pieczarki i piecz jeszcze przez 10 minut lub do czasu, aż pieczarki się dobrze przyrumienią, a wierzch mięsa będzie złocisty i chrupiący. Dodaj sól i pieprz do smaku.

Ilość porcji: 2
Jedna porcja zawiera: 38 g tłuszczu, 8 g węglowodanów netto, 41 g białka, 538 kalorii

Sajgonki w misce

Jest to przepis na sajgonkę bez tortilli. Danie jest podawane w misce i może być przyrządzone z mięsa wieprzowego, szynki, kiełbasy lub kurczaka.

¼ szklanki (56 g) tłuszczu wytopionego ze smażonego boczku lub oleju z czerwonej palmy
170 g mięsa wieprzowego, szynki, kiełbasy lub piersi z kurczaka
1 średnia posiekana cebula
1 średnia marchew pokrojona w cienkie paseczki
1 łodyga selera naciowego pokrojona w cienkie paseczki o długości 5 cm
3 szklanki (210 g) posiekanej białej kapusty
1½ łyżki (22 ml) sosu sojowego lub przyprawy coconut aminos
1 łyżeczka octu ryżowego
sól i pieprz

Zagrzej tłuszcz na patelni na średnim ogniu. Podsmaż mięso, cebulę, marchew i seler. Po mniej więcej 5 minutach powinny być lekko miękkie. Następnie dodaj kapustę i podsmażaj przez kolejne 5 minut, aż kapusta zmięknie. Zdejmij z ognia. Dodaj sos sojowy i ocet. Dopraw solą i pieprzem do smaku.

Ilość porcji: 2
Jedna porcja zawiera: 31 g tłuszczu, 10,5 g węglowodanów netto, 25 g białka, 421 kalorii

Kiełbaski z kapustą

Tę pyszną potrawę przygotujesz na jednej patelni. Nadaje się na śniadanie lub obiad.

2 łyżki (28 g) oleju kokosowego
2 dowolne kiełbaski wieprzowe
1 mała cebula pokrojona w kostkę
1 zielona papryka pokrojona w kostkę
4 szklanki (360 g) posiekanej kapusty
sól
pieprz

Zagrzej olej na patelni na średnim ogniu. Dodaj kiełbaski, cebulę i paprykę, podsmażaj, aż warzywa zmiękną, a kiełbaski dobrze się przyrumienią. Dodaj kapustę. Przykryj i duś, aż kapusta zmięknie. Mieszaj od czasu do czasu. Na koniec dodaj sól i pieprz do smaku.

Ilość porcji: 2
Jedna porcja zawiera: 39 g tłuszczu, 11 g węglowodanów netto, 15 g białka, 455 kalorii

Szynka z kapustą na gorąco

Ten przepis jest połączeniem kapusty kiszonej ze świeżo ugotowaną. Dodatek szynki i innych warzyw daje bardzo smaczne danie obiadowe.

2 łyżki (28 g) oleju do smażenia
½ szklanki (50 g) pokrojonego w kostkę kopru włoskiego lub selera naciowego w plasterkach
½ posiekanej średniej cebuli
¼ zielonej papryki pokrojonej w kostkę
1 szklanka (116 g) gotowanej szynki pokrojonej w kostkę
3 szklanki (270 g) posiekanej surowej białej kapusty
½ łyżeczki musztardy w proszku
¼ łyżeczki soli
1 szklanka (142 g) kiszonej kapusty

Zagrzej olej na patelni na średnim ogniu. Dodaj koper włoski, cebulę i paprykę. Podsmażaj około 6-8 minut, aż warzywa lekko zmiękną. Dodaj szynkę, surową kapustę, musztardę i sól. Wymieszaj i przykryj patelnię. Duś przez 5 do 6 minut, od czasu do czasu mieszając. Po tym czasie kapusta powinna być miękka. Wyłącz gaz. Na wierzch rozłóż równo kapustę kiszoną i ponownie przykryj patelnię. Kapusta się zagrzeje, lecz nie ugotuje. Po 1-2 minutach zmieszaj kapustę z warzywami.

Ilość porcji: 2
Jedna porcja zawiera: 19,5 g tłuszczu, 10 g węglowodanów netto, 13 g białka, 267 kalorii

9

Jagnięcina

Mięso owcze w zależności od wieku zwierzęcia dzieli się na jagnięcinę i baraninę roczną lub starszą. Mięso jagnięce jest delikatniejsze niż baranina oraz ma łagodniejszy smak. Jagnięcina pochodzi ze zwierząt, które nie ukończyły jednego roku, baranina natomiast – ze starszych. Większość jagniąt jest sprzedawana do uboju w wieku od 6 do 8 miesięcy. Jagnię waży około 63 kilogramów i daje średnio 20 do 22 kilogramów mięsa.

Napis „spring lamb" (jagnięcina wiosenna) na etykiecie oznacza, że zwierzęta zostały ubite między marcem a październikiem. Termin ten pochodzi z czasów, kiedy srogie zimy nie dawały dużych szans przeżycia owcom. Dzisiaj mięso jagnięce jest dostępne przez cały rok ze względu na lepsze warunki hodowlane.

Owce są na ogół karmione trawą, lekko zmielonym zbożem, sianem oraz paszą składającą się z kukurydzy, jęczmienia, milo (rodzaj sorgo) i/lub pszenicą z dodatkiem witamin i minerałów. Jagnięta zazwyczaj „kończą" w owczarni, gdzie wcześniej są karmione specjalną mieszanką pasz. Większość jagniąt pod koniec życia otrzymuje jedynie zboże. Są jednak hodowle, gdzie owce są do końca wypasane na porośniętych trawą pastwiskach. Taka informacja jest zazwyczaj wyróżniona na opakowaniu gotowego produktu.

Tusza jagnięca jest dzielona na pięć podstawowych części: łopatkę, żebra, łatę z mostkiem, antrykot z combrem oraz udziec. Najwygodniejszym wyjściem byłoby uwzględnienie na opakowaniach informacji, z jakiej głównej części pochodzi produkt oraz dodatkowej nazwy określającej przeznaczenie mięsa, na przykład „pieczeń z łopatki" lub „kotlety jagnięce".

Część żebrowa składa się z dziewięciu pełnych żeber i może być odcięta wzdłuż kręgosłupa w dwóch częściach. Pieczeń z żeberek, tak zwana korona jagnięca, jest przyrządzana ze złączonych ze sobą dwóch mostków z żebrami uformowanych w okrąg.

Kotlety mogą pochodzić z różnych części tuszy, na przykład z combra, antrykotu lub żeber. Są to najdelikatniejsze i najcenniejsze elementy. Kotlety z łopatki są tańsze, lecz równie delikatne.

W celu uzyskania jeszcze lepszego smaku i dodatkowej delikatności jagnięcinę poddaje się procesowi dojrzewania. Zazwyczaj wykorzystywane są do tego tylko części najwyższej jakości, takie jak żeberka, comber i antrykot, które są następnie sprzedawane restauracjom. Dojrzewanie przeprowadza się w kontrolowanej temperaturze i wilgotności.

Mielone kotlety jagnięce oraz mieszanki mięsa mielonego powinny być pieczone do bezpiecznej minimalnej temperatury wewnętrznej 70°C mierzonej termometrem kuchennym. Ozór, podroby i pieczeń również powinny mieć minimalną temperaturę wewnętrzną 70 stopni. Surowe steki, kotlety i pieczenie wymagają mniej – przynajmniej 63 stopni. Przed wyjęciem mięsa z piekarnika zawsze sprawdzaj temperaturę na termometrze. Ze względów bezpieczeństwa oraz aby uzyskać lepszą jakość, po upieczeniu lub usmażeniu odstaw mięso na 5 minut przed zjedzeniem lub pokrojeniem. Jeżeli wolisz, możesz oczywiście piec mięso w wyższej temperaturze. Tabela na stronie 308 zawiera informacje na temat orientacyjnego czasu pieczenia jagnięciny.

Informacje w tabeli bazują na mięsie jagnięcym przechowywanym w lodówce w temperaturze 4°C. Pamiętaj, że sprzęt kuchenny oraz grille piknikowe różnią się stopniem nagrzewania. Zawsze korzystaj z termometru kuchennego w celu dokładnego sprawdzenia temperatury mięsa i stopnia wypieczenia.

Pół kilograma surowej jagnięciny z kością po upieczeniu da około 225-255 gramów mięsa. Pół kilo mielonego mięsa lub mięsa bez kości zmniejszy się po upieczeniu do około 300 gramów.

Elementy zasadnicze mięsa jagnięcego

Łopatka

Łopatka składa się z przednich kończyn, łopatki i górnej części karku. Mięśnie z tej części są aktywne, dlatego też zawierają znaczną ilość tkanki łącznej. Z tego względu mięso łopatki jest twardsze niż pozostałe części tuszy jagnięcej.

Powszechnymi produktami pochodzącymi z tej części są łopatka z kością, pieczeń z łopatki, kotlety z łopatki, mięso gulaszowe, mielona jagnięcina oraz kiełbasa.

Łata z mostkiem

Pierś jest jedną z najtańszych części mięsa jagnięcego. Zawiera dużo tłuszczu oraz ma dobry smak. Pierś jagnięca jest dzielona na cienkie paski, które są zazwyczaj zwijane, faszerowane lub wolno zapiekane. Do tej części zalicza się również golonkę, która jest najchudszą partią tuszy. Jest to silny mięsień z dużą ilością tkanki łącznej. Wymaga długiego gotowania.

Powszechnymi daniami z tej części głównej są rolada, żeberka i golonka.

Żebra

Żeberka dają bardzo delikatne i łagodne mięso. Ta część główna zawiera siedem do ośmiu żeber. Może być pocięta i podzielona na osobne porcje lub upieczona w całości. Jest jedną z najcenniejszych części tuszy jagnięcej. Korona jagnięca jest przygotowywana z dwóch lub trzech pasm żeber złączonych ze sobą i uformowanych na kształt korony.

Powszechnymi daniami z tej części głównej są żeberka, korona jagnięca i kotlety z kością.

Antrykot i comber

Te dwa elementy zasadnicze zawierają mięśnie umieszczone wzdłuż kręgosłupa, dolne części żeber oraz kość biodrową. Są to zazwyczaj najdroższe części tuszy jagnięcej. Tak jak w przypadku wołowiny i wieprzowiny polędwica – również znajdująca się w tej części tuszy – jest najdelikatniejszym mięsem.

Powszechnymi rodzajami dań z tej części głównej są pieczenie, kotlety, polędwica oraz medalion.

Udziec

Tylna kończyna zwierzęcia to tradycyjny udziec jagnięcy. Jest on sprzedawany w całości i waży od 2 do 4 kilogramów. Może być też podzielony na górną szynkę oraz dolną goleń. Mięso z tej części jest chude i delikatne. Może być przygotowywane na wiele różnych sposobów.

Powszechnymi rodzajami dań z tej części są udziec jagnięcy, pieczenie, steki oraz mięso na kebab.

Potrawy z mięsa jagnięcego

Pieczony udziec jagnięcy

2,3-3,2 kg udźca jagnięcego z kością
3 łyżki (42 g) stopionego oleju kokosowego lub z czerwonej palmy
sól i świeżo zmielony pieprz
6 ząbków czosnku
3 gałązki świeżego rozmarynu

Wyjmij mięso z lodówki na godzinę przed pieczeniem. Mięso powinno mieć temperaturę pokojową. Dzięki temu upiecze się szybko i równomiernie.

Całą powierzchnię mięsa dokładnie natrzyj olejem. Umieść mięso na blasze do pieczenia. Obsyp solą i pieprzem. Włącz górną grzałkę piekarnika i wstaw mięso tak, aby znajdowało się 7 do 10 cm pod źródłem ciepła. Po mniej więcej 5 minutach wierzch mięsa powinien być lekko przypalony. Obróć mięso na drugą stronę i przypiecz tak jak poprzednią.

Wyjmij mięso z piekarnika. Nagrzej piekarnik do 170 stopni. Posiekaj drobno czosnek i rozmaryn. Natrzyj wierzch mięsa. Wkłuj w środek termometr kuchenny. Przykryj mięso luźno folią aluminiową. Włóż z powrotem do nagrzanego piekarnika na środkową półkę na 1 godzinę.

Po godzinie zdejmij folię i sprawdź temperaturę mięsa. Jeżeli jeszcze nie jest gotowe, piecz dalej bez folii. Aby otrzymać średnio krwiste mięso, zakończ pieczenie, kiedy termometr pokaże 60-63°C. Wzoruj się na tabeli ze strony 308, gdzie znajdziesz informacje dotyczące średnich czasów pieczenia mięsa jagnięcego. Po wyjęciu z piekarnika mięso powinno chwilę poleżeć, zanim zaczniesz je kroić, ponieważ nadal przez kilka minut będzie się piekło w środku.

Aby pokroić pieczeń, umieść ją na desce tak, aby kość znalazła się równolegle do deski. Pokrój mięso na pionowe plastry do samej kości. Następnie odetnij plastry, przesuwając nóż między dolną krawędzią plastrów a kością.

Podawaj z dowolnym dodatkiem ketogenicznym.

Ilość porcji będzie się wahać w zależności od wielkości pieczeni. 85 g pieczeni zawiera: 18 g tłuszczu, 0 g węglowodanów netto, 14 g białka, 218 kalorii

Czas pieczenia mięsa jagnięcego

Rodzaj mięsa	Waga lub grubość	Sposób przyrządzania	Czas
Udziec z kością	2,3-3,2 kg 3,2-4 kg	Pieczenie w 170°C	20-25 min/0,45 kg
Udziec bez kości (rolada)	1,8-3,2 kg	Pieczenie w 170°C	15-20 min/0,45 kg
Pieczeń z łopatki i golonka	1,4-1,8 kg	Pieczenie w 170°C	25-30 min/0,45 kg
Mięso na kebab w kawałkach	Kostka 2,5-3,8 cm	Pieczenie w 170°C	30-35 min/0,45 kg
Kotlety mielone	5 cm	Przypiekanie/grillowanie	8-12 min/0,45 kg
Kotlety, żeberka i schab	Plastry 2,5-3,8 cm	Przypiekanie/grillowanie	5-8 min/0,45 kg
Steki z udźca	2 cm	Przypiekanie/grillowanie	7-11 min/0,45 kg
Mięso na gulasz	Kostka 2,5-3,8 cm	Przypiekanie/grillowanie	14-18 min/0,45 kg
Rolada z łaty lub mostku	3,8-5 cm	Duszenie* w 170°C	1,5-2 godziny

*Duszenie jest pieczeniem lub podsmażaniem twardszych kawałków mięsa z dodatkiem niewielkiej ilości płynu w szczelnie zakrytym naczyniu.

Golonka	2-2,5 cm	Duszenie w płynie pod przykryciem	1,5-2 godziny

Minimalna temperatura wewnętrzna kotletów mielonych powinna wynosić 70°C.
Minimalna temperatura wewnętrzna pozostałych rodzajów mięs powinna wynosić 63°C.

Pieczony udziec jagnięcy w gniazdku czosnkowym

gałązki rozmarynu
1,8 kg udźca jagnięcego bez kości
40-50 nieobranych ząbków czosnku
¼ szklanki (60 ml) stopionego masła lub oleju kokosowego
1 łyżeczka soli
¼ łyżeczki świeżo zmielonego pieprzu

Nagrzej piekarnik do 220 stopni. Ułóż gałązki rozmarynu na dnie blachy do pieczenia. Na gałązkach połóż mięso. Pod spodnie krawędzie mięsa powtykaj czosnek. Polej wierzch masłem i posyp solą i pieprzem. Wkłuj termometr w środek pieczeni.

Wstaw jagnięcinę do piekarnika. Po 10 minutach zmniejsz temperaturę do 170 stopni i przykryj mięso luźno folią. Piecz około 1,5 do 2 godzin, aż termometr pokaże 54 stopnie. Usuń wtedy folię i piecz przez kolejne 15 minut, aż mięso osiągnie temperaturę 63 stopni. Wyjmij pieczeń z piekarnika i odstaw na 10 do 15 minut przed pokrojeniem. Upieczony czosnek obierz ze skorupek i połóż na plastry mięsa polanego tłuszczem z blachy. Podawaj z ketogenicznym dodatkiem.

Ilość porcji: 8
Jedna porcja zawiera: 48 g tłuszczu, 0,5 g węglowodanów netto, 38 g białka, 586 kalorii

Pieczona rolada z udźca jagnięcego

2 łyżki (28 g) oleju kokosowego
3 średnie ząbki czosnku przeciśnięte przez praskę
3 średnie drobno posiekane szalotki
2 łyżki (4 g) drobno posiekanego świeżego rozmarynu
1 łyżka (6 g) skórki otartej z cytryny
½ łyżeczki czerwonej papryki w płatkach
1 łyżka (18 g) soli
½ łyżeczki świeżo zmielonego pieprzu
1 cały udziec jagnięcy bez kości (około 1,8 kg)

Umieść blachę na środkowej półce piekarnika. Nagrzej piekarnik do 140 stopni. Zagrzej olej w małym rondelku na średnim ogniu. Dodaj czosnek, szalotki, rozmaryn, skórkę z cytryny i płatki papryki. Podsmażaj, od czasu do czasu mieszając, około 5 minut, aż szalotki i czosnek zmiękną. Przełóż do małej miski, dodaj sól i pieprz, rozgnieć widelcem i wymieszaj.

Połową mieszanki czosnkowej nasmaruj wnętrze rozkrojonego na pół mięsa. Zwiń mięso i zwiąż sznurkiem co 2,5-5 cm. Wetrzyj resztę czosnku w wierzch pieczeni.

Umieść mięso w naczyniu żaroodpornym. Wstaw do piekarnika. Wyjmij, kiedy termometr pokaże 51-54 stopnie (jeżeli chcesz średnio krwistą pieczeń) lub 54-57 stopni (jeżeli chcesz mięso średnio wypieczone). Odstaw na 30 minut. Mięso będzie się nadal piekło wewnątrz. Czas na ostatni krok.

Kiedy mięso będzie odpoczywać, zwiększ temperaturę piekarnika do 260 stopni. Wstaw pieczeń jeszcze raz do piekarnika na mniej więcej 15 minut, aż wierzch będzie ciemnobrązowy i chrupiący. Wyjmij z piekarnika i odstaw na 5 minut. Rozetnij sznurek nożycami i przełóż mięso na deskę do krojenia. Podziel pieczeń na półcentymetrowe plastry. Przed podaniem polej wytopionym tłuszczem. Podawaj z ketogenicznym dodatkiem.

Ilość porcji: 8
Jedna porcja zawiera: 52 g tłuszczu, 1 g węglowodanów netto, 38 g białka, 606 kalorii

Pieczona jagnięcina z sardelą

Sardela i jagnięcina może wydawać się dziwnym połączeniem, jednak w tym przepisie te dwa składniki dobrze się uzupełniają. Dzięki polewie musztardowo-majonezowej pieczeń jest smaczna, chrupiąca z wierzchu oraz soczysta w środku.

1,8 kg udźca jagnięcego bez kości
1 słoiczek (94 g) sardeli w oliwie
3 zgniecione ząbki czosnku
1 łyżeczka mielonego rozmarynu
¼ szklanki (44 g) musztardy Dijon
¼ szklanki (60 g) majonezu (strony 57-60)

Nagrzej piekarnik do 220 stopni. Rozpakuj mięso. Kilkakrotnie natnij powierzchnię na głębokość 1 cm. Pokrój filety z sardeli na ćwiartki i wciśnij w nacięcia w mięsie. Umieść mięso na ruszcie lub blasze do pieczenia. W małej misce zmieszaj czosnek z musztardą, rozmarynem i majonezem. Rozsmaruj równomiernie po powierzchni pieczeni. Wstaw mięso na 30 minut do piekarnika, a następnie obniż temperaturę do 180 stopni. Po mniej więcej 90 minutach, kiedy wewnętrzna temperatura mięsa osiągnie 63 stopnie, wyjmij pieczeń z piekarnika. Podawaj z ketogenicznymi warzywami lub sałatką.

Ilość porcji: 10
Jedna porcja zawiera: 18,5 g tłuszczu, 0,5 g węglowodanów netto, 53 g białka, 380 kalorii

Mielone kotlety jagnięce z sosem pieczarkowym

1 łyżka (15 ml) oleju kokosowego lub tłuszczu ze smażenia boczku
170 g mielonej jagnięciny
2 łyżeczki granulowanej cebuli
½ łyżeczki soli
sos pieczarkowy (patrz przepis poniżej)

Sos pieczarkowy:
2 łyżki (28 g) masła
28 g drobno posiekanej cebuli
110 g posiekanych pieczarek
⅓ łyżeczki mielonego rozmarynu
⅓ łyżeczki soli
⅓ łyżeczki świeżo zmielonego pieprzu
¼ szklanki (60 ml) śmietanki kremówki

Zagrzej tłuszcz na patelni na średnim ogniu. Zmieszaj mięso z granulowaną cebulą i solą. Uformuj dwa kotlety. Umieść na rozgrzanym tłuszczu i usmaż na brązowo bez przykrycia, po 5 minut na stronę. Przełóż na talerz i odstaw na bok.

Sos przygotuj na tej samej patelni. Dodaj masło, cebulę, pieczarki, rozmaryn, sól i pieprz. Podsmażaj około 5 minut lub do czasu, aż pieczarki zmiękną. Dodaj śmietankę i gotuj przez 3 do 4 minut, aż sos lekko zgęstnieje. Mieszaj od czasu do czasu. Polej sosem kotlety i podawaj z dodatkowym daniem ketogenicznym.

Ilość porcji: 2
Jedna porcja zawiera: 26 g tłuszczu, 3 g węglowodanów netto, 26 g białka, 350 kalorii

Mielona jagnięcina z jajkiem

2 łyżki (28 g) oleju kokosowego lub z czerwonej palmy
1 średnia marchew pokrojona w kostkę
110 g rzodkwi japońskiej
½ czerwonej cebuli pokrojonej w kostkę
½ czerwonej papryki pokrojonej w kostkę
2 drobno posiekane ząbki czosnku
170 g mielonej jagnięciny
110 g pieczarek pokrojonych w kostkę
½ łyżeczki soli
¼ łyżeczki pieprzu
¼ łyżeczki mielonego chili
¼ szklanki (4 g) posiekanej świeżej kolendry
2 jajka w koszulkach lub sadzone

Zagrzej olej na patelni na średnim ogniu. Dodaj marchew i rzodkiew. Podsmażaj około 5 minut. Następnie dodaj cebulę, paprykę, czosnek i mięso. Podsmażaj, aż warzywa lekko zmiękną – około 8 minut. Dodaj pieczarki, sól, pieprz i chili. Podsmażaj jeszcze 4 do 5 minut, aż wszystkie warzywa będą miękkie. Zdejmij z ognia. Przełóż na talerz. Na wierzch połóż jajko i posyp kolendrą.

Ilość porcji: 2
Jedna porcja zawiera: 24,5 g tłuszczu, 9 g węglowodanów netto, 33 g białka, 338 kalorii

Kotlety jagnięce ze szparagami

3 łyżki (42 g) oleju kokosowego
2 kotlety jagnięce z kością (po 85 g)
450 g szparagów pociętych na małe kawałki
sól
pieprz

Zagrzej olej na dużej patelni na średnim ogniu. Na rozgrzany olej połóż mięso. Przykryj patelnię i podsmaż na złoto jedną stronę kotletów. Przewróć mięso na drugą stronę i dodaj szparagi. Podsmażaj, aż warzywa zmiękną, a mięso przysmaży się tak jak lubisz. Zdejmij z ognia i dodaj sól i pieprz do smaku. Przełóż na talerze. Polej szparagi tłuszczem z patelni.

Ilość porcji: 2
Jedna porcja zawiera: 27,5 g tłuszczu, 4 g węglowodanów netto, 29 g białka, 379 kalorii

Zapiekane mielone kotlety jagnięce

Kotlety z tego przepisu są nowym pomysłem na dodatek do śniadaniowych jajek. Mogą też służyć jako główne źródło białka na obiad z dodatkiem ulubionych warzyw.

225 g mielonej jagnięciny
1 łyżka (6 g) mielonej cebuli
1 łyżka (1 g) natki pietruszki
½ łyżeczki soli
¼ łyżeczki suszonego koperku
szczypta granulowanego czosnku
4 plastry boczku bez cukru i azotanów

Zmieszaj mięso z cebulą, pietruszką, solą, koperkiem i czosnkiem. Uformuj 4 kotlety o grubości około 2,5 cm. Dookoła krawędzi każdego kotleta zawiń pasek boczku. Zepnij drewnianą wykałaczką. Zagrzej górną grzałkę piekarnika do 250 stopni. Zapiekaj kotlety 7 cm pod grzałką przez 6 do 8 minut z każdej strony. Przewróć na drugą stronę tylko raz.

Ilość porcji: 4
Jedna porcja zawiera: 12 g tłuszczu, 0,5 g węglowodanów netto, 23 g białka, 202 kalorie

Jagnięcina w sosie musztardowym

4 kotlety jagnięce o grubości 1 cm
1 łyżka (15 ml) musztardy Dijon
1 łyżeczka soli
½ łyżeczki pieprzu
4 drobno posiekane plastry surowego boczku bez cukru i azotanów
¾ szklanki (175 ml) śmietanki kremówki
2 łyżki (28 g) kaparów

Nagrzej piekarnik do 180 stopni. W międzyczasie posmaruj mięso z każdej strony musztardą i umieść w czystym naczyniu żaroodpornym o wymiarach 22x22x5 cm. Przypraw solą i pieprzem. Na wierzch i dookoła mięsa rozsyp kawałki boczku. Wstaw bez przykrycia do piekarnika na 60 minut lub do czasu, aż mięso upiecze się tak jak lubisz.

Przełóż mięso na talerz i odstaw na bok. Nie wylewaj tłuszczu i nie przekładaj boczku z naczynia. Dodaj kapary i śmietankę. Zagotuj. Mieszaj od czasu do czasu. Zmniejsz ogień i gotuj bez przykrycia około 8 minut. Kiedy sos zgęstnieje, polej nim mięso. Sos stanowi też smaczny dodatek do warzyw gotowanych na parze.

Ilość porcji: 4
Jedna porcja zawiera: 16 g tłuszczu, 2 g węglowodanów netto, 31 g białka, 276 kalorii

Jagnięcina z sosem z kwaśnej śmietany

2 łyżki (30 ml) tłuszczu ze smażenia boczku lub oleju kokosowego
1 średnia pokrojona w kostkę cebula
450 g steków z łopatki jagnięcej
120 g pokrojonych w kostkę pieczarek
⅓ szklanki (80 ml) bulionu z kury lub wołowego
½ łyżeczki mielonej papryki
¼ łyżeczki soli
¼ łyżeczki suszonego koperku
⅓ łyżeczki pieprzu
½ szklanki (115 g) kwaśnej śmietany

Zagrzej olej na dużej patelni na średnim ogniu. Dodaj cebulę i podsmaż. Kiedy się zeszkli, przełóż do osobnego naczynia. Na gorący tłuszcz połóż mięso i usmaż z każdej strony na złoto. Przewróć na drugą stronę tylko raz. Następnie przełóż cebulę z powrotem na patelnię, dodaj pieczarki, bulion, paprykę, sól, koperek i pieprz. Duś pod przykryciem około 40 minut, aż mięso będzie delikatne. Od czasu do czasu sprawdzaj poziom płynu. Jeżeli trzeba, dodawaj małe ilości bulionu lub wody. Na koniec zdejmij z ognia i dodaj śmietanę. Dobrze wymieszaj. Przed podaniem polej mięso sporą ilością sosu.

Ilość porcji: 4
Jedna porcja zawiera: 21 g tłuszczu, 4 g węglowodanów netto, 33,5 g białka, 339 kalorii

Placek pasterski

Placek pasterski pochodzi z Anglii i tradycyjnie jest przygotowywany z jagnięciny. Możesz zrobić jego tańszą wersję, wykorzystując mieloną wołowinę lub wieprzowinę. W Stanach Zjednoczonych jest zazwyczaj przygotowywany z mielonego mięsa wołowego. W Anglii i Australii placek z mięsa wołowego nazywany jest „wiejskim plackiem". Niezależnie od nazwy placek pasterski jest zwykłą zapiekanką złożoną z warstwy mięsa, warzyw i gniecionych ziemniaków. W naszej wersji ziemniaki zostaną oczywiście zastąpione kalafiorem.

2 łyżki (28 g) oleju kokosowego lub tłuszczu ze smażenia boczku
340 g mielonej jagnięciny
1 szklanka (160 g) cebuli pokrojonej w kostkę
2 marchewki pokrojone na cienkie plasterki
1 szklanka (100 g) zielonej fasolki szparagowej pokrojonej na kawałki
1 szklanka (100 g) selera naciowego pokrojonego w kostkę
3 ząbki czosnku przeciśnięte przez praskę
½ łyżeczki soli
¼ łyżeczki świeżo zmielonego pieprzu
½ łyżeczki suszonego rozmarynu
½ łyżeczki suszonego tymianku
¼ szklanki (60 ml) sosu pomidorowego
1 łyżeczka sosu Worcestershire
2 szklanki (200 g) kalafiora pokrojonego w kostkę
6 łyżek (84 g) masła
½ łyżeczki soli
¼ łyżeczki mielonej cebuli
225 g startego ostrego sera cheddar

Nagrzej piekarnik do 190 stopni. Zagrzej olej na patelni na średnim ogniu. Dodaj jagnięcinę, cebulę, marchew, fasolkę i seler. Podsmażaj około 6 do 8 minut, aż mięso się ładnie przyrumieni, a warzywa lekko zmiękną. Dodaj czosnek i podsmażaj przez 1-2 minuty. Zdejmij z ognia i dodaj sól, pieprz, tymianek, rozmaryn oraz sosy pomidorowy i Worcestershire. Wymieszaj i przelej do żaroodpornego naczynia.

Kalafior przełóż do malaksera i rozdrobnij na grudki wielkości ziarenek ryżu. Dodaj masło, ½ łyżeczki soli, mieloną cebulę i starty ser. Wymieszaj. Przełóż kalafior na warstwę mięsną. Wstaw do piekarnika na 30 minut.

Ilość porcji: 4
Jedna porcja zawiera: 45,5 g tłuszczu, 10 g węglowodanów netto, 40,5 g białka, 611 kalorii

Jagnięcina w sosie curry

Do tego przepisu możesz użyć mięsa surowego lub pieczonego. Doskonale nadają się też resztki z pieczeni. Danie składa się z mięsa i cukinii polanych sosem curry.

2 łyżki (28 g) masła
1 średnia cebula pokrojona w kostkę
1 łyżka (6 g) drobno posiekanego imbiru
2 ząbki czosnku przeciśnięte przez praskę
¼ - ½ łyżeczki czerwonej papryki w płatkach
2 średnie pomidory pokrojone w kostkę
1 łyżeczka mielonego cynamonu
½ łyżeczki soli
¼ łyżeczki pieprzu
2 łyżki (12 g) mielonej kolendry
2 łyżki (14 g) mielonego kminku
½ łyżeczki mielonej kurkumy
1 szklanka (240 ml) bulionu jagnięcego, wołowego lub z kury
½ szklanki (8 g) posiekanej świeżej kolendry
2 łyżki (28 g) oleju kokosowego
340 g mięsa jagnięcego pokrojonego na małe kawałki
2 średnie cukinie w plastrach
1 szklanka (230 g) kwaśnej śmietany

Rozpuść masło na dużej patelni na średnim ogniu. Dodaj cebulę i podsmaż na złoto – około 10-15 minut. Dodaj imbir i czosnek. Podsmażaj przez 2 minuty. Następnie dodaj płatki papryki, pomidory, cynamon, sól, pieprz, mieloną kolendrę, kminek, kurkumę i bulion. Gotuj na małym ogniu przez 6 do 8 minut do połączenia smaków.

Zdejmij z ognia i odstaw do lekkiego ostygnięcia. Dodaj świeżą kolendrę i zmiksuj wszystko na gładkie purée.

Olej zagrzej na patelni na średnim ogniu. Podsmaż jagnięcinę (surową lub pieczoną) i cukinię, aż mięso się dobrze przyrumieni, a cukinia zmięknie. Zwiększ nieco ogień i dodaj purée. Gotuj przez 3 do 4 minut, aż wszystko się dobrze zagrzeje. Dodaj kwaśną śmietanę i wymieszaj.

Ilość porcji: 4
Jedna porcja zawiera: 32,5 g tłuszczu, 11 g węglowodanów netto, 29,5 g białka, 454 kalorie

Rogan josh

To aromatyczne danie pochodzi z Persji. Jagnięcina nabiera charakterystycznego smaku i aromatu dzięki azjatyckim przyprawom takim jak kardamon, kolendra i curry.

2 łyżki (28 g) oleju kokosowego lub z czerwonej palmy
450 g jagnięciny pokrojonej na małe kawałki
1 duża cebula pokrojona w kostkę
2 łodygi selera naciowego pokrojone w kostkę
2 marchewki pokrojone w kostkę
¼ szklanki (56 g) masła
5 cm korzenia imbiru obranego i posiekanego
8 posiekanych ząbków czosnku
¼ łyżeczki mielonych goździków
¼ łyżeczki pieprzu
¼ łyżeczki mielonego cynamonu
3 łyżeczki mielonego kardamonu
1 łyżeczka mielonej kolendry
2 łyżeczki mielonego kminku

4 łyżeczki mielonej papryki
⅓ łyżeczki pieprzu kajeńskiego
1 łyżeczka soli
¾ szklanki (175 ml) wody
½ szklanki (115 g) jogurtu naturalnego lub kwaśnej śmietany
4 szklanki (480 g) ryżu kalafiorowego (strona 63)
2 łyżki (28 g) oleju kokosowego

Zagrzej olej na dużej patelni na średnim ogniu. Dodaj mięso, cebulę, seler i marchew. Podsmażaj, aż mięso będzie złocistobrązowe, a warzywa miękkie – około 12-15 minut. Dodaj masło, imbir, czosnek, goździki, pieprz czarny i kajeński, cynamon, kardamon, kolendrę, kminek, paprykę i sól. Mieszaj i gotuj około 2 minut. Dodaj wodę, zmniejsz ogień i przykryj patelnię. Po 10-15 minutach smaki powinny się połączyć. Zdejmij wtedy patelnię z ognia, dodaj jogurt i wymieszaj.

Przygotuj ryż kalafiorowy według przepisu ze strony 63. Zagrzej olej na osobnej patelni na średnim ogniu. Ugotuj ryż kalafiorowy na miękko, często mieszając. Po mniej więcej 5 minutach zdejmij z ognia.

Podawaj ryż kalafiorowy z porcją jagnięcego curry na wierzchu.

Ilość porcji: 4
Jedna porcja zawiera: 28 g tłuszczu, 11 g węglowodanów netto, 37 g białka, 426 kalorii

Jagnięce ragoût z kalafiorem

1 goleń jagnięca (około 450 g)
1 mała główka kalafiora (około 560 g) podzielona na różyczki
¼ szklanki (56 g) oleju kokosowego lub z czerwonej palmy
2 łodygi selera naciowego pokrojone w kostkę
1 marchewka pokrojona w kostkę
1 średnia cebula pokrojona w kostkę
1 czerwona papryka pokrojona w kostkę
2 posiekane ząbki czosnku
1 szklanka (240 ml) zgniecionych pomidorów
1 łyżka (2 g) drobno posiekanego świeżego rozmarynu lub ½ łyżeczki mielonego
½ łyżeczki ziół prowansalskich
2 łyżeczki soli
½ łyżeczki pieprzu

Umieść golonkę w garnku i zalej wodą 2,5 cm ponad powierzchnię mięsa. Zagotuj. Następnie zmniejsz ogień, przykryj garnek i gotuj przez 3 do 6 godzin lub do czasu, aż mięso będzie miękkie. Sprawdzaj od czasu do czasu, czy nie trzeba dolać więcej wody. Ilość wody w garnku nie powinna być mniejsza niż 2 szklanki (470 ml). Kiedy mięso będzie gotowe, oddziel je od kości i pokrój na małe kawałki. Odstaw na bok, lecz nie pozwól, aby całkowicie wystygło. Zachowaj 2 szklanki (470 ml) wywaru.

Ugotuj kalafior na parze na miękko.

Zagrzej olej na dużej patelni na średnim ogniu. Dodaj seler, marchew, cebulę i paprykę. Podsmażaj około 10 minut, aż warzywa zmiękną. Następnie dodaj czosnek i gotuj jeszcze przez 3 do 4 minut. Dodaj wywar, pomidory, rozmaryn, zioła prowansalskie, sól i pieprz. Gotuj na małym ogniu przez 15 minut. Zdejmij z ognia. Przełóż warzywa do miski blendera lub malaksera i zmiksuj na gładkie purée. Do sosu dodaj mięso i wymieszaj łyżką. Jeżeli zbyt wystygło, podgrzej na patelni. Sosem polej również kalafior i udekoruj całe danie posiekaną natką pietruszki.

Ilość porcji: 4
Jedna porcja zawiera: 23 g tłuszczu, 12,5 g węglowodanów netto, 39 g białka, 413 kalorii

10

Drób

Pojęcie „drób" określa udomowione ptaki, takie jak kury, indyki, kaczki i gęsi, które są hodowane na mięso i jaja. Kura jest zdecydowanie najpopularniejszym ptakiem hodowlanym na świecie, zarówno ze względu na mięso, jak i jaja.

Kura jest potomkiem ptactwa zamieszkującego dżungle południowowschodniej Azji i została udomowiona w Indiach około 2000 lat p.n.e. Rozróżniamy wiele gatunków kur: brojlery, kury mięsne przeznaczone na pieczenie lub gulasze, kapłony czy rock cornish. Poniżej przedstawiam krótki opis każdego z tych gatunków.

- Brojlery: Młode kurczaki z delikatnym mięsem przeznaczane do uboju w wieku około siedmiu tygodni. Ważą od 1 do 2 kilogramów. Mięso z tych ptaków może być przyrządzane dowolną metodą: smażone, pieczone, zapiekane, duszone lub grillowane.
- Kornisze (rock cornish): Małe kurczaki gatunku brojler. Ważą od 0,5 do 2 kilogramów. Zazwyczaj są faszerowane i pieczone w całości.

- Kapłony: Młode wykastrowane koguty przeznaczone do uboju w wieku od 16 tygodni do 8 miesięcy. Ważą od 1,8 do 3 kg. Zawierają dużo delikatnego jasnego mięsa zazwyczaj wykorzystywanego do pieczenia.
- Koguty: Dojrzałe samce kury domowej z szorstką skórą i ciemnym, twardym mięsem. Mięso tych ptaków wymaga długiego gotowania.
- Kury mięsne hodowane na pieczenie: młode kurczęta przeznaczone do uboju w wieku od 8 do 12 tygodni. Mięso z tych ptaków jest sprzedawane z przyprawami, gotowe do pieczenia. Okazy ważą około 2,2 kg i dają więcej mięsa niż brojlery. Zazwyczaj są pieczone w całości.
- Kury mięsne hodowane na gulasze: Dojrzałe kury nioski w wieku od 10 do 18 miesięcy. Mięso tych kur jest mniej delikatne niż młodych kurcząt, dlatego też jest używane do gulaszów i gotowania.

Czas przechowywania drobiu

Rodzaj mięsa	Przechowywanie w lodówce	Przechowywanie w zamrażarce
Cały surowy ptak	1 do 2 dni	9 miesięcy
Surowe części ptaka	1 do 2 dni	9 miesięcy
Mielone mięso i podroby	1 do 2 dni	3-4 miesiące
Gotowany drób	3 do 4 dni	4 miesiące
Dania z gotowanego drobiu	3 do 4 dni	2 miesiące
Bulion drobiowy i sos własny	3 do 4 dni	3-4 miesiące
Wędlina drobiowa	Nieotwarte opakowania – 2 tygodnie, otwarte 3 do 5 dni	1-2 miesiące

Indyk jest dużym udomowionym ptakiem północnoamerykańskim. Ma białe upierzenie oraz nagą pomarszczoną skórę szyi i głowy. Angielska nazwa indyka „turkey" początkowo została nadana afrykańskiemu ptakowi dziś znanemu pod nazwą perliczka. Początkowo uważano, że pochodzi on z Turcji (ang. Turkey). Kiedy Europejczycy natknęli się na indyka w Ameryce, uznali, że to ten sam ptak, więc nadali mu tę nazwę, która funkcjonuje do dziś. Są to jednak dwa różne gatunki ptaków.

Oznaczenie płci indyka nie jest obowiązkową informacją na opakowaniu i jest raczej tylko określeniem rozmiaru. Samce są większe, ale mają równie delikatne mięso, jak samice. Indyki obojga płci, które mają mniej niż 8 miesięcy, zgodnie z dzisiejszymi przepisami są uważane za „młode". Indyki przygotowane do pieczenia są dużo większe niż kury i inne ptaki hodowlane – ważą od 1,8 do 13 kilogramów, a nawet więcej. Indyka można kupić całego, połówkę, ćwiartkę lub poszczególne części – pierś, nóżki i całą resztę.

Inne ptaki hodowlane to między innymi kaczki, gęsi, bażanty, przepiórki i perliczki. Są rzadziej sprzedawane i nieco droższe. Kaczki brojlery są młodymi ptakami ważącymi około 1,3 kg. Kaczki mięsne hodowane na pieczenie są nieco starsze (8 do 16 tygodni) i ważą od 1,3 do 2,3 kg. Młode gęsi ważące od 1,8 do 6,3 kg są przeznaczone na pieczenie. Większość drobiu zawiera taką ilość tłuszczu, która sprawia, że pieczone mięso jest soczyste. Mięso niektórych ptaków (perliczek, bażantów i niektórych ptaków łownych) trzeba jednak przed pieczeniem dodatkowo owijać boczkiem, plastrami słoniny lub surowej wieprzowiny, aby było wilgotne i soczyste.

Wskazówki dotyczące bezpieczeństwa

Przechowywanie drobiu

Drób należy przechowywać w lodówce w temperaturze 4°C lub niższej, a zamrażać w co najmniej -18°C. Najlepszą jakość mięsa uzyskasz, przechowując je w zamrażarce. Mięso będzie bezpieczne tak długo, jak będzie zamrożone.

Rozmrażanie drobiu

Mięso drobiowe musi być również rozmrażane w odpowiedniej temperaturze. Zamrożone mięso jest bezpieczne do momentu wyjęcia z zamrażarki. Jednak kiedy tylko rozpocznie się proces rozmrażania, wszelkie bakterie, które mogły być obecne w mięsie przed mrożeniem, mogą zacząć ponownie się rozmnażać.

Nie należy pozostawiać mrożonki w temperaturze pokojowej na dłużej niż 2 godziny. Nawet jeżeli środek mięsa jest nadal zamrożony, wierzchnia warstwa ma wyższą temperaturę. Przedział od 4 do 60 stopni Celsjusza nie jest bezpieczny, ponieważ w tej temperaturze bakterie pokarmowe bardzo szybko się rozmnażają.

Najbezpieczniejszym sposobem na rozmrażanie drobiu jest przełożenie mięsa z zamrażarki do wody i wstawienie do lodówki. Musisz zaplanować rozmrażanie odpowiednio wcześnie i przeznaczyć 24 godziny na każde 1,8 do 2,3 kilograma mięsa. Należy włożyć mięso do pojemnika, aby soki i woda nie zamoczyły innych produktów.

Rozmrożone mięso drobiowe może leżeć w lodówce do 2 dni, zanim zostanie ugotowane czy upieczone. Można ponownie zamrozić mięso bez konieczności gotowania. Jakość takiego mięsa jednak się nieco pogorszy. Jeśli rozmrażasz mięso w zimnej wodzie, przeznacz 30 minut na każde 0,5 kg. Mięso musi być umieszczone w nieprzemakalnej torebce. Dzięki temu zapobiegniesz zanieczyszczeniu krzyżowemu i zamoczeniu mrożonki. Szczelnie zawinięte mięso zanurz w zimnej wodzie z kranu. Ugotuj zaraz po rozmrożeniu. Drób po ugotowaniu można ponownie zamrażać.

Czas rozmrażania mięsa drobiowego

Waga mięsa	Rozmrażanie w lodówce	Rozmrażanie w zimnej wodzie
2 do 5,5 kg	1 do 3 dni	2 do 6 godzin
5,5 do 7 kg	3 do 4 dni	6 do 8 godzin
7 do 9 kg	4 do 5 dni	8 do 10 godzin
9 do 11 kg	5 do 6 dni	10 do 12 godzin

Rozmrażanie w lodówce: około 24 godzin na każde 1,8-2,3 kg.
Rozmrażanie w zimnej wodzie: około 30 minut na każde 0,5 kg.

Jak piec mięso drobiowe

Pieczenie całych ptaków

Ustaw temperaturę piekarnika na co najmniej 170 stopni. Należy wcześniej rozgrzać piekarnik, aby dokładnie określić czas pieczenia.

Upewnij się, że ptak jest całkowicie rozmrożony. Czas gotowania drobiu podany w tabeli dotyczy surowego świeżego lub całkowicie rozmrożonego mięsa wyjętego z lodówki.

Wyjmij podroby i odetnij szyjkę – te części piecze się osobno.

Umieść ptaka piersią do góry w płytkim naczyniu żaroodpornym, o głębokości 5 do 6,5 cm.

Farsz (oczywiście niskowęglowodanowy) należy umieścić we wnętrzu ptaka zaraz przed włożeniem do piekarnika. Jeżeli nóżki nie są sczepione metalowym lub nylonowym zapięciem, przywiąż je do ogona. Nasmaruj dokładnie całego ptaka masłem, olejem kokosowym lub innym tłuszczem.

W najgrubszą część udka lub nadzienia wbij termometr tak, aby nie dotykał kości.

Duże ptaki (3,6 kg lub większe) można okryć luźno folią aluminiową, aby mięso z piersi nie wyschło podczas pieczenia. Na godzinę lub dwie przed końcem pieczenia należy jednak usunąć folię, aby uzyskać chrupiącą wierzchnią warstwę. W ciągu ostatnich dwóch godzin pieczenia można co 30 minut polewać ptaka wytopionym tłuszczem zbierającym się na dnie naczynia lub formy. Dzięki temu mięso będzie miało intensywniejszy smak i będzie bardziej nawilżone.

Wiele starszych książek kucharskich i przepisów, a nawet stron internetowych zaleca pieczenie drobiu do temperatury wewnętrznej 77-88°C, co w rezultacie często daje mdłe i wysuszone mięso. Departament Rolnictwa Stanów Zjednoczonych dokonał ponownej oceny bezpiecznej temperatury pieczenia drobiu i dziś zaleca 74°C jako odpowiednią do przygotowania bezpiecznego i dobrze wypieczonego mięsa drobiowego. Krótszy czas pieczenia da bardziej soczyste i smaczniejsze mięso.

Przygotowując pieczeń, korzystaj z poniższej tabeli. Sprawdzaj wewnętrzną temperaturę mięsa za pomocą kuchennego termometru. Temperatura minimum 74 stopnie będzie oznaczać całkowicie upieczone mięso niezależnie od czasu pieczenia. Możesz oczywiście piec dłużej.

Czas pieczenia mięsa drobiowego

Waga mięsa	Temperatura piekarnika w stopniach C	Czas pieczenia w godzinach
Kurczak		
0,7-0,9 kg	190	3/4 do 1
1-1,8 kg	190	1 1/4 do 1 3/4
2-3,2 kg	180	2 do 2 1/2
Indyk (cały bez farszu)		
1,8-3,6 kg	170	1 3/4 do 2 3/4
3,6-5,5 kg	170	2 3/4 do 3
5,5-7,3 kg	170	3 do 4
7,3-9 kg	170	4 do 4 1/2
9-11 kg	170	4 1/2 do 5
Indyk (połówki lub ćwiartki)		
2,3-3,6 kg	170	2 1/2 do 2 3/4
3,6-4,5 kg	170	2 3/4 do 3 1/2
4-5,5 kg	170	3 1/2 do 3
Rolady z indyka i pieczenie bez kości (bez farszu)		
1,3-2,3 kg	170	1 1/2 do 2
2,3-3,2 kg	170	2 do 2 1/2
3,2-4 kg	170	2 1/2 do 3
Pierś z indyka (bez farszu)		
1,3-2,7 kg	170	1 1/2 do 2 1/4
2,7-3,6 kg	170	2 1/4 do 2 3/4
3,6-4,5 kg	170	2 3/4 do 3 1/4
4,5-5,5 kg	170	3 1/4 do 3 1/2
5,5-6,3 kg	170	3 1/2 do 4
Kura kornisz		
0,5-0,7 kg	190	3/4 do 1

Perliczka i bażant		
0,9–2,7 kg	180	1 do 2
Kaczka		
1,3–2,7 kg	190	1 do 2
Gęś		
1,8–2,7 kg	170	1¾ do 2¼
2,7–3,6 kg	170	2¼ do 2¾
3,6–5,5 kg	170	2¾ do 3½
5,5–6,3 kg	170	3½ do 3¾

Pieczenie połówek i ćwiartek całego ptaka oraz piersi drobiowych

Pierwszym krokiem jest nagrzanie piekarnika do temperatury wskazanej w powyższej tabeli. Należy dobrać wagę przygotowywanego mięsa do odpowiedniej temperatury. Mięso należy umieścić stroną ze skórą do góry w lekko wysmarowanym tłuszczem płytkim naczyniu żaroodpornym. Skórę należy posmarować stopionym masłem lub olejem kokosowym oraz przyprawić solą i pieprzem. Mięso wstawiamy do piekarnika bez przykrycia. Podczas pieczenia nie należy obracać mięsa na drugą stronę i wyjąć, kiedy będzie miękkie i przypieczone na złoto. Można również od czasu do czasu smarować dodatkową warstwą masła lub oleju kokosowego, aby bardziej nawilżyć mięso. Skorzystaj z czasów pieczenia konkretnych rodzajów mięs umieszczonych w powyższej tabeli.

Marynaty, solanki i duszenie drobiu

Wszyscy lubimy nowości kulinarne. Szukamy nowych sposobów na przyrządzanie dobrze znanych potraw, jak na przykład kurczak czy indyk. Ostatnio bardzo modne stały się konkretne metody wzmacniające smak, delikatność i strukturę mięsa drobiowego. Dzięki technikom, takim jak marynowanie, ostrzykiwanie, opiekanie i moczenie w solance, do wnętrza mięsa drobiowego można wprowadzić różne płyny. Dziś można zakupić też surowe produkty, które były uprzednio marynowane, moczone w zalewie solnej lub opiekane z wierzchu.

Marynowanie drobiu

Marynowanie polega na umieszczeniu produktu w marynacie, czyli kwaśnym sosie przenikającym warstwy mięsa w celu nadania mu miękkości i smaku.

Według encyklopedii gotowania dla kobiet „Woman's Day Encyclopedia of Cookery" „marynaty początkowo były prostymi zalewami solnymi służącymi do konserwacji ryb. Słowo «marynata» ma wspólne korzenie ze słowem «morski». Dzisiaj marynata składa się z oleju, kwasu (ocet, sok z cytryny, wino) i przypraw. Produkt zanurzony w marynacie nabiera smaku kwaskowatych przypraw dzięki działaniu tłuszczów i kwasów. Kwasy mają również działanie zmiękczające".

Kwas zawarty w marynacie rozbija tkanki mięsa drobiowego, dzięki czemu mięso staje się delikatniejsze. Zatrzymuje również więcej płynów nadających mu soczystości. Jednak zbyt duża ilość kwasu w marynacie może mieć przeciwne działanie – sprawi, że mięso stanie się żylaste i twarde.

Części mięsa drobiowego lub całe ptaki można marynować poprzez całkowite zanurzenie w marynacie. Dobrym sposobem jest uprzednie nakłucie mięsa widelcem w kilku miejscach, aby ułatwić marynacie dotarcie do głębszych partii mięsa. Można również użyć strzykawki kuchennej.

Drób w marynacie należy przechowywać w lodówce do 24 godzin. Do marynowania najlepiej jest wykorzystać naczynia szklane lub ze stali nierdzewnej. Naczynia wstawione do lodówki powinny być przykryte. Nie należy używać resztek marynaty z surowego mięsa do sosu. Trzeba ją uprzednio ugotować, aby zlikwidować wszelkie ewentualne bakterie. Przygotowując drób faszerowany, należy najpierw zamarynować mięso i upiec zaraz po nafaszerowaniu.

Zalewa solna

Zalewa solna to nic innego, jak nasycony roztwór wody i soli. Sól działa na mięso drobiowe na dwa sposoby: rozpuszcza białko zawarte we włóknach mięśniowych oraz sprawia, że podczas pieczenia mięso traci mniej soków. Dzięki temu pieczeń jest soczysta, delikatna oraz ma lepszy smak.

Solenie na sucho jest prostą alternatywą tradycyjnych metod z użyciem wody. Mięso naciera się solą z przyprawami bez dodatku płynów.

Cały proces trwa dwa dni. W międzyczasie z mięsa wypływają soki, które mieszając się z solą, tworzą zalewę. Zalewa jest następnie wchłaniana przez mięso bez konieczności dodawania innych płynów. Obie metody – mokra i sucha – są opisane poniżej.

Do przygotowania roztworu solnego należy do 4 litrów wody dodać 200 gramów soli lub 50 gramów soli na każdy 1 litr wody. Wlej zalewę do naczynia szklanego lub ze stali nierdzewnej. Całkowicie zanurz w niej mięso, przykryj naczynie i wstaw do lodówki. Najlepszy rezultat uzyskasz, pozostawiając mięso w lodówce przynajmniej na całą noc. Mięso drobiowe surowe lub rozmrożone może leżeć w lodówce do dwóch dni. Po określonym czasie mięso należy wyjąć z zalewy i od razu upiec. Zalewy nie wykorzystuje się ponownie. Mięso faszerowane należy zamarynować przed faszerowaniem.

Do metody suchej należy odważyć 1 łyżkę (17 g) soli koszernej lub soli z przyprawami na każde 2,3 kg mięsa. Do soli można dodać zioła, przyprawy, skórkę cytrynową lub czosnek. Tak przygotowaną mieszankę należy wetrzeć dokładnie w mięso i umieścić je w szczelnie zamkniętej torebce bez powietrza. Najlepsze rezultaty uzyska się, przechowując mięso w lodówce około 2 dni i masując torebkę co 8-12 godzin, aby sól bardziej przenikła do wnętrza mięsa. Na koniec wystarczy wyjąć mięso z torebki, osuszyć ręcznikiem papierowym i upiec.

Duszenie drobiu

Dzięki tej metodzie mięso nabiera wilgoci w miarę pieczenia. W międzyczasie należy polewać wierzch mięsa masłem, tłuszczem lub bulionem. Można w tym celu wykorzystać specjalną pipetę do sosów. Opiekanie przy jednoczesnym polewaniu nadaje pieczeni kolor i smak oraz zapobiega wysuszeniu mięsa.

Polewając mięso podczas pieczenia, należy pamiętać, że przy każdym otwarciu drzwiczek piekarnika obniża się nieco temperatura. Dlatego też należy wydłużyć nieco czas pieczenia. Zawsze używaj czystych sztućców i przyborów kuchennych, aby uniknąć zanieczyszczenia krzyżowego.

Można kupić mięso drobiowe odpowiednio przygotowane do samodzielnego pieczenia. Mięso takie zostało uprzednio nastrzyknięte lub zamarynowane w roztworze z dodatkiem masła lub innego tłuszczu, w bulionie, wywarze lub wodzie z dodatkiem przypraw, substancji poprawiających smak, kolor lub innych zatwierdzonych składników. Niektóre surowe produkty drobiowe w opakowaniach są odpowiednio przygotowane do samodzielnego przyrządzania. Konkretne informacje na opakowaniu określają ilość dodanych substancji zmiękczających – do mięsa z kością zazwyczaj 3 procent całkowitej wagi produktu oraz do mięsa bez kości – 8 procent. Na etykiecie musi być uwzględniona informacja określająca całkowitą zawartość wszystkich składników roztworu, tych powszechnych i tych mniej popularnych.

Potrawy z mięsa drobiowego

Warzywny farsz ketogeniczny

Terminy *farsz* oraz *nadzienie* są często stosowanie wymiennie do opisu tego samego dodatku – tradycyjnej mieszanki pokruszonego chleba, warzyw i przypraw podawanej z pieczenią drobiową. Składniki są identyczne. Jedyną różnicą może być miejsce, gdzie przyrządza się mieszankę. Można faszerować mięso bezpośrednio lub przygotować nadzienie w osobnym naczyniu.

W naszym przepisie chleb zastąpimy warzywami zapiekanymi wewnątrz całego ptaka. Możesz dowolnie wymienić warzywa podane w przepisie na inne. Podane ilości wystarczą do nafaszerowania średniego indyka.

2 łyżki (28 g) masła

85 g mielonej wieprzowiny lub drobno posiekanej kiełbasy z przyprawami

1 średnia posiekana cebula

1 średnia marchew pokrojona w kostkę

2 posiekane łodygi selera naciowego

1 szklanka (110 g) zielonej fasolki szparagowej pokrojonej na 0,5-cm kawałki

1 czerwona papryka pokrojona w kostkę

110 g pieczarek pokrojonych na grubsze plastry

½ łyżeczki soli
¼ łyżeczki świeżo zmielonego pieprzu
½ łyżeczki suszonej szałwii
½ łyżeczki suszonego tymianku
1 łyżka (1½ g) świeżego rozmarynu lub ½ łyżeczki suszonego

Zagrzej masło na głębokiej patelni na średnim ogniu. Dodaj wieprzowinę, cebulę, marchew i seler. Podsmażaj około 4 minut, aż mięso się lekko przyrumieni. Zdejmij z ognia i przełóż do miski. Dodaj fasolkę, paprykę, pieczarki, sól, pieprz, szałwię, tymianek i rozmaryn. Dokładnie wymieszaj. Umieść farsz wewnątrz indyka i wstaw do piekarnika. Piecz według wskazówek zawartych w tabeli na stronie 331 lub do czasu, aż wewnętrzna temperatura farszu osiągnie 74 stopnie.

Ilość porcji: 6
Jedna porcja zawiera: 4,5 g tłuszczu, 4 g węglowodanów netto, 5 g białka, 76 kalorii

Niskowęglowodanowy farsz do indyka

Farsz jest zawsze najlepszym dodatkiem do indyka. Można oczywiście również faszerować kurczaka i inne ptaki. Tradycyjny farsz przyrządza się z suchych okruchów lub kostek chleba zapiekanych wewnątrz całego ptaka. Nie jest jednak sztywną zasadą, że farsz musi być umieszczony wewnątrz i przygotowany z chleba. Poniższy przepis przedstawia niskowęglowodanową i bezglutenową wersję farszu przyrządzaną osobno. Ten farsz można również podać jako główne danie bez dodatków. Jest też znakomitym sposobem na wykorzystanie resztek pieczonego kurczaka lub indyka.

4 jajka
⅓ szklanki (75 g) stopionego masła
½ szklanki (32 g) przesianej mąki kokosowej
2 szklanki (280 g) ugotowanego mięsa z kurczaka lub indyka pokrojonego w kostkę
½ szklanki (80 g) drobno posiekanej cebuli
½ szklanki (120 g) selera naciowego pokrojonego w kostkę
1½ szklanki (120 g) pieczarek pokrojonych w kostkę
1 łyżeczka soli
2 łyżeczki mielonej szałwii
1 łyżeczka tymianku
¼ łyżeczki pieprzu

Nagrzej piekarnik do 190 stopni. Jajka dokładnie wymieszaj z masłem trzepaczką. Dodaj mąkę kokosową i ubij na gładką masę. Następnie dodaj pozostałe składniki i wymieszaj. Upewnij się, że mięso i warzywa są dokładnie pokryte ciastem. Przelej całość do wysmarowanej tłuszczem formy o wymiarach 28x10x4 cm. Wstaw do piekarnika na 40 minut.

Ilość porcji: 8
Jedna porcja zawiera: 12 g tłuszczu, 2 g węglowodanów netto, 14,5 g białka, 174 kalorie

Grillowana pierś z kurczaka z masłem i kolendrą

2 łyżki (28 g) miękkiego masła
1 łyżka (1 g) drobno posiekanej świeżej kolendry
½ łyżeczki skórki otartej z limonki
¼ łyżeczki pikantnego sosu, np. tabasco

sól
2 piersi z kurczaka bez kości
2 łyżki (30 ml) świeżego soku z limonki
1 łyżka (14 g) stopionego oleju kokosowego

W małej misce za pomocą drewnianej łyżki lub gumowej szpatułki zmieszaj masło z kolendrą, skórką z limonki, tabasco i ¼ łyżeczki soli. Przełóż mieszankę na folię i uformuj podłużną rurkę. Wstaw do zamrażarki na 10 minut.

Przyłóż nóż do boku mięsa i rozetnij w poprzek na pół. Pozostaw około 1,5 cm nieprzeciętego mięsa. Otwórz mięso jak skrzydła motyla. Przypraw ¾ łyżeczki soli i skrop sokiem z limonki oraz olejem kokosowym. Odstaw na 15 minut.

Następnie połóż mięso na rozgrzanym grillu. Obracaj tak, aby równo przypaliło się od kratki grillowej. Kiedy mięso będzie dobrze wypieczone, przenieś je szybko na dwa talerze. Pokrój zmrożone masło na plasterki i rozłóż na gorącym kurczaku. Udekoruj gałązkami świeżej kolendry i podawaj z dodatkowym daniem ketogenicznym.

Ilość porcji: 2
Jedna porcja zawiera: 27 g tłuszczu, 5 g węglowodanów netto, 33 g białka, 377 kalorii

Tostburger z indykiem

Burgery z poniższego przepisu nie zawierają bułki i tak naprawdę nie są tostami, lecz zapiekanym mięsem. Przypieczona wierzchnia warstwa serowa sprawia, że burgery chrupią i smakują jak świeże tosty. W przepisie wykorzystany jest mielony indyk, jednak możesz użyć dowolnego mięsa mielonego. Burgery podawaj z dowolnymi warzywami.

225 g mielonego indyka
1 ubite jajko
30 g drobno posiekanego świeżego szpinaku
¼ łyżeczki soli
⅛ łyżeczki pieprzu
1 łyżeczka suszonej cebuli w płatkach
2 łyżeczki świeżego soku z limonki
60 g startego sera cheddar

Nagrzej piekarnik do 220 stopni. W średniej misce połącz indyka z jajkiem, szpinakiem, solą, pieprzem, sokiem z limonki, cebulą i połową sera. Dokładnie wymieszaj składniki i uformuj dwa placki na hamburgery. Przełóż do naczynia żaroodpornego. Wierzch kotletów posyp resztą sera. Wstaw do nagrzanego piekarnika na 30 minut, do czasu, aż kotlety się dobrze upieką, a ser przyrumieni.

Ilość porcji: 2
Jedna porcja zawiera: 24 g tłuszczu, 4 g węglowodanów netto, 41 g białka, 396 kalorii

Zapiekanka z kurczaka

170 g surowej piersi z kurczaka
½ średniej cebuli pokrojonej w kostkę
340 g kalafiora pokrojonego w kostkę
1 średnia łodyga selera naciowego pokrojona w kostkę
2 posiekane ząbki czosnku
2 łyżki (18 g) posiekanej papryczki jalapeño
110 g miękkiego serka śmietankowego
110 g startego ostrego sera cheddar
½ łyżeczki soli

⅛ łyżeczki pieprzu
¼ szklanki (60 g) kwaśnej śmietany

Nagrzej piekarnik do 180 stopni. W dużej misce zmieszaj kurczaka z cebulą, kalafiorem, selerem, czosnkiem, papryką, serkiem śmietankowym, serem cheddar, solą i pieprzem. Przełóż mieszankę do czystej formy do pieczenia o średnicy 22 cm. Wstaw do nagrzanego piekarnika na 1 godzinę. Przed podaniem na wierzch połóż kwaśną śmietanę.

Ilość porcji: 2
Jedna porcja zawiera: 46,5 g tłuszczu, 12 g węglowodanów netto, 48 g białka, 658 kalorii

Zapiekanka z kurczakiem i brokułami

170 g surowej piersi z kurczaka pokrojonej w kostkę
170 g brokułu pokrojonego w kostkę
2 łodygi selera naciowego pokrojone w kostkę
½ średniej cebuli pokrojonej w kostkę
55 g pieczarek w plastrach
½ szklanki (115 g) majonezu (strony 57-60)
½ szklanki (115 g) kwaśnej śmietany
½ łyżeczki soli
⅛ świeżo zmielonego pieprzu
110 g startego sera Monterey Jack

Nagrzej piekarnik do 180 stopni. W dużej misce dokładnie zmieszaj kurczaka z brokułami, selerem, cebulą, pieczarkami, majonezem, śmietaną, solą, pieprzem i połową (55 g) sera. Przełóż mieszankę do czystej formy o średnicy 22 cm. Wierzch posyp resztą sera. Wstaw do nagrzanego piekarnika na 1 godzinę.

Ilość porcji: 2
Jedna porcja zawiera: 73 g tłuszczu, 10 g węglowodanów netto, 45 g białka, 877 kalorii

Chow mein z kurczakiem

Chow mein przyrządza się z suchych lub ugotowanych nudli. W tej wersji makaron zastąpimy prażonymi migdałami.

½ szklanki (75 g) uprażonych całych migdałów
2 łyżki (28 g) oleju kokosowego
½ średniej cebuli posiekanej w kostkę
1 średnia łodyga selera naciowego pokrojona w kostkę
½ zielonej papryki pokrojonej w kostkę
225 g surowej piersi z kurczaka pokrojonej w średnią kostkę
2 drobno posiekane ząbki czosnku
85 g pędów bambusa
60 g pieczarek w plastrach
120 g kiełków fasoli
½ łyżeczki soli
sos sojowy lub przyprawa coconut aminos do smaku

Nagrzej piekarnik do 180 stopni. Praż migdały na blasze około 7 minut, aż się lekko przyrumienią. Uważaj, aby nie przypalić. Wyjmij z piekarnika i odstaw na bok.

Zagrzej olej na dużej patelni na średnim ogniu. Dodaj cebulę, seler i paprykę. Podsmażaj około 5 minut, aż warzywa będą lekko miękkie. Dodaj kurczaka, czosnek, pędy bambusa i podsmażaj, aż mięso zrobi się białe. Następnie dodaj pieczarki i kiełki fasoli. Smaż do czasu, aż pieczarki zmiękną – od 4 do 5 minut. Na koniec dodaj prażone migdały oraz sól. Zdejmij z ognia. Dodaj sos sojowy do smaku.

Ilość porcji: 2
Jedna porcja zawiera: 36,5 g tłuszczu, 14 g węglowodanów netto, 47 g białka, 574 kalorie

Chrupiące skrzydełka

Do przygotowania chrupiących skrzydełek niepotrzebna nam będzie wysokowęglowodanowa panierka. Sekret tego niskowęglowodanowego chrupiącego dania tkwi w skórce kurczaka i podwójnym smażeniu. Za pierwszym razem mięso się całkowicie wysmaży w środku w niskiej temperaturze, a podczas drugiego smażenia – w wysokiej temperaturze – skórka kurczaka stanie się przepysznie chrupiąca.

olej kokosowy do smażenia
10 skrzydełek z kurczaka ze skórką
sól do smaku
dressing farmerski (strona 65) lub pikantny dip (patrz przepis poniżej)

Pikantny dip:
¼ szklanki (112 g) stopionego masła
2 łyżki (30 ml) pikantnego sosu

Zagrzej olej kokosowy do 140 stopni we frytkownicy lub innym naczyniu do smażenia w głębokim tłuszczu. Włóż skrzydełka na 12 do 15 minut lub do czasu, aż mięso się dobrze wysmaży. Wyjmij skrzydełka z oleju i odstaw na bok. Zagrzej olej do 180 stopni. Umieść skrzydełka z powrotem w rozgrzanym oleju i smaż na chrupko około 8-9 minut. Wyjmij i odstaw do lekkiego ostygnięcia. Posyp solą. Możesz podawać z dressingiem farmerskim lub pikantnym dipem.

Przygotuj dip: zmieszaj masło z dowolnym pikantnym sosem.

Ilość porcji: 10 skrzydełek
Jedna porcja zawiera: 2 g tłuszczu, 0 g węglowodanów netto, 4 g białka, 34 kalorie

Chrupiący kurczak smażony i pieczony

Dzięki smażeniu, a następnie upieczeniu mięso będzie bardzo chrupiące. Pamiętaj, aby nie zdejmować skóry z kurczaka, ponieważ właśnie ona nadaje całej potrawie przepysznej chrupkości.

1 łyżka (14 g) oleju kokosowego
2 łyżki (28 g) oleju z czerwonej palmy
sól i pieprz do smaku
450 g udek lub piersi z kurczaka ze skórą
szpinak
podsmażone pieczarki i cebula

Nagrzej piekarnik do 230 stopni. Zagrzej oleje w dużym naczyniu żaroodpornym na średnim ogniu. Każdy kawałek kurczaka posyp solą i pieprzem. Następnie umieść płasko na patelni skórką do dołu. Przysmaż na złoto – od 5 do 7 minut. Wstaw naczynie do nagrzanego piekarnika. Wyjmij mięso po mniej więcej 25 minutach, kiedy z najtłustszych miejsc po nakłuciu wypłynie przejrzysty sok. Ułóż kurczaka na ugotowanym szpinaku chrupiącą skórką do góry. Podawaj z przysmażonymi pieczarkami i cebulką. Polej mięso i warzywa tłuszczem wytopionym podczas pieczenia.

Ilość porcji: około 4
Jedna porcja (tylko mięso) zawiera: 17 g tłuszczu, 0 g węglowodanów netto, 24,5 g białka, 251 kalorii

Kurczak z warzywami w sosie śmietanowym

2 piersi z kurczaka
225 g serka śmietankowego pokrojonego na kawałki
2 łyżki (28 g) masła
1 szklanka (235 ml) bulionu z kury
¾ szklanki (175 ml) śmietanki kremówki
¼ łyżeczki curry
⅛ łyżeczki mielonego rozmarynu
¼ łyżeczki soli
2 ząbki czosnku przeciśnięte przez praskę
1 posiekana łodyga selera naciowego
1 szklanka (100 g) zielonej świeżej lub mrożonej fasolki szparagowej pokrojonej na kawałki
1 szklanka (70 g) pieczarek w plastrach
½ szklanki (50 g) posiekanej cebuli

Włącz górną grzałkę piekarnika. Piersi z kurczaka umieść w naczyniu żaroodpornym skórką do góry około 15 cm pod grzałką. Zapiekaj przez 6 do 8 minut lub do czasu, aż skórka się przyrumieni na złoto. Należy tylko lekko przypiec z wierzchu skórkę – nie całego kurczaka. Wyjmij mięso z piekarnika i odstaw na bok.

Obniż temperaturę w piekarniku do 190 stopni. W rondelku na średnim ogniu podgrzej serek śmietankowy, masło, bulion i śmietankę. Dokładnie wymieszaj rózgą. Następnie dodaj curry, rozmaryn, sól i czosnek. Zdejmij z ognia i odstaw na bok.

Do naczynia żaroodpornego włóż seler, fasolkę, pieczarki i cebulę. Dokładnie polej warzywa śmietanowym sosem. Na wierzchu połóż kurczaka. Przykryj naczynie i wstaw do nagrzanego piekarnika na 45 minut. Następnie zdejmij pokrywkę i zapiekaj przez kolejne 15 minut. Wyjmij z piekarnika i odstaw na 5 do 7 minut, aby sos zgęstniał.

Podawaj z warzywami polanymi sosem śmietanowym.

Ilość porcji: 2
Jedna porcja zawiera: 54 g tłuszczu, 9 g węglowodanów netto, 30 g białka, 642 kalorie

Serowa zapiekanka z kurczakiem i kalafiorem

2 główki kalafiora (około 1,3 kg) pokrojone na małe kawałki
280 g gotowanego kurczaka pokrojonego w kostkę
110 g startego sera cheddar
225 g startego sera Monterey Jack
2 łyżki (30 g) posiekanej papryczki jalapeño (opcjonalnie)
1 mała posiekana cebula
4 plastry boczku bez cukru i azotanów usmażone na chrupko i pokruszone
2 ząbki czosnku przeciśnięte przez praskę
½ łyżeczki soli
¼ łyżeczki pieprzu

Nagrzej piekarnik do 180 stopni. W międzyczasie ugotuj kalafior na parze na miękko. W dużej misce dokładnie zmieszaj ugotowany kalafior z kurczakiem, połową sera cheddar, połową sera Monterey Jack, papryką jalapeño, cebulą, boczkiem, czosnkiem, solą i pieprzem. Przełóż do szklanego naczynia do zapiekania o wymiarach 22x33 cm. Wierzch posyp resztą sera. Wstaw do nagrzanego piekarnika na 30 minut lub do czasu, aż ser się przyrumieni.

Ilość porcji: 4
Jedna porcja zawiera: 38 g tłuszczu, 12 g węglowodanów netto, 55 g białka, 610 kalorii

Stripsy z kurczaka z parmezanem

¼ szklanki (56 g) oleju kokosowego
1 szklanka (80 g) startego parmezanu
2 łyżeczki (16 g) mąki kokosowej
¾ łyżeczki soli
½ łyżeczki pieprzu
1 łyżeczka mielonej cebuli
450 g piersi z kurczaka pokrojonej wzdłuż na paski o długości około 2,5 cm
2 rozmieszane widelcem jajka

Zagrzej olej na dużej patelni na średnim ogniu. W międzyczasie zmieszaj parmezan z mąką kokosową, solą, pieprzem i cebulą. Maczaj paski kurczaka w jajkach i dokładnie, równo obtaczaj w serowej panierce. Kładź na rozgrzany olej i smaż na złoto. Podawaj z jednym lub dwoma warzywnymi dodatkami ketogenicznymi.

Ilość porcji: 4
Jedna porcja zawiera: 26 g tłuszczu, 1,5 g węglowodanów netto, 42,5 g białka, 410 kalorii

Kurczak z kalafiorem w aksamitnym sosie

2 łyżki (28 g) oleju koksowego
6 udek z kurczaka
6 szklanek (600 g) kalafiora pokrojonego na małe kawałki
1 marchewka w plastrach
sos aksamitny (strona 32)

Zagrzej olej na dużej patelni na średnim ogniu. Dodaj kurczaka i przykryj. Podsmażaj przez 12 do 15 minut. Obróć na drugą stronę. Po kolejnych 12-15 minutach kurczak powinien być dobrze przyrumieniony z obu stron. Przełóż kurczaka do miski lub na talerz i wstaw do piekarnika, aby nie wystygł.

Na patelnię wrzuć kalafior i marchew. Podsmażaj około 12 minut, od czasu do czasu mieszając, aż warzywa lekko zmiękną i się przyrumienią. Przełóż do miski z kurczakiem do piekarnika.

Na tej samej patelni przygotuj sos aksamitny według wskazówek. Dodaj bulion z kury i ¼ łyżeczki rozmarynu oraz ½ łyżeczki tymianku. Kiedy sos zgęstnieje, przełóż kurczaka i warzywa z powrotem na patelnię. Gotuj na małym ogniu przez 3 do 5 minut, od czasu do czasu mieszając, aż warzywa i mięso się dobrze zagrzeją. Podawaj kurczaka i warzywa polane sosem.

Ilość porcji: 6
Jedna porcja zawiera: 20 g tłuszczu, 6 g węglowodanów netto, 29 g białka, 320 kalorii

Curry z kurczaka

1 łyżka (14 g) oleju kokosowego
2 łyżki (28 g) masła
170 g surowego mięsa z kurczaka pokrojonego na niewielkie kawałki
różyczki z ½ główki średniego kalafiora
1 średnia posiekana cebula
1 zielona papryka pokrojona w kostkę
3 ząbki czosnku przeciśnięte przez praskę
3 łyżeczki curry
1 łyżeczka mielonej kolendry
⅛ łyżeczki gałki muszkatołowej

¼ łyżeczki czerwonej papryki w płatkach

½ łyżeczki soli

1 łyżeczka skrobi z tapioki lub mąki z maranty

1 szklanka (240 ml) bulionu z kury

1 szklanka (240 g) kwaśnej śmietany

Zagrzej olej i masło na dużej głębokiej patelni na średnim ogniu. Dodaj kurczaka, kalafior, cebulę i paprykę. Podsmażaj około 15 minut, od czasu do czasu mieszając, aż mięso się przyrumieni, a warzywa zmiękną.

Dodaj czosnek, curry, kolendrę, gałkę muszkatołową, płatki papryki i sól. Podsmażaj przez kolejne 3 do 4 minut. W oddzielnym naczyniu dokładnie wymieszaj skrobię z bulionem, a następnie przelej do mięsa i wymieszaj. Gotuj na małym ogniu około 10 minut, aż smaki się połączą. Zdejmij z ognia, dodaj kwaśną śmietanę i delikatnie wymieszaj.

Danie jest bardzo dobre bez dodatków, lecz będzie też doskonałym uzupełnieniem kalafiorowego ryżu (strona 163).

Ilość porcji: 2
Jedna porcja zawiera: 39,5 g tłuszczu, 12,5 g węglowodanów netto, 31 g białka, 529 kalorii

Cytrynowy kurczak

Cytrynowy kurczak jest daniem dobrym do odgrzewania. Po powrocie do domu z pracy wystarczy wyjąć je z lodówki i odgrzać. Kolacja jest gotowa w mniej niż godzinę.

½ szklanki (120 ml) soku z cytryny (z około 2 cytryn)

½ szklanki (120 ml) oliwy z oliwek extra virgin

3 ząbki czosnku przeciśnięte przez praskę

2 łyżeczki suszonego tymianku
1 łyżeczka czerwonej papryki w płatkach (opcjonalnie)
½ łyżeczki soli
1 łyżeczka pieprzu cytrynowego
8 udek lub podudzi z kurczaka
1 duża cebula pokrojona na ósemki
2 średnie marchewki pokrojone na plastry o grubości 0,5 cm
450 g kalafiora pokrojonego na małe kawałki

W dużej torebce foliowej z zasuwanym zamknięciem wymieszaj sok z cytryny z oliwą, czosnkiem, tymiankiem, płatkami papryki, solą i pieprzem cytrynowym. Dodaj kurczaka, cebulę, marchew i kalafior. Zasuń torebkę i wymieszaj tak, aby kurczak i warzywa dokładnie pokryły się marynatą. Wstaw do lodówki na co najmniej 30 minut do 12 godzin. Co jakiś czas mieszaj składniki w torebce.

Kiedy warzywa i mięso będą gotowe, nagrzej piekarnik do 200 stopni. Wysyp zawartość torebki do odpowiednio dużego naczynia żaroodpornego. Wyrównaj powierzchnię. Wstaw do nagrzanego piekarnika na 45 do 60 minut, aż mięso będzie dobrze wypieczone, a warzywa miękkie. Jeżeli warzywa się zbytnio przypieką z jednej strony, obróć je na drugą. Przed podaniem polej tłuszczem z naczynia.

Ilość porcji: 4
Jedna porcja zawiera: 41 g tłuszczu, 9,5 g węglowodanów netto, 52,5 g białka, 617 kalorii

Placek z kurczakiem

Danie nie jest typowym plackiem na cieście. Pokryte jest za to purée z kalafiora i sera.

Purée kalafiorowo-serowe:

1 główka kalafiora (około 500 g)
3 jajka
1 łyżeczka soli
2 łyżki (28 g) stopionego masła
110 g startego sera Monterey Jack lub gouda
110 g startego sera colby lub cheddar

Główne danie:

2 łyżki (28 g) oleju kokosowego lub z czerwonej palmy
170 g surowego mięsa z kurczaka pokrojonego w kostkę
½ średniej cebuli pokrojonej w kostkę
2 posiekane łodygi selera naciowego
2 średnie marchewki pokrojone w kostkę
110 g zielonej fasolki szparagowej
170 g pieczarek w plastrach
1 łyżeczka soli
½ łyżeczki pieprzu
1 łyżeczka suszonego tymianku
1 łyżeczka suszonej szałwii
2 szklanki (470 ml) bulionu z kurczaka
1½ szklanki (350 ml) śmietanki kremówki

Podziel kalafior na różyczki i ugotuj na parze na miękko. Przełóż do blendera. Dodaj jajka, sól i masło. Zmiksuj na gładkie purée. Dodaj ser Monterey Jack i wymieszaj łyżką.

Przygotuj główne danie: zagrzej olej na patelni na średnim ogniu. Dodaj kurczaka, cebulę, seler, marchew i fasolkę. Podsmażaj około 5 minut lub do czasu, aż warzywa zmiękną. Dodaj pieczarki, sól, pieprz, tymianek, szałwię, bulion i śmietankę. Gotuj na małym ogniu przez 5 minut. Do zagęszczenia dodaj ¾ szklanki polewy kalafiorowej i wymieszaj.

Nagrzej piekarnik do 200 stopni. Przełóż główną część dania z kurczakiem do formy o wymiarach 20x20 cm. Polej wierzch kalafiorem i posyp serem colby. Wstaw do nagrzanego piekarnika na 30 minut.

Ilość porcji: 4
Jedna porcja zawiera: 65 g tłuszczu, 12 g węglowodanów netto, 39,5 g białka, 791 kalorii

Kurczak cacciatore

¼ szklanki (56 g) oleju kokosowego
4 piersi z kurczaka lub 8 podudzi
4 posiekane ząbki czosnku
2 średnie cebule pokrojone na plastry
110 g rzodkwi japońskiej lub rzepy pokrojonej w większą kostkę
1 średnia marchew pokrojona na plasterki
2 papryki pokrojone w dużą kostkę
3 łodygi selera naciowego pokrojone na kawałki
2 szklanki (450 g) zgniecionych lub ugotowanych na parze pomidorów
1 łyżeczka soli
¼ łyżeczki pieprzu
1 łyżeczka suszonego oregano
1 łyżeczka suszonej bazylii
½ łyżeczki nasion selera

Zagrzej olej na dużej patelni na średnim ogniu. Dodaj kurczaka i podsmaż na złoto z każdej strony – około 6-8 minut na stronę. Przełóż kurczaka na talerz i odstaw na bok. Na patelnię wrzuć cebulę, czosnek, rzodkiew, marchew, paprykę i seler. Podsmażaj, aż lekko zmiękną. Przełóż kurczaka z powrotem na patelnię. Dodaj pomidory, sól, pieprz i zioła. Przykryj i duś na małym ogniu około 30 minut lub do czasu, aż kurczak całkowicie się ugotuje. Podawaj z warzywami i sosem.

Ilość porcji: 4
Jedna porcja zawiera: 22,5 g tłuszczu, 14,5 g węglowodanów netto, 37,5 g białka, 410 kalorii

Fricassee z kurczakiem

¼ szklanki (56 g) oleju kokosowego
2 piersi z kurczaka
1 szklanka bulionu z kury lub wody
1 średnia cebula pokrojona na plasterki
113 g pieczarek w plastrach
2 cukinie lub żółta dynia podłużna
½ szklanki (40 g) startego parmezanu
½ szklanki (120 ml) śmietanki kremówki
½ łyżeczki soli
¼ łyżeczki pieprzu
½ łyżeczki nasion selera

Zagrzej olej na dużej patelni na średnim ogniu. Połóż kurczaka i przysmaż na złoto z każdej strony. Dodaj bulion i zmniejsz ogień. Gotuj około 30 minut lub do czasu, aż kurczak będzie dobrze ugotowany. Dodaj cebulę i gotuj jeszcze przez 5 minut. Następnie dodaj pieczarki, cukinię, parmezan, śmietankę, sól, pieprz i nasiona selera. Gotuj przez kolejne 8 do 10 minut, aż sos zgęstnieje. Podawaj mięso z warzywami polane kremowym sosem.

Ilość porcji: 2
Jedna porcja zawiera: 54 g tłuszczu, 11 g węglowodanów netto, 37 g białka, 678 kalorii

11

Ryby i owoce morza

Świeże ryby i owoce morza

Jak poznać, czy ryba jest świeża

Nie ma nic gorszego niż nieświeże i nieodpowiednio przygotowane ryby i owoce morza. Takie produkty są zawsze niesmaczne, a po ich zjedzeniu można się rozchorować. Kiedy kupujesz ryby i owoce morza, zawsze wybieraj najświeższe produkty i unikaj tych nieświeżych, potencjalnie szkodliwych.

Niektóre produkty przechowywane w chłodziarkach sklepowych mają na opakowaniach wskaźnik pokazujący, czy produkt jest przechowywany we właściwej temperaturze. Zawsze sprawdzaj takie wskaźniki i kupuj tylko te produkty, które można przygotować bez ryzyka.

Poniżej przedstawiam kilka wskazówek, które mogą pomóc ci w wyborze odpowiedniej i świeżej ryby:

- Kupuj ryby wyłącznie z lodówki lub z lad ze świeżym nietopniejącym lodem (najlepiej przechowywanych pod przykrywą lub w skrzyni).
- Ryba powinna mieć świeży i łagodny zapach – nie mulisty, kwaśny czy przypominający amoniak.
- Oczy ryby powinny być przejrzyste i lekko wystające.
- Cała ryba lub filety ze skórą powinny mieć jędrne, błyszczące mięso i żywo czerwone skrzela bez mlecznego nalotu.
- Lekko uciśnięte mięso ryby powinno szybko wrócić do pierwotnego kształtu.
- Filety nie powinny mieć żadnych przebarwień, ciemnych plam ani suchych krawędzi.

Wybór skorupiaków

Dzięki poniższym wskazówkom wybierzesz świeże i odpowiednie skorupiaki:

- Mięso krewetek powinno być lekko przezroczyste i błyszczące, z lekkim zapachem lub zupełnie bezwonne.
- Muszle ostryg, muli (omułków) czy przegrzebków nie mogą być połamane ani popękane.
- Lekko stuknięte muszle żywych ostryg, muli i przegrzebków powinny się zamknąć. Innych nie kupuj.
- Żywe kraby i homary powinny poruszać odnóżami. Zabite szybko się psują, dlatego też powinieneś kupować tylko żywe okazy.

Mrożonki rybne

Mrożone ryby i skorupiaki mogą się szybko zepsuć, kiedy rozmrożą się w transporcie i zbyt długo będą przebywać w wyższej temperaturze. Kupując mrożonki, pamiętaj o kilku istotnych zasadach:

- Nie kupuj mrożonek w otwartych, naderwanych i zgniecionych opakowaniach.
- Nie kupuj mrożonek umieszczonych w lodówkach powyżej „linii mrożenia". Nie wybieraj też opakowań z wierzchu.
- Nie kupuj oszronionych opakowań. To może oznaczać, że produkt jest przechowywany zbyt długo lub został powtórnie zamrożony.

Odpowiednie przygotowanie i przechowywanie ryb i owoców morza

Zaraz po zakupieniu przełóż surowe ryby lub skorupiaki do lodówki na warstwę lodu lub do zamrażarki. Jeżeli planujesz wykorzystać produkty w ciągu 2 dni – przechowuj je w lodówce. W innym wypadku zawiń je szczelnie w folię lub wodoodporną torebkę papierową i umieść w zamrażarce.

Każda mrożonka rybna jest świeża, dopóki jest zamrożona. Jednak ich smak i struktura stracą jakość wraz z przedłużającym się czasem mrożenia. Aby zachować najlepszą jakość ryb, należy po ugotowaniu lub upieczeniu przechowywać je w zamrażarce (w -18°C) do 3 miesięcy, świeże ryby – od 3 do 8 miesięcy, a skorupiaki – od 3 do 12 miesięcy. Ryby w puszkach możesz przechowywać do 5 lat na półce w kuchni.

Ryby i inne owoce morza nie powinny przebywać poza lodówką dłużej niż 2 godziny. Aby rozmrozić ryby, należy przełożyć je z zamrażarki do lodówki na noc. Jeżeli potrzebujesz szybko rozmrozić produkt, umieść go w szczelnej torebce i zanurz w zimnej wodzie na 1-2 godziny.

Większość ryb i owoców morza powinna być gotowana do czasu, aż ich wewnętrzna temperatura osiągnie 63 stopnie. Jeżeli nie masz termometru kuchennego, są inne sposoby na określenie stopnia wypieczenia morskich produktów:

- **Ryby:** Mięso nie powinno być przezroczyste i powinno dać się łatwo rozdzielić widelcem.

- **Krewetki i homary:** Mięso powinno być nieprzezroczyste i perłowe.
- **Przegrzebki:** Mięso powinno być nieprzezroczyste i jędrne.
- **Małże, mule i ostrygi:** Podczas gotowania muszle powinny się otworzyć. Zamknięte wyrzuć.

Zepsute produkty morskie będą mieć nieprzyjemny zapach amoniaku, który wzmocni się podczas gotowania. Jeżeli poczujesz taki zapach ryb czy skorupiaków gotowanych lub świeżych – nie jedz ich.

Po ugotowaniu lub upieczeniu możesz przechowywać resztki dania w lodówce do 3-4 dni.

Surowe ryby i owoce morza: podstawowe informacje

Zawsze należy dokładnie gotować ryby, skorupiaki i inne owoce morza w celu zminimalizowania zatrucia pokarmowego. Jeżeli jednak decydujesz się na posiłek z surowych ryb czy owoców morza, musisz wcześniej je zamrozić. Niektóre gatunki ryb mogą zawierać pasożyty, które zginą podczas mrożenia. Bądź jednak świadom, że zamrażanie nie zabije wszystkich szkodliwych mikroorganizmów. Na przykład bakterie potrafią przetrwać i błyskawicznie mnożyć się w temperaturze między 4 a 60°C. Z tego też względu produkty morskie najbezpieczniej jest ugotować lub upiec.

Ostrygi często podaje się surowe. Niektóre ostrygi są poddawane kontroli bezpieczeństwa po zebraniu. Taka informacja jednak może nie być uwzględniona na etykiecie. Kobiety w ciąży, karmiące piersią i osoby ze osłabionym systemem odpornościowym oraz problemami zdrowotnymi nie powinny jeść surowych ostryg. Kontrola jakości wyklucza co prawda niektóre naturalnie występujące patogeny, lecz nie usunie wszystkich, które mogą wywołać choroby.

Czas przechowywania ryb i owoców morza w zamrażarce (-18°C)

4 do 6 miesięcy*	7 do 9 miesięcy	Ponad 9 miesięcy
Dorsz	Okoń morski	Dorsz
Keta	Crappie	Lutefisk
Krewetka	Flądra	Morszczuk
Makrela	Halibut	Ofiodon
Pstrąg	Łosoś	Okoń żółty
Sum	Okoń	Plamiak
Sumik karłowaty	Rockfish	Sandacz
Stynka	Samogłów	Witlinek
Szczupak	Skorupiaki	
Śledź oceaniczny		
Troć		
Tuńczyk		

Średni czas rozmrażania ryb i owoców morza

Rozmrażaj w opakowaniach. Gotuj od razu po rozmrożeniu i nie zamrażaj ponownie.

Produkt	Rozmrażanie w lodówce	Rozmrażanie w zimnej wodzie
Cała ryba (2 kg)	20 godzin	1¼ godziny
Steki rybne i filety (450 g)	8 godzin	½ godziny
Skorupiaki (450 g)	8 godzin	½ godziny

*Nie przechowuj śledzia słodkowodnego, mięsa z kraba ani gotowanych krewetek dłużej niż 3 do 4 miesięcy.

Przechowywanie ryb

Najdłużej zachowa świeżość oczyszczona i zamrożona świeża ryba. Bardzo korzystne jest podzielenie ryby na porcje obiadowe przed umieszczeniem w zamrażarce. Pokrojone na porcje ryby należy umieścić w zalewie solnej (poza śledziem słodkowodnym i łososiem) na co najmniej 20 sekund. Solankę należy przygotować z 1 szklanki (290 g) soli na każde 4 litry wody. Taki zabieg ujędrni mięso ryby i zapobiegnie wyciekaniu soków podczas rozmrażania. Przechowuj rybę w najniższej możliwej temperaturze w zamrażarce lub lodówce.

Potrawy z ryb

Zapiekany łosoś

4 filety z łososia (po 110 g) ze skórą
1 łyżeczka soli
1 łyżeczka mielonej papryki
1 łyżeczka mielonego imbiru
2 łyżki (28 g) masła

Włącz górną grzałkę piekarnika. Opłucz filety w zimnej wodzie i wysusz ręcznikiem papierowym. Połóż na blasze skórą do dołu. Posyp wierzch filetów przyprawami. Wstaw do piekarnika na mniej więcej 8 minut lub do czasu, aż ryba się dobrze wypiecze. Wyjmij z piekarnika i odstaw na 5 minut. Na wierzch połóż po kawałku masła i podawaj z dodatkowym daniem ketogenicznym.

Ilość porcji: 4
Jedna porcja zawiera: 14 g tłuszczu, 0 g węglowodanów netto, 22 g białka, 214 kalorii

Ryba zapiekana w ziołach

450 g filetów rybnych
¼ szklanki (56 g) miękkiego masła
½ łyżeczki soli
¼ łyżeczki suszonego koperku
⅛ łyżeczki suszonego tymianku
⅛ łyżeczki mielonej cebuli

Włącz górną grzałkę piekarnika i nagrzej do 280 stopni. Jeżeli kupiłeś filety ze skórą, umieść je na ruszcie skórą do góry. Zmieszaj masło z solą, tymiankiem, koperkiem i cebulą. Posmaruj ryby połową ziołowego masła. Wstaw do piekarnika na mniej więcej 5 minut w odległości 5-8 cm pod grzałką. Kiedy skóra upiecze się na złoto, ostrożnie obróć filety na drugą stronę i posmaruj resztą masła. Wyjmij filety z piekarnika po 5-6 minutach, kiedy będą miękkie, a ich cząstki da się łatwo rozdzielić widelcem.

Ilość porcji: 4
Jedna porcja zawiera: 7,5 g tłuszczu, 0 g węglowodanów netto, 27 g białka, 175,5 kalorii

Pieczona ryba

Jest to podstawowy przepis, do którego możesz wykorzystać każdy rodzaj ryby.

2 łyżki (28 g) stopionego masła
½ łyżeczki soli
⅛ łyżeczki białego pieprzu
1 łyżka (15 ml) soku z cytryny
1 łyżka (10 g) startej cebuli
450 g filetów z ryby

Nagrzej piekarnik do 180 stopni. Zmieszaj masło z solą, pieprzem, sokiem z cytryny i startą cebulą. Obtocz dokładnie całe filety w maślanej mieszance. Przełóż filety do czystego naczynia żaroodpornego. Polej wierzch filetów resztkami masła. Wstaw do piekarnika bez przykrycia na 25 do 30 minut lub do czasu, aż filety łatwo da się podzielić widelcem na cząstki. Podawaj z dodatkowym daniem ketogenicznym lub sałatką, aby zwiększyć zawartość tłuszczu w posiłku.

Ilość porcji: 4
Jedna porcja zawiera: 7,5 g tłuszczu, 0 g węglowodanów netto, 27 g białka, 175 kalorii

Pieczona ryba z pomidorami

450 g filetów z ryby
220 g sosu pomidorowego
1 średnia łodyga selera naciowego pokrojona w kostkę
½ łyżeczki suszonego oregano
½ łyżeczki soli
1 średnia cebula pokrojona na plastry
½ czerwonej papryki pokrojonej na plastry
2 łyżki (30 ml) soku z cytryny
¼ szklanki (56 g) oliwy z oliwek extra virgin
2 cukinie w plastrach ugotowane na parze

Nagrzej piekarnik do 180 stopni. Umieść rybę w czystym naczyniu żaroodpornym. Zmieszaj sos pomidorowy z selerem, oregano, cebulą, solą, papryką, sokiem z cytryny i oliwą. Polej sosem filety. Wstaw do nagrzanego piekarnika na 25 do 30 minut lub do czasu, aż cząstki fileta łatwo da się rozdzielić widelcem. Podawaj z ugotowaną na parze cukinią polaną sosem.

Ilość porcji: 4
Jedna porcja zawiera: 14,5 g tłuszczu, 7 g węglowodanów netto, 28 g białka, 270 kalorii

Okoń morski po azjatycku

2 całe okonie morskie lub pstrągi (około 280 g każdy)
4 drobno posiekane ząbki czosnku
5 cm korzenia imbiru obranego i pokrojonego w słupki wielkości zapałek
3 łyżki (45 ml) sosu sojowego lub przyprawy coconut aminos
2 łyżki (30 ml) octu ryżowego lub kokosowego
2 łyżki (28 g) stopionego oleju kokosowego lub tłuszczu ze smażenia boczku
1 łyżka (9 g) posiekanej papryczki jalapeño
4 cebulki ze szczypiorków sałatkowych pokrojone na cienkie plasterki
1 szklanka (16 g) posiekanej świeżej kolendry

Nagrzej piekarnik do 200 stopni. Po obu stronach ryb zrób nacięcia co 2,5-5 cm prostopadle do kręgosłupa. Umieść ryby w wysmarowanej tłuszczem formie do pieczenia.

W małej misce zmieszaj czosnek z imbirem, sosem sojowym, octem, olejem, papryczkami, cebulą i kolendrą. W każde nacięcie wsmaruj część mieszanki. Przykryj folią lub papierem do pieczenia i odstaw w temperaturze pokojowej na 20 minut. Następnie wstaw do nagrzanego piekarnika na 20-25 minut lub do czasu, aż ryba będzie dobrze wypieczona (cząstki mięsa łatwo da się rozdzielić nożem).

Wyjmij ryby z piekarnika i za pomocą małego noża delikatnie zedrzyj skórę. Polej ryby sokami z formy i podawaj z dodatkowym warzywnym daniem ketogenicznym.

Ilość porcji: 4
Jedna porcja zawiera: 9,5 g tłuszczu, 2,5 g węglowodanów netto, 22 g białka, 183 kalorie

Chrupiąca ryba

Jest to prosty przepis na pyszną, chrupiącą pieczoną rybę. Chrupkości nadają jej dodane do polewy skwarki.

¼ szklanki (28 g) mąki migdałowej
28 g skwarek
¼ łyżeczki soli
¼ łyżeczki mielonej cebuli
⅛ łyżeczki świeżo zmielonego pieprzu
450 g filetów z ryby
2 łyżki (28 g) stopionego oleju kokosowego lub masła

Nagrzej piekarnik do 180 stopni. W misce zmieszaj mąkę ze skwarkami, solą, cebulą i pieprzem. Obtaczaj filety w stopionym maśle lub oleju z obu stron, a następnie w mące. Umieść rybę w naczyniu żaroodpornym. Posyp resztką mąki. Wstaw do nagrzanego piekarnika na 30 minut.

Ilość porcji: 4
Jedna porcja zawiera: 11,5 g tłuszczu, 0 g węglowodanów netto, 27 g białka, 211 kalorii

Ryba z parmezanem

450 g filetów z ryby
½ łyżeczki soli
⅛ łyżeczki pieprzu

½ szklanki (115 g) kwaśnej śmietany
2 łyżki (10 g) startego parmezanu
¼ łyżeczki mielonej papryki
⅛ łyżeczki suszonego estragonu
3 posiekane szczypiorki sałatkowe z cebulkami
1 średni pomidor w plastrach

Nagrzej piekarnik do 180 stopni. Zwiń filety w ruloniki i umieść pionowo w czystym naczyniu żaroodpornym o wymiarach 20x20x5 cm. Posyp solą i pieprzem. W osobnym naczyniu zmieszaj śmietanę, parmezan, paprykę i estragon. Polej filety. Wstaw bez przykrycia do nagrzanego piekarnika na 25 do 30 minut lub do czasu, aż ryba będzie miękka (cząstki mięsa da się łatwo rozdzielić widelcem). Wyjmij z piekarnika. Przed podaniem udekoruj posiekanym szczypiorkiem i plastrami pomidora.

Ilość porcji: 4
Jedna porcja zawiera: 8,5 g tłuszczu, 2,5 g węglowodanów netto, 29 g białka, 202 kalorie

Ryba zapiekana w serze

450 g filetów z ryby
1 lekko ubite jajko
½ szklanki (50 g) startego parmezanu
¼ szklanki (30 g) startego ostrego sera cheddar
2 łyżki (14 g) mąki migdałowej
¼ łyżeczki soli
⅛ łyżeczki (lub tylko do smaku) pieprzu kajeńskiego
2 łyżki (30 g) kwaśnej śmietany

Nagrzej piekarnik do 180 stopni. Umieść filety w wysmarowanym tłuszczem naczyniu żaroodpornym o wymiarach 20x20x5 cm. W osobnym naczyniu zmieszaj jajka z serami, mąką migdałową, solą i pieprzem kajeńskim. Przełóż równą porcję mieszanki na każdy filet. Wstaw do nagrzanego piekarnika na 25 do 30 minut lub do czasu, aż ryba będzie dobrze wypieczona (cząstki mięsa da się łatwo oddzielić widelcem). Podawaj z łyżką kwaśnej śmietany na wierzchu oraz dodatkowym daniem ketogenicznym.

Ilość porcji: 4

Jedna porcja zawiera: 9 g tłuszczu, 1 g węglowodanów netto, 28 g białka, 197 kalorii

Ryba po kreolsku

450 g filetów rybnych
1 średni pomidor pokrojony w kostkę
½ zielonej papryki pokrojonej w kostkę
3 łyżki (45 ml) soku z cytryny
2 łyżki (28 g) oleju kokosowego
1 łyżeczka soli
1 łyżka (10 g) drobno posiekanej cebuli
½ łyżeczki suszonej bazylii
¼ łyżeczki świeżo zmielonego pieprzu
1 łyżeczka pikantnego sosu

Nagrzej piekarnik do 200 stopni. Umieść filety w czystym naczyniu żaroodpornym. Zmieszaj pomidory z papryką, sokiem z cytryny, olejem, solą, cebulą, bazylią, pieprzem i pikantnym sosem. Polej filety. Wstaw do nagrzanego piekarnika na 15 minut lub do czasu, aż ryba będzie dobrze wypieczona (cząstki mięsa da się łatwo oddzielić widelcem).

Ilość porcji: 4
Jedna porcja zawiera: 9 g tłuszczu, 2 g węglowodanów netto, 27 g białka, 197 kalorii

Krewetki po kreolsku

2 łyżki (28 g) oleju kokosowego lub z czerwonej palmy
110 g kiełbasy
½ średniej cebuli pokrojonej w kostkę
1 średnia łodyga selera naciowego pokrojona w kostkę
½ zielonej papryki pokrojonej w kostkę
110 g krewetek

2 drobno posiekane ząbki czosnku

2 szklanki (240 g) kalafiorowego ryżu (strona 163)

¼ szklanki (60 ml) sosu pomidorowego

2 łyżeczki sosu rybnego

½ łyżeczki mielonej papryki

½ łyżeczki soli

½ łyżeczki pikantnego sosu

1 łyżeczka chrzanu ze słoiczka

Zagrzej olej na dużej patelni na średnim ogniu. Dodaj kiełbasę, cebulę, seler i zieloną paprykę. Podsmażaj przez 6 do 7 minut, aż warzywa lekko zmiękną. Następnie dodaj krewetki i czosnek. Podsmażaj przez 4 do 5 minut, aż krewetki się całkowicie usmażą. Dodaj ryż kalafiorowy, sosy pomidorowy, rybny i pikantny, mieloną paprykę, sól oraz chrzan. Gotuj na małym ogniu około 5 minut, często mieszając, aż kalafior dobrze zmięknie.

Ilość porcji: 2
Jedna porcja zawiera: 30,5 g tłuszczu, 9,5 g węglowodanów netto, 27 g białka, 420 kalorii

Krewetki ze szparagami

2 łyżki (28 g) masła

225 g szparagów

1 posiekany ząbek czosnku

1 łyżeczka drobno posiekanego imbiru

170 g krewetek

2 łyżki (30 ml) świeżego soku z cytryny

2 łyżki (2 g) posiekanej świeżej kolendry

sól i pieprz do smaku

Zagrzej masło na patelni na średnim ogniu. Dodaj szparagi, czosnek i imbir. Podsmażaj około 5 minut. Następnie dodaj krewetki i podsmażaj przez kolejne 5 minut.

Zdejmij z ognia i dodaj sok z cytryny i kolendrę. Dodaj sól i pieprz do smaku. Podawaj z dowolnym dodatkiem ketogenicznym.

Ilość porcji: 2
Jedna porcja zawiera: 13 g tłuszczu, 3,5 g węglowodanów netto, 22 g białka, 219 kalorii

Halibut w sosie śmietanowo-kokosowym

2 łyżki (28 g) oleju kokosowego
½ małej cebuli pokrojonej na plasterki
2 średnie cukinie pokrojone na plastry
2 filety z halibuta (po około 110 g)
½ szklanki (120 ml) mleka kokosowego
½ łyżeczki soli
½ łyżeczki curry
2 łyżki (2 g) posiekanej świeżej kolendry

Zagrzej olej na dużej patelni na średnim ogniu. Dodaj cebulę i cukinię. Podsmażaj około 6 minut, aż lekko zmiękną. Dodaj rybę i przykryj patelnię. Duś do czasu, aż mięso ryby zrobi się białe – około 5 minut. Dodaj mleko kokosowe, sól i curry. Gotuj na małym ogniu przez 3 do 4 minut do połączenia smaków. Podawaj z warzywami i sosem kokosowym. Udekoruj świeżą kolendrą.

Ilość porcji: 2
Jedna porcja zawiera: 20,5 g tłuszczu, 6,5 g węglowodanów netto, 23,5 g białka, 304 kalorie

Krewetki jumbo na ostro

3 łyżki (42 g) oleju kokosowego
5 zgniecionych ząbków czosnku
1 łyżeczka posiekanej papryczki jalapeño
1 łyżeczka mielonego kminku
½ łyżeczki pieprzu
½ łyżeczki soli
2 łyżki (30 ml) sosu pomidorowego
2 łyżki (30 ml) sosu sojowego lub przyprawy coconut aminos
4 cm korzenia świeżego imbiru pokrojonego na słupki wielkości zapałek
8 drobno posiekanych szczypiorków sałatkowych z cebulkami
680 g surowych krewetek jumbo bez skorupek

Zagrzej olej na dużej patelni na średnim ogniu. Dodaj czosnek, papryczkę jalapeño, kminek, pieprz i sól. Podsmażaj przez 2 minuty. Następnie dodaj sos pomidorowy, sojowy, imbir i mniej wiecej ¾ szczypiorku. Gotuj przez kolejne 2 minuty. Dodaj krewetki. Gotuj przez 3 do 4 minut, od czasu do czasu mieszając, aż krewetki zrobią się różowe. Zdejmij z ognia i podawaj udekorowane resztą szczypiorku oraz z dodatkowym daniem ketogenicznym.

Ilość porcji: 4
Jedna porcja zawiera: 10,5 g tłuszczu, 3,5 g węglowodanów netto, 32 g białka, 236 kalorii

Ryba w kokosowej panierce z brokułami

Do tego dania możesz wybrać dowolny rodzaj ryby z białym mięsem – okonia morskiego, halibuta, solę, mahi-mahi, itp. Do ryby pasują brokuły, lecz możesz dodać inne, dowolne warzywa.

¾ szklanki (84 g) mąki migdałowej
¼ szklanki (20 g) wiórków kokosowych (bez cukru)
¾ łyżeczki soli
½ łyżeczki pieprzu
¼ szklanki (56 g) oleju kokosowego
½ średniej cebuli pokrojonej w kostkę
8 szklanek (około 570 g) brokułu pokrojonego w kostkę
2 małe ząbki czosnku przeciśnięte przez praskę
450 g filetów z ryby
1 lekko ubite jajko

Zmieszaj mąkę z wiórkami, solą i pieprzem. Odstaw na bok. Zagrzej olej na dużej patelni na średnim ogniu. Dodaj cebulę i brokuł. Podsmażaj około 10-12 minut, aż brokuł zmięknie, a cebulka się przyrumieni. Dodaj czosnek i podsmażaj przez 3 do 4 minut. Przełóż warzywa do ciepłej miski i odstaw na bok.

Obtocz rybę w jajku, a następnie w mące. Połóż na rozgrzany olej i usmaż na złoto – około 5 minut z każdej strony. Przełóż na talerz. Na patelnię dodaj warzywa i dobrze podgrzej.

Ilość porcji: 4
Jedna porcja (filet z bassa) zawiera: 30,5 g tłuszczu, 9,5 g węglowodanów netto, 36,5 g białka, 458 kalorii

Ryba w panierce pekanowej z sosem musztardowym

2 łyżki (28 g) i 2 łyżeczki musztardy Dijon
⅔ szklanki (150 g) kwaśnej śmietany
¼ łyżeczki soli
¼ łyżeczki świeżo zmielonego pieprzu
1 jajko
½ szklanki (56 g) mąki z orzechów pekan lub migdałowej
¼ szklanki (60 g) stopionego masła
450 g filetów z ryby

Przygotuj sos: w małym rondelku na średnim ogniu zagrzej 2 łyżeczki musztardy, kwaśną śmietanę, sól i pieprz. Mieszaj, aż składniki się dobrze połączą. Nie gotuj. Zdejmij z ognia i odstaw na bok.

W małej misce dokładnie roztrzep jajko z 2 łyżkami musztardy. Mąkę przesyp na talerz.

Zagrzej masło na dużej patelni na średnim ogniu. Filety podziel na 4 równe części. Obtaczaj filety najpierw w jajku, a następnie w mące. Kładź na gorącej patelni i smaż każdą stronę na złoto około 4 minut.

Podawaj z sosem musztardowym oraz jednym lub dwoma dodatkowymi daniami ketogenicznymi.

Ilość porcji: 4
Jedna porcja zawiera: 19 g tłuszczu, 2 g węglowodanów netto, 28 g białka, 291 kalorii

Łososiowe ciasteczka

Jest to przepis na pyszne rybne kotleciki, które mogą służyć jako główne danie. Jako dodatek wybierz dowolne warzywa. Do przygotowania potrawy możesz użyć zarówno surowego, jak i wędzonego łososia lub inne rodzaje ryb.

¼ szklanki (56 g) oleju do smażenia
2 lekko ubite jajka
1 łyżka (8 g) mąki kokosowej
¼ łyżeczki sosu rybnego (opcjonalnie)
¼ szklanki (40 g) drobno posiekanej czerwonej cebuli
170 g ugotowanego łososia
¼ łyżeczki soli
⅛ łyżeczki pieprzu
¼ łyżeczki nasion selera
¼ łyżeczki koperku
¼ łyżeczki mielonej cebuli
¼ łyżeczki suszonej pietruszki

Zagrzej olej na patelni na średnim ogniu. W misce roztrzep jajka z mąką kokosową. Dodaj sos rybny, czerwoną cebulę, łososia, sól, pieprz, nasiona selera, koperek, mieloną cebulę i pietruszkę. Dokładnie wymieszaj. Za pomocą łyżki wykładaj kotleciki na rozgrzaną patelnię. Mieszanki powinno wystarczyć na 12 kotlecików. Przykryj i smaż przez 4 do 5 minut. Obróć na drugą stronę. Smaż bez przykrycia również około 5 minut.

Obie strony powinny być chrupiące i złociste. Zdejmij z ognia i podawaj z plastrami pomidora lub awokado.

Ilość porcji: 12
Jedna porcja (2 kotleciki) zawiera: 40 g tłuszczu, 2 g węglowodanów netto, 22,5 g białka, 458 kalorii

Inna wersja:
Do mieszanki przed usmażeniem dodaj 110 g startego sera cheddar. Zamiast koperku i pietruszki dodaj 1 łyżeczkę drobno posiekanej świeżej kolendry.

12

Śniadania i jajka

Przygotowanie i przechowywanie jajek

Jak określić, czy jajka są świeże

Jajka są jednym z najbardziej odżywczych pokarmów na świecie i stanowią ważny składnik zdrowej diety. Są jednak równie nietrwałym produktem jak mięso, drób czy ryby. Producenci jajek zwykle drukują daty produkcji i terminy przydatności do spożycia na kartonach. Zawsze zwracaj uwagę na termin ważności jajek. Wybieraj czyste i niepopękane skorupki. Upewnij się, że w sklepie były przechowywane w lodówce, ponieważ bakterie mogą przeniknąć nawet przez skorupkę. Nigdy nie kupuj pękniętych jajek. Jeżeli jednak pękną w twojej torbie podczas transportu do domu, szybko rozbij je do czystego pojemnika, szczelnie zamknij, wstaw do lodówki i zużyj w ciągu dwóch dni.

Nawet jeżeli kupimy jajka nieprzeterminowane, nie wiemy, jak bardzo są świeże. Są sposoby na wykrycie starych, aczkolwiek jeszcze zdatnych do spożycia jajek. Świeżo zniesione jajka mają temperaturę około 41°C i na ogół są pozbawione wewnętrznych komór powietrza. Kiedy jajko się ochładza, zazwyczaj przy szerszym końcu między błonami skorupki tworzy się niewielka przestrzeń z powietrzem. Wykluwające się kurczęta nabierają pierwszy wdech powietrza właśnie z tej kieszonki. Każde jajko – zapłodnione czy nie – zawiera taką kieszonkę z powietrzem.

Przestrzeń ta powiększa się wraz z wiekiem jajka. Z czasem ilość powietrza będzie na tyle duża, że utrzyma jajko zanurzone w wodzie tuż pod jej powierzchnią. To oznacza, że chociaż jajko nie jest już pierwszej świeżości, jest całkowicie bezpieczne do spożycia. Świeże jajka ugotowane na twardo trudniej jest obrać. Skorupka z ugotowanych starszych jajek schodzi łatwiej, ponieważ powietrze przenikające skorupkę z czasem poluźnia połączenie między białkiem a błoną skorupki.

Przygotowując jajka na miękko lub na twardo, najlepiej wybierać starsze. Możesz łatwo określić wiek jajka, zanurzając je w wodzie. Świeże jajko opadnie na dno lub będzie całkowicie przykryte wodą. Jajko starsze będzie unosić się tuż pod powierzchnią wody lub nieco wystawać ponad.

Wraz z wiekiem białko i żółtko tracą jakość. Żółtko wchłania wodę z białka, z białka przez pory wydostają się wilgoć i dwutlenek węgla, a coraz większa ilość powietrza penetruje skorupkę i kieszonka z powietrzem się powiększa. Rozbite starsze jajko będzie bardziej wodniste i rozleje się bardziej niż świeże. Białko starszego jajka przerzedza się i traci jędrność i spójność. Żółtko jest płaskie, większe i łatwo pęka. W jajku obecne są chalazy – skręcone nitki utrzymujące żółtko pośrodku białka – które z wiekiem słabną, co w konsekwencji powoduje przesuwanie się żółtka na boki.

Mętne białko może oznaczać zanieczyszczenie, a różowe lub z tęczowym nalotem – obecność bakterii. Niektóre z tych mikroorganizmów wytwarzają zielonkawy, fluorescencyjny i rozpuszczalny w wodzie pigment, który jest szkodliwy dla ludzi. Przechowywanie w lodówce zapobiega utracie jakości. Przed każdym użyciem należy rozbić jajko do miseczki i określić jego wygląd i zapach. Zepsute jajko będzie mieć nieprzyjemny zapach, który utrzyma się również po ugotowaniu.

Czasem na żółtku zobaczysz czerwoną, krwistą plamkę. Plamki takie powstają, kiedy jedno lub kilka naczyń krwionośnych pęka podczas owulacji. Nie wpływa to w żaden sposób na bezpieczeństwo jajka.

Czas przechowywania jajek

Produkt	Przechowywanie w lodówce	Przechowywanie w zamrażarce
Surowe jajka w skorupkach	3 do 5 tygodni	Nie zamrażać
Surowe białko	2 do 4 dni	12 miesięcy
Surowe żółtko	2 do 4 dni	Nie zamraża się dobrze
Jajko na twardo	1 tydzień	Nie zamrażać
Surowe jajko niechcąco zamrożone w skorupce	Użyć bezpośrednio po rozmrożeniu	Przechowywać zamrożone, rozmrażać w lodówce

Kolor żółtek będzie się różnił w zależności od diety kur. Jeżeli kury są karmione roślinami zawierającymi żółte pigmenty, na przykład aksamitkami lub kukurydzą, żółtka ich jajek będą ciemniejsze niż żółtka jajek zniesionych przez kury karmione kaszą kukurydzianą. Sztuczne dodatki wzmacniające kolor są niedozwolone w produkcji jajek.

Zielone brzegi dookoła żółtka mogą oznaczać, że jajko było za długo gotowane. Zielona barwa powstaje w wyniku reakcji związków siarki i żelaza zachodzących na powierzchni żółtka. Może być też wywołana wysokim stężeniem żelaza w wodzie, w której jajko było gotowane. Takie jajka są całkowicie bezpieczne.

Rozmiary jajek

Najczęściej sprzedawane są jajka duże, lecz można zakupić też inne rozmiary. Przy określaniu rozmiaru nie bierze się pod uwagę wymiarów ani wielkości jajka, lecz minimalną wymaganą wagę tuzina jajek. Czasem jedno jajko w kartoniku będzie wyglądać na nieco większe od pozostałych, ponieważ liczona jest całkowita waga wszystkich jajek w opakowaniu, aby zaklasyfikować je do poszczególnych kategorii.

Czy jajka organiczne lub od kur z wolego wybiegu są zdrowsze?

Jajka organiczne pochodzą od kur karmionych organiczną, wolną od GMO karmą, skubiących rośliny i zjadających robaki na otwartej przestrzeni. Pomimo takich warunków kury mogą dostawać dodatkową karmę, taką samą jak kury z chowu klatkowego. Kury zażywają więcej ruchu dzięki przebywaniu – nawet ograniczonemu – poza klatkami oraz możliwości spożywania roślin i robaków. To wszystko w rezultacie daje zdrowsze zwierzęta i bardziej pożywne jajka. Jajka takich kur będą bogate w beta-karoten, luteinę, kwasy tłuszczowe omega-3 i inne składniki pobierane z pokarmów samodzielnie zbieranych przez kury. To wpływa również na kolor żółtka. Ciemnożółta lub pomarańczowa barwa wskazuje na dietę bogatą w składniki odżywcze.

Kury w naturze nie są jedynie roślinożerne. Uwielbiają mięso i wolą żywić się robakami i dżdżownicami niż trawą i ziarnem. Niektóre jajka są reklamowane jako zniesione przez kury na diecie wegetariańskiej. Jest to nienaturalne i niezdrowe. Jeżeli dieta zwierząt opiera się jedynie na roślinach, oznacza to, że hodowane były w klatkach bez dostępu do świeżej trawy, słońca i robaków oraz karmione wyłącznie przygotowywaną przez człowieka karmą składającą się z ziaren i roślin.

Innym ważnym aspektem dotyczącym jajek organicznych jest fakt, iż kury znoszące takie jajka są hodowane w lepszych warunkach. Jajka są całkowicie bezpieczne do spożycia nawet na surowo, oczywiście pod warunkiem, że mają całą, nieuszkodzoną skorupkę. Na wielkich farmach, gdzie kury są ściśnięte w klatkach, łatwo o choroby. W konsekwencji jajka z takich farm mogą być siedliskiem bakterii, głównie salmonelli. Zarażone kury przekazują bakterie rozwijającym się jajkom, dlatego też nawet nieuszkodzone może być zakażone od wewnątrz. W celu likwidacji tego problemu na dużych farmach kurom podaje się często antybiotyki. Z tego względu nie zaleca się spożywania jajek z takich farm na surowo, lecz należy je ugotować na twardo. Jeżeli do potraw wykorzystywane są jajka z małych farm lub organiczne – nie ma takiej potrzeby. Jest wiele przepisów z surowymi lub na wpół ugotowanymi jajkami, na przykład eggnog, majonez, jajka na miękko czy sadzone z płynnym żółtkiem. Takie potrawy są jedzone od wielu pokoleń bez żadnych negatywnych konsekwencji. Ty też nie masz się czego obawiać, jeżeli odpowiednio wybierzesz jajka.

Produkty jajeczne

Termin „produkty jajeczne" odnosi się do jajek bez skorupek użytych w produkcji w placówkach zwanych przetwórniami. Na proces przetwarzania jajek składa się rozbijanie skorupek, filtrowanie, mieszanie, stabilizacja, miksowanie, pasteryzacja, ochładzanie, mrożenie lub suszenie oraz pakowanie. Podstawowe produkty z jajek mogą zawierać całe jajka, białka, żółtka oraz mieszanki z innymi produktami. Mogą być dostępne w różnych formach: płynnej, mrożonej i suchej. Wszystkie produkty jajeczne są poddawane pasteryzacji. Są gwałtownie podgrzewane, a następnie przechowywane w najniższej możliwej temperaturze przez ściśle określony czas. Dzięki temu wszelkie bakterie są niszczone bez konieczności gotowania jajka. Proces ten nie wpływa na kolor, smak ani wartości odżywcze jajek. Istnieją jednak pewne obawy, że przetwarzanie może przyspieszyć utlenianie tłuszczów i cholesterolu obecnych w jajkach.

Niektóre produkty, takie jak białko czy zamienniki jajek nie zawierające cholesterolu, są dostępne w supermarketach. Większość jednak jest stosowana w przemyśle spożywczym i usługowym ze względu na wygodę ich przechowywania i obróbki. Restauracje wykorzystują te produkty do przygotowywania jajecznic, omletów, placków i innych potraw bazujących na jajkach. Wytwórnie spożywcze stosują je w produkcji makaronów, majonezu, lodów i wypieków.

Z suszonego białka produkuje się białko w proszku. Przed użyciem wystarczy zmieszać je z wodą. Po zmiksowaniu ma konsystencję świeżo ubitej piany. Zazwyczaj białko w proszku jest sprzedawane w dziale z produktami do pieczenia i dekorowania. Najlepiej jednak jest używać świeżego białka.

Jak oddzielać białko od żółtka i ubijać białka

Wiele przepisów na pyszne dania wymaga użycia osobno białek i żółtek. Czasem trzeba też ubić z białek pianę. Przede wszystkim jajka powinny mieć temperaturę pokojową. Najpierw należy zdecydowanie uderzyć jajkiem o kant blatu lub inną ostrą krawędź tak, aby powstało niewielkie wgłębienie w skorupce. Następnie należy otworzyć skorupkę, dzieląc ją na dwie mniej więcej równe części. Białko wrzucamy do miseczki, lecz żółtko pozostawiamy w jednej połówce skorupki. Teraz należy przerzucać żółtko z jednej połówki skorupki do drugiej tak, aby resztki białka wpadły do miseczki. Żółtko umieszczamy w osobnej misce.

Należy bardzo uważać, aby nie zmieszać żółtka z białkiem. Nie ubijesz białek na sztywną pianę, jeśli nawet najmniejsza część żółtka znajdzie się w misce z białkiem.

Jeżeli fragmenty skorupki wpadną do białka, trudno jest je wyjąć łyżką czy nożem. Najlepszym do tego narzędziem jest większy kawałek skorupki.

Ubij białka na sztywno. Przełóż część piany do lekko ubitych żółtek.

Dokładnie wymieszaj pianę z żółtkami. Dodaj do żółtek resztę piany i ponownie delikatnie wymieszaj.

Białka powinny być ubite bezpośrednio przed użyciem, ponieważ z czasem tracą objętość. Najlepiej ubijać je mikserem lub rózgą do czasu, aż piana będzie gęsta i sztywna. Przy wyjmowaniu rózgi czy końcówek miksera na powierzchni piany powinny uformować się stożki. Będą miękkie, lecz nie opadną. Białka ubija się w celu uzyskania większej objętości potraw. Podczas ubijania do białka wnika powietrze, które nadaje przygotowywanej potrawie puszystości.

Dodanie do białek szczypty winnego kamienia (dwuwinianu potasu) lub kropli octu zwiększy objętość piany oraz jej stabilność. Nie jest to jednak konieczne.

Ubitą pianę zazwyczaj miesza się z żółtkami. Często do żółtek przed wymieszaniem z pianą dodaje się również przyprawy. Ubite białka szybko tracą objętość po zmieszaniu z innymi składnikami. Aby temu zapobiec, należy zmieszać około ¼ piany z żółtkami. Następnie za pomocą gumowej szpatułki lub dużej łyżki należy delikatnie wymieszać żółtka z pozostałą częścią piany. Nie trzeba dokładnie mieszać, wystarczy przełożyć kilka razy warstwy żółtka z białkiem. Taką mieszankę należy od razu wykorzystać.

Potrawy z jajek

Jak ugotować idealne jajko na miękko

Są różne szkoły gotowania jajek na miękko. Poszczególne metody zazwyczaj zależą od upodobań. Niektórzy lubią, kiedy żółtko rozpływa się w idealnie ugotowanym białku, natomiast inni wolą białko o kremowej konsystencji lub też żółtko częściowo ścięte. Każdy ma swój ulubiony przepis, jednak tradycyjna metoda gotowania w wodzie może być czasem nie taka łatwa, jak by się mogło wydawać.

Głównym problemem jest odmienna temperatura ścinania się białka i żółtka. Białko potrzebuje do tego 82 stopni, a żółtko – tylko 70. Dlatego też jajka prosto z lodówki nadają się lepiej do gotowania na miękko niż te w temperaturze pokojowej.

W metodzie tradycyjnej istnieje zbyt wiele czynników, które mogą wpływać na końcowy efekt. Czy wkładasz jajko do zimnej czy gotującej się wody? Wielu kucharzy grzeje wodę razem z jajkami, aby nie popękały skorupki, lecz w ten sposób nie da się dokładnie określić czasu gotowania. Jeżeli czekasz z włożeniem jajek, aż woda się zagotuje, musisz najpierw nieco zmniejszyć ogień. Jeżeli jednak zmniejszysz za bardzo, jajka będą po-

trzebować więcej czasu, aby się ugotować tak, jak chcesz. Jeżeli nie zmniejszysz ognia wystarczająco, skorupki jajek mogą popękać. Jeżeli gotujesz kilka jajek naraz, musisz odpowiednio wydłużyć czas gotowania. Z uzyskaniem spójnych rezultatów łączy się zbyt duża dawka spekulacji.

Jest jednak jedna prosta i szybka metoda, która za każdym razem przyniesie pożądany efekt i nie przyczyni się do pęknięcia skorupek. Sekret tkwi w parze. Zamiast gotować jajka w wodzie, ugotuj je na parze, tak jak warzywa. Wewnątrz naczynia temperatura utrzymuje się w granicach 100°C i nie zmienia się niezależnie od liczby włożonych jajek, dlatego też łatwo możesz ugotować nawet pół tuzina jednocześnie. Co więcej, mała ilość wody w naczyniu zagrzewa się znacznie szybciej niż woda w garnku, co skraca czas gotowania o mniej więcej 5 minut.

Poniższe wskazówki dotyczą gotowania jajek o standardowej wielkości. Bardzo duże, średnie i małe będą wymagać niewielkich zmian czasu gotowania. Rozpoczynamy od zagrzania 1 cm wody w naczyniu do gotowania na parze ustawionym na wysoką temperaturę. Kiedy woda zacznie wrzeć, zmniejsz ogień lub obniż temperaturę. Woda powinna się tylko lekko gotować. Umieść *schłodzone* jajka prosto

z lodówki w naczyniu i przykryj. Włącz minutnik. W zależności od upodobań gotujemy jajko przez 5, 7 lub 9 minut.

Pięciominutowe gotowanie da płynne żółtko oraz białko o kremowej konsystencji.

Jeżeli naszym ideałem jest dobrze ścięte białko i płynne żółtko, należy wyjąć jajka łyżką cedzakową po 7 minutach.

Po 9 minutach białko będzie dobrze ścięte, a żółtko miękkie, lecz nie płynne.

Natychmiast po ugotowaniu przełóż jajka do zimnej wody na 3 do 4 minut. To zatrzyma proces gotowania i ochłodzi jajka, aby można było je wygodnie obrać.

Gotowe jajka podawaj w kieliszkach. Jeżeli nie posiadasz takich naczyń, możesz napełnić małą miseczkę lub szklankę nieugotowanym ryżem lub pszenicą i wcisnąć jajko w ziarna, które utrzymają je w miejscu.

Obstukaj lekko nożem wierzch górnej części skorupki. Usuń nadtłuczoną skorupkę. Smacznego!

Jedno duże jajko zawiera: 5 g tłuszczu, 0,5 g węglowodanów netto, 6 g białka, 70 kalorii

Jak ugotować idealne jajko na twardo

Idealne jajko na twardo nie jest gotowane tradycyjną metodą w wodzie, lecz na parze. Ugotuj jajko według wskazówek dotyczących gotowania jajka na miękko, lecz wydłuż czas gotowania do 12 minut.

Pamiętaj o zmniejszeniu ognia pod garnkiem. Przed umieszczeniem jajek w naczyniu woda powinna się tylko lekko gotować. Dzięki tej metodzie otrzymasz idealnie ugotowane jajka, a ich skorupki nie popękają. Może się to oczywiście zdarzyć, lecz zdecydowanie rzadziej niż podczas gotowania w wodzie.

Dodatkowym plusem jest łatwość obierania tak przygotowanych jajek. Osobiście ugotowałem na parze świeże jajka prosto z kurnika i skorupka zdjęła się równie dobrze, jak ze starszych jajek.

Inną metodą na łatwe obranie jajka jest nadtłuczenie skorupki i lekkie zrolowanie jajka między dłońmi. W ten sposób cała skorupka popęka i poluźni się. Następnie należy umieścić jajko pod bieżącą zimną wodą i obrać. Na koniec wystarczy osuszyć je ręcznikiem papierowym.

Jedno duże jajko zawiera: 5 g tłuszczu, 0,5 g węglowodanów netto, 6 g białka, 70 kalorii

Faszerowane jajka

6 jajek ugotowanych na twardo i obranych
¼ szklanki (60 g) majonezu (strony 57-60)
1 łyżeczka octu jabłkowego
1 łyżeczka musztardy

⅛ łyżeczki soli
świeżo zmielony pieprz
mielona papryka

Przekrój jajka wzdłuż na pół. Usuń żółtka. Przełóż żółtka do miseczki i rozgnieć widelcem. Dodaj majonez, ocet, musztardę, sól i pieprz. Dokładnie wymieszaj. Przełóż przyprawione żółtka z powrotem do białek. Przed podaniem posyp papryką.

Ilość porcji: 12
Jedna porcja zawiera: 6 g tłuszczu, 0 g węglowodanów netto, 3 g białka, 66 kalorii

Faszerowane jajka na ostro

6 jajek ugotowanych na twardo i obranych
¼ szklanki (60 g) majonezu (strony 57-60)
1 łyżeczka musztardy Dijon
2 łyżeczki drobno posiekanej cebuli
⅛ łyżeczki pikantnego sosu
sól i pieprz do smaku
mielona papryka

Przekrój jajka wzdłuż na pół i usuń żółtka. Przełóż żółtka do miseczki i rozdrobnij widelcem. Dodaj majonez, musztardę, cebulę, sos, sól i pieprz. Dokładnie wymieszaj. Przełóż równą ilość mieszanki z powrotem do białek. Posyp papryką i wstaw do lodówki na 1-2 godziny przed podaniem.

Ilość porcji: 12
Jedna porcja zawiera: 6 g tłuszczu, 0 g węglowodanów netto, 3 g białka, 66 kalorii

Faszerowane jajka z rozmarynem

6 jajek ugotowanych na twardo i obranych
2 łyżki (30 g) majonezu
1 łyżka (15 ml) śmietany
1 łyżeczka białego octu winnego
2 posiekane szczypiorki sałatkowe z cebulkami
½ łyżeczki świeżego rozmarynu lub ¼ łyżeczki suszonego
⅛ łyżeczki musztardy w proszku
½ łyżeczki soli
szczypta pieprzu

Obierz jajka i przekrój wzdłuż na pół. Przełóż żółtka do miseczki i rozgnieć widelcem. Dodaj majonez, śmietanę, ocet, szczypiorek, rozmaryn, musztardę, sól i pieprz. Dokładnie wymieszaj widelcem do uzyskania kremowej konsystencji. Nafaszeruj białka i przed podaniem wstaw do lodówki na co najmniej 1 godzinę.

Ilość porcji: 12
Jedna porcja zawiera: 9 g tłuszczu, 1 g węglowodanów netto, 5,5 g białka, 107 kalorii

Faszerowane jajka z guacamole

6 jajek ugotowanych na twardo i obranych
2 dojrzałe awokado
1 łyżka (15 ml) soku z limonki
1 łyżka (28 g) kwaśnej śmietany
¼ łyżeczki mielonego kminku
½ łyżeczki soli
1 łyżka (1 g) posiekanej świeżej kolendry
2 łyżeczki posiekanej papryczki jalapeño
1 łyżka (3 g) posiekanego cienkiego szczypiorku

Przekrój jajka wzdłuż na pół i wyjmij żółtka. Umieść żółtka w misce i rozgnieć widelcem na małe kawałki. Awokado obierz i usuń pestki. Przełóż do żółtek. Dodaj sok z limonki, śmietanę, kminek i sól. Dokładnie wymieszaj widelcem. Dodaj kolendrę i paprykę. Nakładaj do białek duże porcje mieszanki. Przed podaniem posyp szczypiorkiem.

Ilość porcji: 12
Jedna porcja zawiera: 9 g tłuszczu, 1 g węglowodanów netto, 3,5 g białka, 99 kalorii

Jajka w koszulkach

Przygotowanie jajek w koszulkach jest bardzo łatwe, aczkolwiek nie zawsze się to udaje. Jeśli będziesz pamiętać o kilku prostych zasadach, przyrządzisz to danie po mistrzowsku za każdym razem.

Napełnij głębszą patelnię lub mały rondelek wodą lub bulionem na wysokość 5 cm. Zagotuj i zmniejsz ogień. Rozbij jajko do niewielkiej miarki lub na spodek. Zbliż naczynie z jajkiem do powierzchni lekko gotującej się wody. Zsuń jajko z naczynia do wody. Gotuj tylko jedno jajko naraz. Gotuj od 3 do 5 minut, aż jajko osiągnie wymaganą konsystencję. Wyjmij łyżką cedzakową.

Ilość porcji: 1
Jedno duże jajko zawiera: 5 g tłuszczu, 0,5 g węglowodanów netto, 6 g białka, 70 kalorii

Jajka w koszulkach z sosem hiszpańskim

Jajka w koszulkach świetnie smakują z dodatkiem sosu francuskiego lub hiszpańskiego.

sos hiszpański (strona 42)
2 lub więcej jajek w koszulkach

Przygotuj sos hiszpański według wskazówek z przepisu. Ugotuj 2 lub więcej jajek w koszulkach zgodnie z powyższym przepisem. Każde jajko polej ½ szklanki sosu.

Ilość porcji: 1 jajko
Jedna porcja zawiera: 15 g tłuszczu, 4 g węglowodanów netto, 13 g białka, 203 kalorie

Pieczone jajka

Pieczone jajka są prostym i szybkim daniem podawanym na śniadanie oraz o każdej innej porze dnia. W przepisie użyte jest tylko jedno jajko, lecz możesz przygotować dowolną ich liczbę. Czas i temperatura pieczenia się nie zmieni.

1 łyżka (28 g) miękkiego masła
1 jajko
sól i pieprz do smaku
7 g startego żółtego sera (opcjonalnie)
mielona papryka (opcjonalnie)

Nagrzej piekarnik do 170 stopni. Połową masła wysmaruj kokilkę o pojemności około 170 g. Rozbij do kokilki jedno jajko. Na wierzch połóż resztę masła i posyp solą i pieprzem. Możesz posypać startym serem. Wstaw do nagrzanego piekarnika na 16 do 20 minut lub do czasu, aż jajko upiecze się tak jak lubisz. Białko powinno być dobrze ścięte, a żółtko miękkie. Przed podaniem posyp papryką.

Ilość porcji: 1 jajko
Jedna porcja zawiera:
29 g tłuszczu, 0,5 g węglowodanów netto, 7,5 g białka, 293 kalorie

Szynka, jajka, marchewka
i marynowana rzodkiew japońska (strona 175).

Jajka sadzone

Jajka sadzone są jednym z najpopularniejszych sposobów przyrządzania jajek. Są różne metody smażenia jajek. Niektórzy lubią przysmażanie obustronne, jednak w ten sposób żółtko może pęknąć lub zbytnio się wysmażyć. Jeżeli lubisz wysmażone żółtko, możesz skorzystać z tej metody. Możesz też przysmażyć żółtko tak jak lubisz bez konieczności obracania jajka na drugą stronę.

Możesz smażyć na maśle, oleju kokosowym, oleju z czerwonej palmy lub tłuszczu wytopionym ze smażonego boczku. Każdy z tych tłuszczów nada jajku nieco inny smak. Możesz również połączyć dwa rodzaje tłuszczów. Moją ulubioną kombinacją jest tłuszcz z boczku i olej kokosowy lub z czerwonej palmy.

Zagrzej 1-2 łyżki oleju na patelni na średnim ogniu. Olej będzie wystarczająco podgrzany, kiedy kropla wody upuszczona na patelnię zacznie mocno skwierczeć. Aby uniknąć poparzenia pryskającym tłuszczem, rozbij jajko do małej miseczki i ostrożnie przelej na gorący tłuszcz. W ten sam sposób usmaż każde kolejne jajko.

Przykryj patelnię i usmaż jajka tak jak lubisz. Sprawdzaj stan wysmażenia co 2-4 minuty. Najlepiej do tego celu nadają się szklane przykrywki – wtedy dokładnie można określić stan potrawy bez konieczności odkrywania patelni. Jeżeli chcesz usmażyć żółtko szybciej, możesz polać je gorącym tłuszczem podczas smażenia lub dodać nieco wody na patelnię i przykryć. Woda wytworzy parę, która przyspieszy ścięcie powierzchni żółtka.

Jedna porcja (1 jajko) zawiera: 5 g tłuszczu, 0,5 g węglowodanów netto, 6 g białka, 70 kalorii

Jajka na szynce z sosem serowym

sos serowy (strona 39)
1 łyżka (14 g) oleju kokosowego lub tłuszczu ze smażenia boczku
85 g plastrów szynki bez cukru i azotanów
1 jajko w koszulce lub sadzone

Przygotuj sos serowy zgodnie z przepisem. Zagrzej olej kokosowy na patelni. Usmaż szynkę razem z jajkami tak jak lubisz. Przełóż szynkę na talerz i połóż jajko sadzone lub w koszulce na wierzch. Polej sosem serowym.

Jedna porcja: 1 jajko i 1 plasterek szynki
Jedna porcja z ½ szklanki (120 ml) sosu serowego zawiera: 67 g tłuszczu, 4,5 g węglowodanów netto, 28 g białka, 729 kalorii

Jajecznica

Jajecznica jest ulubionym klasycznym daniem śniadaniowym. Świetnie smakuje i jest banalnie prosta w przygotowaniu. Potrzebujesz jedynie tłuszczu, jajek i soli. Możesz jednak dodać inne dowolne składniki. Rodzaj użytego tłuszczu znacznie wpłynie na smak jajecznicy. Najlepszy jest tłuszcz wytopiony ze smażonego boczku, jednak możesz również wypróbować olej kokosowy, z czerwonej palmy, masło, smalec wołowy, a nawet kurzy lub gęsi tłuszcz. Możesz zmieszać dwa lub więcej różnych tłuszczów.

2 łyżki (28 g) oleju kokosowego lub tłuszczu ze smażenia boczku
2 jajka
sól i pieprz do smaku

Zagrzej tłuszcz na patelni. Na rozgrzany tłuszcz rozbij jajka. Szybko zmieszaj jajka widelcem i pozostaw na ogniu bez przykrycia na 4 do 5 minut. W międzyczasie obracaj jajka szpatułką i smaż tak jak lubisz. Na koniec dodaj sól i pieprz do smaku. Do jajecznicy pasują różne dodatki, na przykład szynka, boczek lub inne wędliny. Można również na wierzch dodać nieco salsy lub plastry awokado.

Sposób przyrządzenia jajecznicy będzie wpływał na jej smak i strukturę. Mieszanie jajek na gorącej patelni przyniesie inny efekt, niż kiedy wlejesz na patelnię jajka uprzednio zmieszane w misce, przygotowane tak jak na omlet. Mieszanie jajek na patelni spowoduje, że części żółtka i białka usmażą się osobno i będą wyraźnie się odznaczać w gotowym daniu. Natomiast jajka zmieszane wcześniej nadadzą jajecznicy bardziej jednolitą strukturę i smak.

Ilość porcji: 1
Jedna porcja zawiera: 36 g tłuszczu, 1 g węglowodanów netto, 11 g białka, 372 kalorie

Inna wersja:
Przygotuj jajecznicę według powyższych wskazówek, lecz dodaj do jajek dowolny składnik z następującej listy: mieloną wątróbkę z kury lub pasztet, smażoną kiełbasę w kostkach, posiekaną szynkę, posiekaną smażoną lub pieczoną rybę, skorupiaki, kurczaka lub indyka, podsmażane pieczarki, cebulę, czosnek lub zieloną paprykę, gotowane szparagi, posiekany gotowany kalafior lub brokuł, chrupiący pokruszony boczek, gotowane serca karczocha, posiekane pomidory, posiekane świeże zioła (bazylię, pietruszkę, koperek, szczypiorek, estragon, trybulę, majeranek, kolendrę lub szałwię), mielone przyprawy (chili, kolendrę,

kminek, curry, musztardę w proszku, oregano, słodką paprykę, czerwoną paprykę w płatkach, rozmaryn, tymianek, kurkumę), posiekaną jalapeño lub inne rodzaje papryki chili.

Jajecznica fiesta

Dzięki temu przepisowi w prosty sposób zaostrzysz smak tradycyjnej jajecznicy. Przygotuj jajecznicę zgodnie ze wskazówkami z poprzedniego przepisu. Przed podaniem połóż na wierzch 1 łyżkę (16 g) salsy, ¼ awokado w plastrach oraz 1 łyżkę (1 g) posiekanej świeżej kolendry.

Ilość porcji: 1
Jedna porcja zawiera: 43 g tłuszczu, 2 g węglowodanów netto, 12 g białka, 443 kalorie

Jajecznica ze śmietaną i szczypiorkiem

Przygotuj jajecznicę zgodnie z przepisem ze strony 395. Na wierzch połóż łyżkę śmietany oraz posyp 1 łyżeczką posiekanego cienkiego szczypiorku.

Ilość porcji: 1
Jedna porcja zawiera: 39 g tłuszczu, 1,5 g węglowodanów netto, 11,5 g białka, 403 kalorie

Jajecznica z twarogiem

Jest to bardzo oryginalna wersja zwykłej jajecznicy. Twarożek nadaje jajkom przyjemny i lekko kwaśny smak osłodzony dodatkiem suszonej cebuli. Jeżeli nie masz suszonej cebuli, możesz dodać mieloną lub granulowaną.

2 łyżki (28 g) oleju kokosowego lub tłuszczu ze smażenia boczku
2 rozmieszane jajka
¼ szklanki (55 g) twarogu lub odcedzonego serka wiejskiego
1 łyżeczka posiekanej suszonej lub granulowanej cebuli
¼ łyżeczki soli

Zagrzej olej na patelni na średnim ogniu. Wymieszaj jajka z twarogiem, cebulą i solą. Przelej na rozgrzaną patelnię, przykryj i smaż do ścięcia jajek – około 5 minut.

Ilość porcji: 1
Jedna porcja zawiera: 37 g tłuszczu, 3,5 g węglowodanów netto, 19 g białka, 423 kalorie

Jajecznica trzy papryki

Do tej potrawy będziesz potrzebował trzech różnych rodzajów papryki: dwóch słodkich (zielonej i czerwonej) i jednej ostrej (jalapeño).

1 średnia cebula pokrojona na cienkie plasterki
1 zielona papryka pokrojona w paski o grubości 0,5 cm
1 czerwona papryka pokrojona w paski o grubości 0,5 cm
2 łyżki (28 g) oleju kokosowego lub smalcu
1 ząbek czosnku przeciśnięty przez praskę
2 średnie pomidory bez gniazd nasiennych posiekane w dużą kostkę
½ szklanki (75 g) szynki bez cukru i azotanów pokrojonej w paski o wymiarach 0,5x5 cm
½ łyżeczki soli
⅛ łyżeczki pieprzu
2 łyżki (28 g) masła
1 łyżka (9 g) posiekanej papryki jalapeño lub innej pikantnej papryki
4 lekko rozmieszane jajka

Zagrzej olej na dużej patelni. Dodaj cebulę i słodkie papryki. Podsmażaj około 10 minut, aż dobrze zmiękną. Nie przyrumieniaj. Dodaj czosnek, pomidory, szynkę, sól i pieprz. Gotuj około 6 minut, aż większość płynu wyparuje. Przesuń warzywa na brzeg. Na środek patelni dodaj masło. Zmieszaj paprykę jalapeño z jajkami i przelej na roztopione masło. Smaż bez mieszania, aż jajka lekko się zetną. Następnie zmieszaj z warzywami i zdejmij z ognia.

Ilość porcji: 4
Jedna porcja zawiera: 20 g tłuszczu, 5,5 g węglowodanów netto, 10 g białka, 242 kalorie

Inna wersja:
Przygotuj jajecznicę według powyższego przepisu. Dodatkowo zaraz przed końcem smażenia dodaj ½ szklanki (75 g) sera feta i wymieszaj.

Jajecznica z serkiem śmietankowym

1 łyżka (14 g) oleju kokosowego, z czerwonej palmy lub tłuszczu ze smażenia boczku
56 g polędwicy lub szynki bez cukru i azotanów
2 lekko rozmieszane jajka
2 łyżeczki suszonej cebuli
⅛ łyżeczki soli
85 g miękkiego serka śmietankowego

Zagrzej tłuszcz na patelni na średnim ogniu. Na rozgrzany tłuszcz połóż plastry polędwicy i przysmażaj jedną stronę około 2 minut. W międzyczasie dokładnie zmieszaj jajka, cebulę, sól i serek śmietankowy. Przewróć polędwicę na drugą stronę i polej jajkami. Przykryj patelnię i smaż do czasu, aż jajka zetną się na wierzchu. Uważaj, żeby nie przypalić serka na spodzie. Zapobiegnie temu smażenie na plastrach polędwicy.

Ilość porcji: 1
Jedna porcja zawiera: 56,5 g tłuszczu, 6 g węglowodanów netto, 29,5 g białka, 650 kalorii

Zmieszane jajka polej na kawałki polędwicy, co zapobiegnie przypaleniu sera.

Jajecznica z krewetkami

sos koktajlowy (strona 50)
2 lekko rozmieszane jajka
56 g małych krewetek
¼ łyżeczki sosu rybnego
2 łyżki (28 g) tłuszczu ze smażenia boczku

Przygotuj sos koktajlowy według przepisu. W małej misce zmieszaj jajka z krewetkami i sosem rybnym. Zagrzej tłuszcz na patelni. Na gorący tłuszcz przelej jajka. Smaż od czasu do czasu mieszając, aż jajka się zetną. Umieść jajka, na talerzu i polej sosem koktajlowym. Przed podaniem posyp posiekaną świeżą kolendrą lub pietruszką.

Ilość porcji: 1
Jedna porcja z ¼ szklanki (60 ml) sosu koktajlowego zawiera: 39,5 g tłuszczu, 1,5 g węglowodanów netto, 42 g białka, 457 kalorii

Jajecznica z łososiem i szparagami

1 łyżka (14 g) oleju kokosowego
3 duże szparagi pokrojone na małe kawałki
2 rozmieszane jajka
2 łyżeczki suszonej cebuli
28 g wędzonego lub gotowanego łososia pokrojonego na małe kawałki
28 g startego parmezanu lub Asiago
sól i pieprz do smaku

Zagrzej tłuszcz na patelni na średnim ogniu. Dodaj szparagi i podsmażaj około 5 minut, aż lekko zmiękną. Połącz jajka z cebulą i przelej na patelnię. Przykryj i podsmażaj około 2 minut, aż jajka się lekko zetną. Dodaj łososia na wierzch, przykryj i smaż około 5 minut do całkowitego ścięcia jajek. Zdejmij z ognia i dodaj sól i pieprz do smaku.

Ilość porcji: 1
Jedna porcja zawiera: 34 g tłuszczu, 5 g węglowodanów netto, 25,5 g białka, 428 kalorii

Jajecznica z czerwoną papryką

Ten przepis jest świetnym sposobem na ożywienie zwyczajnych śniadaniowych jajek.

sos z czerwonej papryki (strona 46)
2 łyżki (28 g) oleju kokosowego lub tłuszczu ze smażenia boczku
2 lekko rozmieszane jajka
sól

Przygotuj sos z czerwonej papryki zgodnie z przepisem. Zagrzej olej na patelni i usmaż jajka. Dodaj sól do smaku. Przed podaniem polej ½ szklanki (120 ml) sosu.

Ilość porcji: 1
Jedna porcja z ½ szklanki (120 ml) sosu z czerwonej papryki zawiera: 49 g tłuszczu, 4,5 g węglowodanów netto, 24 g białka, 555 kalorii

Łatwy omlet

Omlety są proste w przygotowaniu. Można do nich dodawać wiele różnych składników. Przyrządzane tradycyjnym francuskim sposobem są jednak nieco skomplikowane. Ten przepis jest prostszą wersją, lecz smakuje równie dobrze i pozwala na różne modyfikacje. Tym razem przygotujemy omlet bez dodatków.

2 łyżki (28 g) oleju kokosowego lub tłuszczu ze smażenia boczku
4 jajka
¼ łyżeczki soli
⅛ łyżeczki pieprzu

Roztop olej na patelni na średnim ogniu. W misce ubij rózgą jajka z solą i pieprzem, aż pojawią się pęcherzyki powietrza.

Przelej jajka na rozgrzaną patelnię i smaż bez mieszania około 5 minut, aż wierzch omletu się zetnie. Zdejmij omlet z patelni.

Ilość porcji: 2
Jedna porcja zawiera: 22,5 g tłuszczu, 0,5 g węglowodanów netto, 11 g białka, 248 kalorii

Inne wersje:
Omlet można przyrządzić z dodatkiem różnych składników, takich jak szynka, boczek, kurczak, kiełbasa, mielona wołowina, mielona jagnięcina, krewetki, kraby, cebula, bakłażan, cukinia, czosnek, słodka lub ostra papryka, pomidory, awokado, szparagi, brokuł, kalafior, szpinak i pieczarki. Mięso i większość warzyw należy ugotować lub przysmażyć przed dodaniem do jajek. Pomidory, awokado i dodatki, takie jak kolendra i szczypiorek, najlepiej dodać świeże na wierzch gotowego już omletu. Jako dekorację można też dodać nieco kwaśnej śmietany. Wierzch jajek podczas smażenia można posypać startym serem żółtym, który się ładnie roztopi. Można łączyć dowolne z powyższych składników. Pamiętaj jednak, aby zanotować wagę użytych dodatków, aby obliczyć ilość węglowodanów całego dania.

Omlet ziołowy

Przygotuj omlet według poprzedniego przepisu i przed zmieszaniem dodaj do jajek 1 łyżeczkę drobno posiekanego cienkiego szczypiorku, ½ łyżeczki drobno posiekanej trybuli oraz ¼ łyżeczki drobno posiekanego estragonu.

Zawartość składników odżywczych jest taka sama jak w zwykłym omlecie.

Omlet serowy

Przygotuj łatwy omlet zgodnie ze wskazówkami z przepisu. Dodatkowo zaraz po przelaniu jajek na patelnię posyp wierzch ¾ szklanki (84 g) startego żółtego sera. Przykryj i smaż bez mieszania, aż jajka się zetną, a ser roztopi.

Ilość porcji: 2
Jedna porcja zawiera: 35,6 g tłuszczu, 1,2 g węglowodanów netto, 21,6 g białka, 414 kalorii

Omlet lotaryński

Przygotuj łatwy omlet według przepisu. Mniej więcej w połowie smażenia posyp wierzch ¼ szklanki (30 ml) startego sera gruyere. Przykryj patelnię. Kiedy omlet będzie gotowy, wyłącz gaz i posyp wierzch 1 łyżką drobno posiekanej świeżej natki pietruszki oraz 2 pokruszonymi plastrami smażonego boczku. Za pomocą szpatułki złóż omlet na pół i przełóż na talerz.

Ilość porcji: 2
Jedna porcja zawiera: 36,5 g tłuszczu, 0,5 g węglowodanów netto, 19,5 g białka, 408 kalorii

Omlet po hiszpańsku

2 łyżki (30 g) masła
1 pokrojona w paseczki papryka pimiento
1 mały pomidor, obrany, wydrążony i pokrojony w grubszą kostkę
1 zgnieciony ząbek czosnku
1 łyżka (4 g) drobno posiekanej świeżej natki pietruszki

Zagrzej masło na patelni na średnim ogniu. Usmaż pimiento, pomidory, czosnek i pietruszkę. Po mniej więcej 3 minutach warzywa powinny być miękkie. Zdejmij z ognia i odstaw na bok. Przygotuj łatwy omlet według przepisu. Kiedy omlet będzie gotowy, dodaj warzywa na wierzch. Za pomocą szpatułki złóż omlet na pół i zdejmij z patelni.

Ilość porcji: 2
Jedna porcja zawiera: 34 g tłuszczu, 4,5 g węglowodanów netto, 12,5 g białka, 374 kalorie

Omlet po grecku

2 łyżki (28 g) oliwy z oliwek
2 liście laurowe
1 posiekany ząbek czosnku
4 jajka
¼ łyżeczki soli
⅛ łyżeczki pieprzu
1 łyżka (3 g) drobno posiekanego cienkiego szczypiorku
¼ szklanki (40 g) pokruszonego sera feta

Zagrzej oliwę na patelni na średnim ogniu. Dodaj liście laurowe i czosnek. Smaż 3 do 4 minut, aż oliwa nabierze smaku czosnku i liści laurowych. Wyrzuć liście. Rózgą ubij jajka z solą i pieprzem, aż pojawią się pęcherzyki powietrza. Przelej jajka na rozgrzaną patelnię. Przykryj i smaż do czasu, aż wierzch omletu będzie dobrze ścięty – około 5 minut. Posyp szczypiorkiem i serem feta. Szpatułką złóż omlet na pół i przełóż na talerz. Podawaj na gorąco.

Ilość porcji: 2
Jedna porcja zawiera: 26 g tłuszczu, 2 g węglowodanów netto, 14 g białka, 298 kalorii

Omlet z kiełbasą, pieczarkami i pomidorami

Ten oraz kilka następnych przepisów są przykładami omletów łączących w sobie mięso z warzywami.

2 łyżki (28 g) oleju kokosowego lub tłuszczu ze smażenia boczku
120 g posiekanej kiełbasy
2 pieczarki w plastrach
3 jajka
¼ łyżeczki soli
½ szklanki (90 g) pomidora pokrojonego w kostkę

Zagrzej olej kokosowy na patelni. Dodaj kiełbasę, pieczarki i podsmażaj, aż mięso się przyrumieni. W misce zmieszaj jajka z solą. Przelej jajka na gorącą patelnię, zakrywając kiełbasę i grzyby. Przykryj i smaż bez mieszania, aż wierzch omletu się dobrze zetnie – około 5 minut. Dodaj pomidor i przykryj na 1 minutę. Zdejmij z ognia. Podawaj na gorąco.

Ilość porcji: 2
Jedna porcja zawiera: 37,7 g tłuszczu, 1,9 g węglowodanów netto, 20,9 g białka, 429 kalorii

Omlet z boczkiem i cukinią

4 plastry boczku bez cukru i azotanów
1 mała cukinia (około 170 g) pokrojona w kostkę
3 jajka
2 łyżeczki posiekanej papryki jalapeño
sól
55 g startego sera cheddar

Usmaż boczek na średnim ogniu na chrupko. Przełóż na talerz i odstaw na bok. Na tej samej patelni podsmaż cukinię, od czasu do czasu mieszając, aż się przyrumieni – około 10 minut. Zmieszaj jajka z papryką i solą. Polej cukinię jajkami. Wierzch posyp serem i pokruszonym boczkiem. Przykryj i smaż, aż jajka się zetną – około 7 minut.

Ilość porcji: 2
Jedna porcja zawiera: 31,5 g tłuszczu, 3 g węglowodanów netto, 30 g białka, 415 kalorii

Cebulowa frittata

To jest omlet dla smakoszy cebuli. Pochodzi z Włoch i przysmaża się go z dwóch stron.

1 średnia słodka cebula obrana i pokrojona na cienkie plasterki
3 łyżki (42 g) oleju kokosowego lub oliwy z oliwek
1 ząbek czosnku przeciśnięty przez praskę
4 lekko zmieszane jajka
¾ łyżeczki soli
⅛ łyżeczki pieprzu
1 łyżeczka suszonej bazylii
¼ szklanki (80 g) startego parmezanu

Zagrzej połowę oleju na patelni na średnim ogniu. Dodaj cebulę i podsmażaj przez 5 do 8 minut, aż zmięknie. Nie powinna się przyrumienić. Dodaj czosnek i podsmażaj przez 1 minutę. Przełóż czosnek i cebulę do miski i zmieszaj z jajkami, pieprzem, solą, bazylią i serem. Dodaj pozostałą część oleju na patelnię i zagrzewaj przez 1-2 minuty. Następnie dodaj jajka z dodatkami. Przykryj i smaż bez mieszania przez 3 do 4 minut, aż spód się przyrumieni, a wierzch zetnie. Pokrój na ćwiartki, obróć i przysmaż na złoto drugą stronę.

Ilość porcji: 2
Jedna porcja zawiera: 38,5 g tłuszczu, 6,5 g węglowodanów netto, 24,5 g białka, 470 kalorii

Puszysty suflet

Suflety mają nieco odmienny smak i strukturę w porównaniu z omletami, pomimo że zwykle zawierają te same składniki. Suflet z tego przepisu smaży się z początku jak omlet, lecz na koniec umieszcza się go w piekarniku, dzięki czemu nabiera puszystości. Sekretem jest powolne zapiekanie jajek. Do sufletu używamy jajek w temperaturze pokojowej – to nada im większej objętości. Do przyrządzenia sufletu konieczna jest patelnia lub naczynie żaroodporne, na których można zarówno smażyć na kuchence, jak i piec w piekarniku.

4 żółtka
4 białka
¼ łyżeczki soli
⅛ łyżeczki pieprzu
3 łyżki (42 g) oleju kokosowego, masła lub tłuszczu ze smażenia boczku

Nagrzej piekarnik do 170 stopni. Ubij białka mikserem na sztywną pianę. W osobnej misce zmiksuj na kremową masę żółtka z solą i pieprzem. Przełóż ¼ piany do żółtek i delikatnie, dokładnie wymieszaj łyżką. Następnie przełóż żółtka do pozostałej części piany i tylko kilka razy przełóż warstwy łyżką. Nie mieszaj dokładnie.

Zagrzej olej na patelni na średnim ogniu. Pamiętaj, aby użyć patelni odpowiedniej również do piekarnika. Przelej jajka na rozgrzany tłuszcz i delikatnie wygładź wierzch. Zmniejsz ogień na średni i smaż bez przykrycia około 5 minut lub do czasu, aż spód sufletu się przyrumieni. Przenieś patelnię do uprzednio nagrzanego piekarnika na 18 do 20 minut lub do czasu, aż suflet będzie puszysty i lekko złocisty na wierzchu. Wyjmij z piekarnika i podziel szpatułką na pół.

Tak jak w przypadku wszystkich przepisów w tej książce, tu również, jeżeli zwiększysz ilość oleju, zwiększysz jednocześnie zawartość tłuszczu w potrawie. Możesz również dokonać tego poprzez dodanie sera, kiełbasy lub innych wysokotłuszczowych składników.

Ilość porcji: 2
Jedna porcja zawiera: 30 g tłuszczu, 0,5 g węglowodanów netto, 11 g białka, 316 kalorii

Suflet serowy

Najpierw należy przygotować sos serowy, który następnie miesza się z białkami. Użyj patelni, która jest odpowiednia do smażenia na ogniu, jak i do zapiekania w piekarniku.

2 łyżki (28 g) masła
½ szklanki (120 ml) śmietanki kremówki
1¼ szklanki (150 g) startego sera cheddar
3 żółtka
3 białka
¼ łyżeczki soli
⅛ łyżeczki pieprzu
1 łyżka (14 g) oleju kokosowego

Rozpuść masło w rondelku na średnim ogniu. Dodaj śmietankę i ser. Mieszaj, aż ser się roztopi. Widelcem lekko zmieszaj żółtka z solą i pieprzem. Następnie zmieszaj około ¼ szklanki (60 ml) gorącego sosu serowego z żółtkami i natychmiast przelej z powrotem do reszty sosu i wymieszaj. Gotuj sos na małym ogniu przez 1-2 minuty, ciągle mieszając. Zdejmij z ognia i odstaw do ostygnięcia.

W międzyczasie nagrzej piekarnik do 170 stopni. W osobnej misce ubij białka na sztywną pianę. Przełóż ¼ piany do sosu serowego. Wymieszaj delikatnie łyżką. Dodaj resztę piany i lekko przełóż warstwy kilka razy łyżką. Nie mieszaj dokładnie, gdyż suflet opadnie. Na średnim ogniu zagrzej na patelni tłuszcz. Pamiętaj, aby patelnia była odpowiednia również do zapiekania. Przelej jajka z dodatkami na patelnię i zmniejsz ogień. Smaż około 5 minut lub do czasu, aż spód sufletu zacznie się przyrumieniać. Przenieś patelnię do piekarnika i piecz bez przykrycia przez 18 do 20 minut lub do czasu, aż wierzch sufletu zrobi się puszysty i lekko złocisty. Wyjmij z piekarnika i przed podaniem podziel szpatułką na pół.

Ilość porcji: 2
Jedna porcja zawiera: 72,5 g tłuszczu, 3 g węglowodanów netto, 28,5 g białka, 778 kalorii

Inna wersja:
Przygotuj suflet serowy według powyższych wskazówek, lecz przez schłodzeniem sosu serowego dodaj ¼ lub pół szklanki (25 do 50 g) dowolnego z następujących składników: smażoną szynkę lub kiełbasę, chrupiący pokruszony boczek, mielone podsmażone wątróbki z kury, mieloną szynkę, drobno posiekane przysmażone pieczarki, drobno posiekaną gotowaną rybę lub skorupiaki, posiekane gotowane warzywa (pimiento, szparagi, szpinak, brokuł, kalafior, kapustę, brukselki lub cebulę). Węglowodany z dodatków dodaj do ilości węglowodanów netto całego dania.

Suflet brzoskwiniowo-cynamonowy

Pomimo że nazwa dania może sugerować słodki deser, suflet ma tylko lekko słodki smak i jest całkowicie ketogeniczny. Cynamon i owoce nadają potrawie smak nieco inny niż typowych wytrawnych dań z jajek.

4 żółtka
4 białka
⅛ łyżeczki soli
¼ łyżeczki aromatu migdałowego
¼ łyżeczki cynamonu
⅛ łyżeczki mielonych goździków

¾ szklanki (128 g) drobno posiekanych brzoskwiń
¼ szklanki (30 g) posiekanych orzechów pekan
1 łyżka (8 g) mąki kokosowej
2 łyżki (28 g) oleju kokosowego

Nagrzej piekarnik do 180 stopni. Ubij białka mikserem na sztywną pianę. W osobnej misce zmiksuj żółtka z solą, aromatem migdałowym, cynamonem, goździkami, brzoskwiniami, orzechami i mąką kokosową. Następnie przełóż ⅓ piany do żółtek i dobrze wymieszaj. Przełóż żółtka do pozostałej części piany i kilkakrotnie przełóż warstwy łyżką. Nie mieszaj dokładnie.

Na średnim ogniu zagrzej olej w naczyniu żaroodpornym lub patelni odpowiedniej do zapiekania. Przełóż mieszankę na gorący tłuszcz. Wygładź delikatnie powierzchnię, aby uzyskać jednakową grubość. Zmniejsz nieco ogień i smaż bez przykrycia około 4 minut lub do czasu, aż spód sufletu zacznie się przyrumieniać. Przełóż naczynie do nagrzanego piekarnika na 18 do 20 minut lub do czasu, aż suflet zrobi się puszysty i lekko złocisty na wierzchu. Wyjmij z piekarnika i przed podaniem podziel szpatułką na pół.

Ilość porcji: 2
Jedna porcja zawiera: 34,5 g tłuszczu, 7 g węglowodanów netto, 14 g białka, 394 kalorie

Suflet ananasowy

Jest to przepis na ketogeniczny suflet, któremu lekką słodycz nadaje niewielka ilość ananasów. Możesz wykorzystać ananasy świeże lub z puszki. Decydując się na zakup puszki, wybierz owoce w plastrach lub w kawałkach.

4 żółtka
4 białka
⅛ łyżeczki soli
¼ łyżeczki aromatu pomarańczowego
¼ łyżeczki gałki muszkatołowej lub mielonego ziela angielskiego
¾ szklanki (130 g) drobno posiekanego ananasa
¼ szklanki (30 g) posiekanych orzechów pekan
1 łyżka (8 g) mąki kokosowej
2 łyżki (28 g) oleju kokosowego

Nagrzej piekarnik do 180 stopni. Ubij mikserem białka na sztywną pianę. W osobnej misce zmiksuj żółtka z solą, aromatem pomarańczowym, gałką muszkatołową, ananasem, orzechami i mąką kokosową. Następnie przełóż ⅓ piany do żółtek i dobrze wymieszaj. Przełóż żółtka do pozostałej części piany i kilkakrotnie przełóż warstwy łyżką. Nie mieszaj dokładnie.

Na średnim ogniu zagrzej olej w naczyniu żaroodpornym lub patelni odpowiedniej również do zapiekania. Przełóż mieszankę na rozgrzany tłuszcz. Wygładź delikatnie powierzchnię, aby uzyskać jednakową grubość. Zmniejsz nieco ogień i smaż bez przykrycia około 4 minut lub do czasu, aż spód sufletu zacznie się przyrumieniać. Przełóż naczynie do nagrzanego piekarnika na 18 do 20 minut lub do czasu, aż suflet zrobi się puszysty i lekko złocisty na wierzchu. Wyjmij z piekarnika i przed podaniem podziel szpatułką na pół.

Ilość porcji: 2
Jedna porcja zawiera: 34 g tłuszczu, 9,5 g węglowodanów netto, 14 g białka, 400 kalorii

Suflet jabłkowy

Temu sufletowi lekkiej słodyczy nada każdy rodzaj jabłek. Użyj jednego średniego jabłka o wadze około 150 gramów po obraniu i wycięciu gniazd nasiennych.

4 żółtka
4 białka
⅛ łyżeczki soli
¼ łyżeczki aromatu migdałowego
¼ łyżeczki cynamonu
⅛ łyżeczki gałki muszkatołowej
1 średnie jabłko obrane, bez gniazd nasiennych i pokrojone w kostkę
¼ szklanki (30 g) posiekanych orzechów pekan
1 łyżka (8 g) mąki kokosowej
2 łyżki (28 g) oleju kokosowego

Nagrzej piekarnik do 180 stopni. Białka ubij mikserem na sztywną pianę. W osobnej misce zmiksuj żółtka z solą, aromatem migdałowym, gałką muszkatołową, cynamonem, jabłkami, orzechami i mąką kokosową. Następnie przełóż ⅓ piany do żółtek i dokładnie, delikatnie wymieszaj. Przełóż żółtka do pozostałej części piany i kilkakrotnie przełóż warstwy łyżką. Nie mieszaj dokładnie.

Na średnim ogniu zagrzej olej w naczyniu żaroodpornym lub patelni odpowiedniej do zapiekania. Przełóż jajka na rozgrzany tłuszcz. Wygładź delikatnie powierzchnię, aby uzyskać jednakową grubość. Zmniejsz nieco ogień i smaż bez przykrycia około 4 minut lub do czasu, aż spód sufletu zacznie się przyrumieniać. Przełóż naczynie do nagrzanego piekarnika na 18 do 20 minut lub do czasu, aż suflet zrobi się puszysty i lekko złocisty na wierzchu. Wyjmij z piekarnika i przed podaniem podziel szpatułką na pół.

Ilość porcji: 2
Jedna porcja zawiera: 34 g tłuszczu, 10,5 g węglowodanów netto, 13,5 g białka, 402 kalorie

Suflet borówkowy

Do poniższego przepisu należy wykorzystać borówki amerykańskie, lecz możesz zamiast nich dodać maliny, jeżyny, malinojeżyny lub kilka różnych rodzajów jagód zmieszanych razem.

4 żółtka
4 białka
⅛ łyżeczki soli
¼ łyżeczki aromatu migdałowego
1 szklanka (145 g) borówek amerykańskich
¼ szklanki (30 g) posiekanych orzechów pekan
1 łyżka (8 g) mąki kokosowej
2 łyżki (28 g) oleju kokosowego

Nagrzej piekarnik do 180 stopni. Ubij mikserem białka na sztywną pianę. W osobnej misce zmiksuj żółtka z solą, aromatem migdałowym, borówkami, orzechami i mąką kokosową. Następnie przełóż ⅓ piany do żółtek i dokładnie, delikatnie wymieszaj. Przełóż żółtka do pozostałej części piany i kilkakrotnie przełóż warstwy łyżką. Nie mieszaj dokładnie.

Na średnim ogniu zagrzej olej w naczyniu żaroodpornym lub patelni odpowiedniej do zapiekania. Przełóż jajka na gorący tłuszcz. Wygładź delikatnie powierzchnię, aby uzyskać jednakową grubość. Zmniejsz nieco ogień i smaż bez przykrycia około 4 minut lub do czasu, aż spód sufletu zacznie się przyrumieniać. Przełóż naczynie do nagrzanego piekarnika na 18 do 20 minut lub do czasu, aż suflet zrobi się puszysty i lekko złocisty na wierzchu. Wyjmij z piekarnika i przed podaniem podziel szpatułką na pół.

Ilość porcji: 2
Jedna porcja zawiera: 34,5 g tłuszczu, 10,5 g węglowodanów netto, 14 g białka, 408 kalorii

Kalafiorowe babeczki

To danie jest właściwie sufletem upieczonym w foremkach na muffinki. Babeczki wychodzą lekkie, miękkie i przepyszne. Najlepiej jeść je widelcem.

450 g pokrojonego w kostkę kalafiora
1 średnia szalotka obrana i przekrojona na pół
¼ szklanki (60 g) kwaśnej śmietany
110 g startego ostrego sera cheddar
1 łyżka (4 g) drobno posiekanej świeżej natki pietruszki
¼ łyżeczki soli
⅛ łyżeczki pieprzu
4 żółtka
4 białka

Nagrzej piekarnik do 190 stopni. Wysmaruj tłuszczem 12 foremek na muffinki. Ugotuj kalafior i szalotkę na parze. Po mniej więcej 15 minutach powinny być miękkie. Przełóż warzywa do osobnego naczynia i odstaw na chwilę, aby woda odparowała. Następnie zmiksuj w malakserze na gładkie purée. Połącz kalafior ze śmietaną, serem, pietruszką, solą i pieprzem. Dodaj żółtka i wymieszaj łyżką. W osobnej misce ubij mikserem białka na sztywną pianę. Przełóż pianę do kalafiora i delikatnie, tylko kilka razy przełóż warstwy łyżką. Napełnij foremki i wstaw do piekarnika na 25-30 minut, aż wierzch babeczek się przyrumieni. Podawaj na gorąco.

Ilość porcji: 12 babeczek
Jedna babeczka zawiera: 6 g tłuszczu, 1,5 g węglowodanów netto, 5,5 g białka, 82 kalorie

Jajko benedyktyńskie

Klasyczne jajko benedyktyńskie jest przygotowywane z jajka w koszulce i plastra szynki na muffinie angielskim z sosem holenderskim. W poniższej wersji to zestawienie składników zastąpi suflet z szynki polany sosem holenderskim, jak w oryginalnym daniu.

Przygotuj puszysty suflet zgodnie z przepisem ze strony 408. Na gorącą patelnię dodaj ½ szklanki (75 g) posiekanej szynki i smaż przez 5 minut. Następnie dodaj mieszankę z jajek.

Wierzch polej sosem holenderskim (strona 47).

Ilość porcji: 2
Jedna porcja zawiera: 33 g tłuszczu, 1,5 g węglowodanów netto, 17 g białka, 371 kalorii

Ketochlebek

Tym, czego wszystkim na diecie ketogenicznej brakuje najbardziej, jest chleb. Jest jednak przepis na pyszny niskowęglowodanowy, ketogeniczny chleb bez dodatku zboża. Z poniższego przepisu otrzymasz 4 „kromki". Jeżeli chcesz więcej, zwyczajnie zwiększ ilość składników dwu- lub trzykrotnie. Chleb najlepiej smakuje świeżo wyjęty z piekarnika, dlatego polecam piec go wtedy, kiedy potrzebujesz, zamiast przygotować dużą ilość na kilka dni.

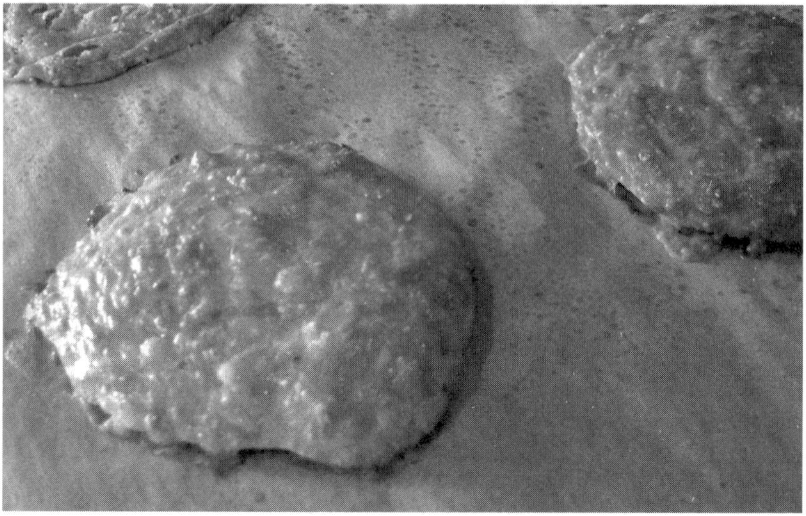

Ketochlebek upieczony z jajek, mąki migdałowej i sera

Każdy kawałek ma mniej więcej tę samą wielkość co kromka zwykłego chleba. Chlebki wyglądają raczej jak okrągłe ciastka niż kromki prawdziwego chleba. Z dwóch kromek można zrobić kanapkę lub zastąpić nimi bułkę do hamburgera. Jeden kawałek złożony na pół może służyć jako bułka do hotdoga, wrap lub tortilla do tacos. W ketochlebku jest już ser, dlatego jeżeli nie chcesz, to nie musisz dodawać sera do kanapki.

2 ubite jajka

¼ szklanki (30 g) mąki migdałowej

1 szklanka (115 g) startego sera Monterey Jack lub innego łagodnego sera

Nagrzej piekarnik do 180 stopni. Rozłóż papier do pieczenia na blasze i spryskaj tłuszczem do pieczenia w aerozolu. Ja używam tłuszczu na bazie oliwy. W małej misce zmiksuj jajka z mąką na gładką masę. Dodaj ser i dokładnie wymieszaj. Nałóż 4 równe porcje ciasta na blachę. Placki powinny mieć około 10-12 cm średnicy. Wstaw do nagrzanego piekarnika na 20 minut, aż lekko się przyrumienią. Wyjmij z piekarnika i odstaw do ostygnięcia.

Ilość porcji: 4 placki
Jeden placek zawiera: 12 g tłuszczu, 0 g węglowodanów netto, 10 g białka, 148 kalorii

Użyj ketochlebka zamiast bułki do hotdoga, tortilli do tacos lub wrapu. Dodaj ulubione nadzienie.

Naleśniki z kiełbasą i serem

Jest to rodzaj dania przyrządzanego z jajek, mąki kokosowej, kiełbasy i sera. Mąka kokosowa jest niskowęglowodanowa i możesz ją stosować do wypieków z niską zawartością cukru.

170 g posiekanej kiełbasy wieprzowej
4 jajka
¼ łyżeczki mielonej cebuli
¼ łyżeczki soli
2 łyżki (16 g) mąki kokosowej
2 łyżeczki drobno posiekanej papryki jalapeño
56 g startego sera cheddar
3 łyżki (42 g) oleju kokosowego

Przysmaż kiełbasę. Przełóż na talerz i odstaw do ostygnięcia. W misce ubij rózgą jajka z cebulą i solą. Dodaj mąkę i zmieszaj na gładką masę. Dodaj paprykę, kiełbasę i ser. Na patelni zagrzej olej kokosowy. Łyżką nakładaj porcje ciasta na patelnię. Placki powinny mieć około 6 cm średnicy. Smaż na złoto z dwóch stron (około 5 minut na stronę w zależności od nagrzania patelni).

Podawaj bez dodatków lub z odrobiną kwaśnej śmietany, awokado, salsą lub innymi ulubionymi składnikami.

Ilość porcji: 12 naleśników
Jeden naleśnik zawiera: 10 g tłuszczu, 0,8 g węglowodanów netto, 6 g białka, 125 kalorii

Śniadaniowa pizza

Mamy już śniadaniowe burrito, dlaczego więc nie przygotować śniadaniowej pizzy? Oto przepis na ketogeniczną pizzę. Ciasto jest lekkie i niezbyt chrupiące. Przypomina gruby spód tradycyj-

nej pizzy. Nie jest jednak na tyle sztywne, aby móc je wziąć do ręki, dlatego też do tego dania najlepszy będzie widelec. Smak tej ketopizzy jest bardzo podobny do smaku pizzy tradycyjnej. Do przygotowania pizzy śniadaniowej nie potrzeba żadnej mąki – ciasto przyrządza się z jajek i sera. Nie musisz oczywiście jeść tego dania jedynie na śniadanie. Jest odpowiednie zarówno na obiad, jak i na kolację.

1 łyżka oleju kokosowego lub tłuszczu ze smażenia boczku
2 żółtka
2 białka
⅛ łyżeczki soli
½ szklanki (58 g) startego żółtego sera

Nagrzej piekarnik do 180 stopni. Na płaskie naczynie żaroodporne o średnicy 22 cm dodaj 1 łyżkę oleju kokosowego lub tłuszczu wytopionego ze smażonego boczku. Wstaw naczynie do nagrzewającego się piekarnika.

Ubij białka na sztywną pianę i odstaw na bok. W osobnym naczyniu zmiksuj żółtka z solą i serem. Dodaj około ¼ piany do żółtek i zmieszaj łyżką. Następnie przełóż żółtka do białek i lekko wymieszaj.

Wyjmij gorące naczynie z piekarnika. Przechyl kilka razy, aby dno i boki naczynia pokryły się równomiernie stopionym olejem. Przełóż ciasto do naczynia i wygładź delikatnie wierzch. Wstaw do piekarnika na 18-20 minut, aż ciasto zrobi się puszyste, a wierzch zacznie się przyrumieniać.

Wyjmij spód pizzy z piekarnika. Przełącz piekarnik na górne grzanie lub zwiększ temperaturę do 230 stopni. W międzyczasie na wierzch ciasta dodaj dowolne składniki na przykład sos do pizzy, starty ser, kiełbasę, cebulę lub paprykę. Przed dodaniem do pizzy mięso i warzywa powinny być ugotowane lub usmażone. Umieść pizzę z dodatkami pod grzałką i zapiekaj przez 3 do 4 minut, aż ser z wierzchu się całkowicie roztopi. Na tym etapie pizza już się nie piecze, jedynie roztapia się wierzchnia warstwa sera. Wyjmij z piekarnika.

Z tego przepisu otrzymasz duże danie dla jednej osoby lub dwa mniejsze dla dwóch. Jeżeli nie użyjesz zbyt dużej ilości dodatków, danie będzie w sam raz tylko dla ciebie.

Ilość porcji: 1 spód pizzy
Jedna porcja (samo ciasto) zawiera: 42 g tłuszczu, 1,5 g węglowodanów netto, 25 g białka, 484 kalorie

Warzywna szakszuka

Szakszuka pochodzi z Tunezji. Jest to ostry gulasz z papryką i jajkami, które gotowane są w środku potrawy. W tej wersji niektóre papryki zastąpimy kapustą. Danie nie będzie też tak mocno przyprawione jak oryginał.

2 łyżki (28 g) oleju kokosowego
½ szklanki (50 g) posiekanej cebuli

½ szklanki (60 g) czerwonej papryki pokrojonej w kostkę
2 posiekane ząbki czosnku
2 średnie pomidory pokrojone w kostkę
1 szklanka (85 g) posiekanej białej kapusty
½ łyżeczki mielonej kolendry
½ łyżeczki mielonego kminku
½ łyżeczki mielonego chili
4 jajka
sól i pieprz
pieprz kajeński (opcjonalnie)

Zagrzej olej na patelni na średnim ogniu. Dodaj cebulę i podsmażaj przez 2 minuty. Dodaj paprykę i czosnek. Smaż przez 5 minut. Od czasu do czasu mieszaj. Jako następne dodaj pomidory, kapustę, kolendrę, kminek i chili. Podsmażaj przez 10 minut lub do czasu, aż warzywa zmiękną. W warzywach zrób łyżką 4 wgłębienia. W każde wgłębienie wbij po 1 jajku. Przykryj i smaż na małym ogniu, aż białka będą ścięte, a żółtka miękkie. Dopraw solą i pieprzem do smaku. Jeżeli lubisz ostre potrawy, możesz dodać kilka szczypt pieprzu kajeńskiego.

Ilość porcji: 2
Jedna porcja zawiera: 15,5 g tłuszczu, 9,3 g węglowodanów netto, 13,4 g białka, 242 kalorie

Smażone jajka z kalafiorem

Do tego przepisu użyjemy kalafiorowego ryżu. Jest to jedno z tych dań, do którego możesz dodać dowolną ilość tłuszczu, gdyż jest on dobrze wchłaniany przez kalafior. Do przepisu potrzeba 2 łyżek oleju, lecz możesz śmiało dodać nawet ¼ szklanki (60 ml) lub więcej.

2 łyżki (28 g) oleju kokosowego
170 g kiełbasy
½ szklanki (60 g) posiekanej cebuli
¼ szklanki (30 g) czerwonej papryki pokrojonej w kostkę
226 g kalafiorowego ryżu (strona 163)
sól i pieprz do smaku
jajka

Zagrzej olej na dużej patelni na średnim ogniu. Dodaj kiełbasę, cebulę i paprykę. Podsmaż mięso, aż się przyrumieni. Następnie dodaj ryż kalafiorowy i gotuj bez przykrycia około 10 minut, od czasu do czasu mieszając. Kiedy kalafior będzie miękki, dodaj sól i pieprz do smaku. Zdejmij z ognia. Podawaj z jajecznicą lub jajkami sadzonymi.

Ilość porcji: 2
Jedna porcja bez jajek zawiera: 38 g tłuszczu, 6 g węglowodanów netto, 19 g białka, 442 kalorie
Jedno jajko zawiera: 4 g tłuszczu, 0,5 g węglowodanów netto, 6 g białka, 62 kalorie

Stir-fry z jajkami i kiełbasą

Jest to jedno z moich ulubionych dań śniadaniowych. Jest ciekawym urozmaiceniem zwykłych, porannych jajek.

2 łyżki (28 g) oleju kokosowego
170 g kiełbasy wieprzowej
½ szklanki (80 g) posiekanej cebuli
½ zielonej papryki pokrojonej w kostkę
3 lekko rozmieszane jajka
2 szklanki (180 g) posiekanej białej kapusty
sól i pieprz do smaku

Zagrzej olej na dużej patelni. Dodaj kiełbasę, cebulę i paprykę. Podsmażaj, aż mięso się dobrze przyrumieni. Przesuń kiełbasę i warzywa na bok patelni. Na puste miejsce wbij jajka. Przykryj i smaż około 4-5 minut, aż jajka się zetną. Pokrój jajka na kawałki i dodaj kapustę. Przykryj i smaż przez kolejne 4-5 minut lub do czasu, aż kapusta zmięknie. Przypraw solą i pieprzem. Zdejmij z ognia.

Ilość porcji: 2
Jedna porcja zawiera: 44,5 g tłuszczu, 7,5 g węglowodanów netto, 26,5 g białka, 536 kalorii

Śniadaniowe kiełbaski bratwurst z kiszoną kapustą

Aby zjeść dobrą kiełbaskę z kapustą, nie trzeba wcale bułki. W tej wersji pieczywo zastąpią jajka.

3 łyżki (42 g) oleju kokosowego
2 kiełbaski typu bratwurst (po 85 g)
4 lekko rozmieszane jajka
szczypta soli
szczypta pieprzu
½ szklanki (70 g) kiszonej kapusty
relisz z korniszonów
musztarda Dijon

Zagrzej olej na patelni i usmaż kiełbaski. Powinny być dobrze wysmażone w środku oraz przyrumienione z każdej strony. Przesuń kiełbaski na brzeg patelni, a na środek rozbij jajka. Przykryj i smaż do czasu, aż jajka będą gotowe. Dodaj sól i pieprz do smaku. Przykryj jajka kapustą i duś pod przykryciem przez 1 minutę, aby zagrzać kapustę. Zdejmij z ognia. Podawaj z ogórkami i musztardą.

Ilość porcji: 2
Jedna porcja zawiera: 54 g tłuszczu, 5 g węglowodanów netto, 23 g białka, 598 kalorii

Stosik z jajkiem

To danie składa się z warstwy mięsa i warzyw przykrytych warstwą z sadzonego jajka. Nazwa dania określa jego wygląd: stos mięsno-warzywny z jajkiem na szczycie.

1 łyżka (14 g) oleju do smażenia
85 g mielonej lub posiekanej wołowiny
28 g posiekanej cebuli
28 g papryki pokrojonej w kostkę
1 jajko
sól i pieprz do smaku
1 łyżka (14 g) salsy lub pikantnego sosu

Zagrzej olej na patelni na średnim ogniu. Dodaj mięso, cebulę i paprykę. Podsmażaj, mieszając razem składniki, około 5-6 minut lub do czasu, aż mięso się przyrumieni, a warzywa lekko zmiękną. Przesuń wszystko na bok patelni. Na środek wbij jajko. Przykryj i smaż przez 4 do 5 minut lub do czasu, aż białko się zetnie, lecz żółtko wciąż będzie płynne. Zdejmij jajko z patelni i dopraw solą i pieprzem do smaku. Przenieś mieszankę mięsno-warzywną na talerz i uformuj mały stosik. Na wierzch połóż jajko. Podawaj z salsą lub pikantnym sosem polanym na jajko.

Ilość porcji: 1
Jedna porcja zawiera: 23,5 g tłuszczu, 4,5 g węglowodanów netto, 32 g białka, 358 kalorii

Inna wersja:
Do warzyw i mięsa dodaj 28 g jednego z następujących składników: posiekany szpinak, jarmuż, pieczarki, cukinia, rzepa lub słodki ziemniak.

Przed podaniem posyp startym żółtym serem lub dodaj 1 łyżkę kwaśnej śmietany.

Pieczarki portobello

Jajecznica z pieczarkami portobello

To danie jest małą modyfikacją śniadaniowego jadłospisu składającego się ze zwyczajnych jajek z szynką.

2 łyżki (28 g) oleju do smażenia
170 g szynki bez cukru i azotanów pokrojonej w małą kostkę
2 ubite jajka

4 plastry (28 g każdy) sera cheddar
2 duże (80 g każda) pieczarki portobello
sól i pieprz do smaku
1 łyżka kwaśnej śmietany

Zagrzej olej na patelni na średnim ogniu. Zmieszaj jajka z szynką i przelej na patelnię. Przykryj i smaż 4 do 5 minut lub do czasu, aż jajka się dobrze zetną. W każdą pieczarkę włóż po 1 plastrze sera oraz jajecznicę. Przykryj drugim plastrem sera. Umieść pieczarki na gorącej patelni. Dodaj ¼ szklanki (60 ml) wody. Szybko przykryj i duś około 3 minut lub do czasu, aż ser się dobrze roztopi. Zdejmij z ognia i dopraw solą i pieprzem do smaku. Przełóż na talerze. Przed podaniem udekoruj śmietaną.

Ilość porcji: 2
Jedna porcja zawiera: 27 g tłuszczu, 5,5 g węglowodanów netto, 24,5 g białka, 361 kalorii

Jajka foo young (chińskie naleśniki)

Jest to danie z jajek i warzyw inspirowane kuchnią chińską. Można je przygotować z różnych składników. Foo young jest w zasadzie naleśnikiem warzywnym bez dodatku mąki. Przepis uwzględnia mięso, lecz nie jest ono konieczne.

6 jajek
1 szklanka (50 g) kiełków fasoli
¼ szklanki (24 g) drobno posiekanego szczypiorku sałatkowego z cebulką
¼ szklanki (38 g) posiekanych pędów bambusa

½ szklanki (45 g) posiekanej kapusty chińskiej
½ szklanki (70 g) krewetek, wieprzowiny lub piersi z kurczaka pokrojonych w kostkę
1 łyżeczka sosu sojowego lub przyprawy coconut aminos
3 łyżki (42 g) oleju kokosowego lub smalcu

Zmieszaj jajka ze wszystkimi warzywami i sosem sojowym. Zagrzej olej kokosowy na patelni na średnim ogniu. Nakładaj jajka z dodatkami na patelnię jak naleśniki. Kiedy spód się przyrumieni, obróć na drugą stronę. Nie składaj gotowych naleśników jeden na drugim.

Naleśniki często polewa się sosem. Jeżeli chcesz, możesz wykorzystać do tego sos z kiełbasy (strona 30), sos z cząstkami kurczaka (strona 31), ciemny sos pieczeniowy (strona 26) lub jego dowolne wersje.

Ilość porcji: 4 naleśniki
Jedna porcja bez sosu zawiera: 17,5 g tłuszczu, 2,5 g węglowodanów netto, 14,5 g białka, 225 kalorii

Jajka z szynką i pieczarkami portobello

Jest to proste i szybkie, a jednocześnie przepyszne danie z jajek.

2 łyżki (28 g) oleju do smażenia
2 jajka
170 szynki lub pastrami bez cukru i azotanów pokrojonej na plastry
4 plastry (po 28 g) sera Monterey Jack
2 duże (po 80 g) pieczarki portobello
1 łyżka (9 g) posiekanej papryki jalapeño (opcjonalnie)
sól i pieprz do smaku

Zagrzej olej na patelni na średnim ogniu. Rozbij jajka na patelnię jedno po drugim. Przykryj i usmaż, aż białko będzie ścięte, a żółtko płynne. Przełóż jajka na talerz i odstaw. Na patelnię dodaj szynkę i smaż po 2 minuty z każdej strony. Odłóż na talerz. Do każdej pieczarki włóż po 1 plastrze sera, dodaj po równo papryki jalapeño, następnie szynkę i połóż pieczarki z powrotem na gorącą patelnię. Wlej na patelnię ¼ szklanki (60 ml) wody i natychmiast przykryj. Duś pieczarki około 3 minut lub do czasu, aż ser się całkowicie roztopi, a pieczarki będą miękkie. Przełóż na talerze. Na wierzch połóż jajko sadzone. Dopraw solą i pieprzem. Podawaj zaraz po przyrządzeniu.

Ilość porcji: 2
Jedna porcja zawiera: 26 g tłuszczu, 5,5 g węglowodanów netto, 24,5 g białka, 352 kalorie

Babeczki z brokułem

Te małe babeczki zapieka się bez ciasta w foremkach na muffinki.

1 łyżka (14 g) masła
3 jajka
¼ szklanki (60 ml) śmietanki kremówki
1 szklanka (120 g) startego sera cheddar
28 g posiekanej cebuli

1 łyżeczka musztardy Dijon
½ łyżeczki soli
⅛ łyżeczki pieprzu
140 g brokułu pokrojonego na małe kawałki

Nagrzej piekarnik do 200 stopni. Dokładnie wysmaruj masłem blachę z 6 foremkami na muffiny. Roztrzep jajka ze śmietanką. Dodaj ½ szklanki (60 g) sera, cebulę, musztardę, sól i pieprz. Przelej po równo do foremek. Dodaj kawałki brokułu i wierzch każdej babeczki posyp resztą startego sera. Wstaw do piekarnika na 20 do 24 minut lub do czasu, aż brzegi babeczek się dobrze przyrumienią.

Ilość porcji: 6 babeczek
Jedna babeczka zawiera: 11 g tłuszczu, 2 g węglowodanów netto, 8,5 g białka, 141 kalorii

Kisz z papryki

Tradycyjnie kisz jest przygotowywany na cieście. W tej niskowęglowodanowej wersji zamiast ciasta użyjemy papryki. Uważam, że paprykowa wersja smakuje nawet lepiej.

2 papryki
4 jajka
85 g drobno posiekanej szynki bez cukru i azotanów
½ szklanki (80 g) posiekanej cebuli
½ łyżeczki soli
⅛ łyżeczki pieprzu
¼ łyżeczki czerwonej papryki w płatkach (opcjonalnie)
¼ łyżeczki suszonego tymianku
85 g startego sera colby, Monterey Jack lub cheddar

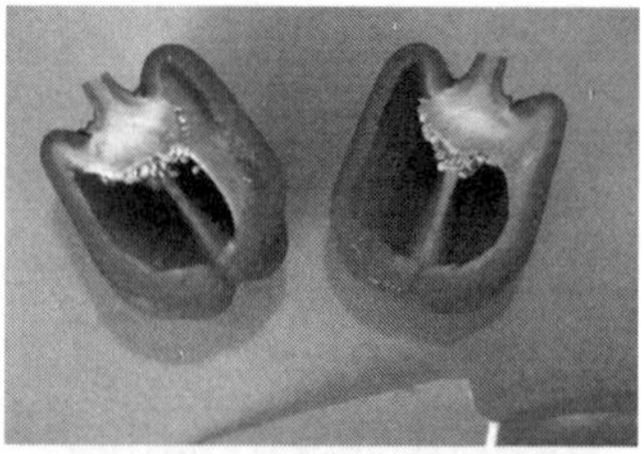

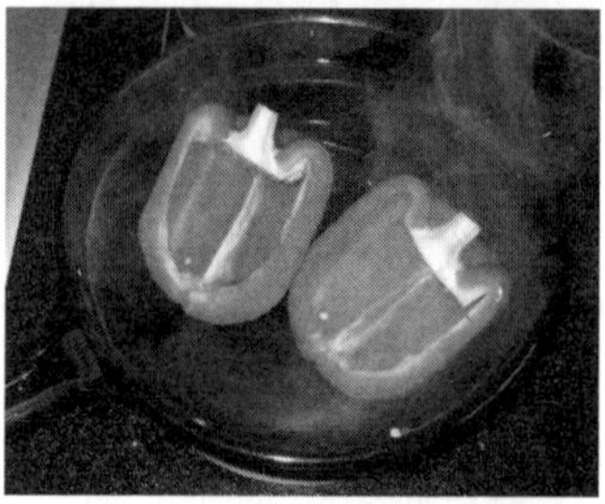

Nagrzej piekarnik do 180 stopni. Przekrój każdą paprykę wzdłuż na pół. Nie odcinaj łodygi. Usuń ze środka nasiona i błony działowe. Napełnij garnek wodą i zagotuj. Zanurz papryki w gotującej się wodzie na 5 minut. Następnie wyjmij je łyżką cedzakową i odstaw, aż ostygną i nieco wyschną.

W misce zmieszaj jajka, szynkę, cebulę, sól, pieprz, tymianek, płatki papryki i połowę sera. Połóż papryki do formy do pieczenia lub naczynia żaroodpornego. Napełnij po równo farszem i posyp resztą sera. Nie nakładaj zbyt dużo, gdyż podczas pieczenia farsz urośnie. Wstaw do nagrzanego piekarnika na 40 minut lub do czasu, aż farsz będzie upieczony.

Ilość porcji: 4 faszerowane połówki papryki
Jedna porcja zawiera: 13,5 g tłuszczu, 4,5 g węglowodanów netto, 15 g białka, 199 kalorii

Kisz z papryki z mięsem i pieczarkami

2 papryki
1 łyżka (14 g) oleju kokosowego
170 g mielonej wieprzowiny, indyka lub jagnięciny
½ szklanki (80 g) posiekanej cebuli
60 g pieczarek pokrojonych w kostkę
4 jajka

1 łyżeczka soli

1 łyżka (9 g) posiekanej papryki jalapeño (opcjonalnie)

60 g sera colby, Monterey Jack lub cheddar

Nagrzej piekarnik do 180 stopni. W międzyczasie przekrój papryki wzdłuż na pół. Nie odcinaj łodygi. Usuń ze środka nasiona i błony działowe. Napełnij garnek wodą i zagotuj. Zanurz całkowicie papryki w gotującej się wodzie na 5 minut. Następnie łyżką cedzakową wyjmij papryki i odstaw, aż ostygną i nieco wyschną.

Zagrzej olej na patelni. Dodaj mięso i cebulę. Podsmaż, aż mięso się przyrumieni. Następnie dodaj pieczarki i smaż przez kolejne 1-2 minuty. Zdejmij z ognia i odstaw do lekkiego ostygnięcia. W osobnym naczyniu zmieszaj jajka z solą, papryką jalapeño i mięsem. Umieść papryki na blasze do pieczenia lub w naczyniu żaroodpornym. Napełnij po równo farszem i posyp serem. Nie nakładaj zbyt dużo, gdyż podczas pieczenia farsz urośnie. Wstaw do nagrzanego piekarnika na 40 minut lub do czasu, aż farsz będzie upieczony.

Ilość porcji: 4 faszerowane połówki papryki
Jedna porcja zawiera: 14,5 g tłuszczu, 4,5 g węglowodanów netto, 21,5 g białka, 234 kalorie

Faszerowana papryka z jajkiem i kalafiorem

2 papryki

1 łyżka (14 g) masła

85 g mielonej wieprzowiny

¼ szklanki (40 g) drobno posiekanej cebuli

170 g kalafiora

56 g miękkiego serka śmietankowego

2 jajka

½ łyżeczki soli

2 łyżeczki pokrojonej w kostkę papryki jalapeño (opcjonalnie)

110 g startego sera cheddar lub Monterey Jack

Zagrzej piekarnik do 180 stopni. W międzyczasie przekrój papryki wzdłuż na pół. Nie odcinaj łodygi. Usuń ze środka nasiona i błony działowe. Zagotuj wodę w garnku. Zanurz papryki w gotującej się wodzie na 5 minut. Następnie wyjmij je łyżką cedzakową i odstaw, aż ostygną i nieco wyschną.

Zagrzej masło na patelni na średnim ogniu. Dodaj wieprzowinę i cebulę i podsmażaj około 5 minut, aż mięso się przyrumieni, a cebula zmięknie. Zdejmij z ognia i odstaw na bok.

Podziel kalafior na różyczki i ugotuj na miękko na parze. Przełóż do malaksera. Dodaj jajka, serek śmietankowy i sól. Zmiksuj na gładką masę. Dodaj kiełbasę, paprykę jalapeño i cebulę. Wymieszaj łyżką.

Umieść papryki na blasze do pieczenia lub w naczyniu żaroodpornym. Napełnij po równo farszem i posyp serem. Wstaw do nagrzanego piekarnika na 45 minut.

Ilość porcji: 4 faszerowane połówki papryki
Jedna porcja zawiera: 20 g tłuszczu, 5 g węglowodanów netto, 17,5 g białka, 270 kalorii

Pieczone jajka po portugalsku

Z tym przepisem przygotujesz sycące śniadanie lub kolację dla dwóch osób lub lekki posiłek dla czterech.

¼ szklanki (56 g) oliwy z oliwek extra virgin

1 czerwona papryka pokrojona na cienkie plasterki

1 szklanka (82 g) bakłażana obranego i pokrojonego w kostkę
½ średniej czerwonej cebuli pokrojonej na cienkie plasterki
1 średni pomidor pokrojony w ósemki
2 ząbki czosnku pokrojonego na cienkie plasterki
2 łyżki (5 g) świeżych liści bazylii
2 łyżki (8 g) świeżych listków oregano
1 łyżeczka mielonego chili
½ łyżeczki mielonej papryki
¼ łyżeczki soli
5 do 8 kropli pikantnego sosu
¾ szklanki (188 g) sera ricotta
4 jajka
½ szklanki (58 g) startego ostrego sera cheddar
¼ szklanki (20 g) startego parmezanu

Nagrzej piekarnik do 200 stopni. W międzyczasie zagrzej oliwę w płytkim żaroodpornym naczyniu na średnim ogniu. Dodaj paprykę, bakłażan i cebulę. Podsmażaj około 10-12 minut, od czasu do czasu mieszając, aż warzywa zmiękną i zaczną się przyrumieniać. Następnie dodaj pomidor, czosnek, bazylię, oregano, chili i mieloną paprykę. Zmniejsz ogień. Podsmażaj około 20 minut, aż wszystkie warzywa dobrze zmiękną, a soki na patelni zaczną się zagęszczać. Dopraw solą i pikantnym sosem.

W równych odstępach zrób łyżką w warzywach 4 wgłębienia. W każde wgłębienie połóż 1 łyżkę sera ricotta, a następnie wbij po 1 jajku. Wierzch posyp serem cheddar i parmezanem. Przenieś naczynie do piekarnika na 15 do 18 minut. Po tym czasie ser powinien być roztopiony, białka ścięte, a żółtka płynne.

Po wyjęciu z piekarnika jajka będą się wciąż gotować w środku. Jeżeli lubisz płynne żółtko, zjedz potrawę zaraz po wyjęciu z piekarnika. Jeżeli chcesz, aby żółtka nieco się ścięły, odstaw na trochę przed podaniem.

Ilość porcji: 2
Jedna porcja zawiera: 54 g tłuszczu, 14 g węglowodanów netto, 34 g białka, 678 kalorii

Jajka po florencku

8 plastrów boczku bez cukru i azotanów
1 drobno posiekana mała cebula
2 ząbki czosnku przeciśnięte przez praskę
5 szklanek (140 g) szpinaku sałatkowego
¼ łyżeczki gałki muszkatołowej
¾ szklanki (60 ml) śmietanki kremówki
⅔ szklanki (66 g) startego parmezanu lub pecorino romano
¼ łyżeczki soli
⅛ łyżeczki świeżo zmielonego pieprzu
4 jajka w koszulkach
2 duże pomidory pokrojone na plastry o grubości 2,5 cm

Na patelni na średnim ogniu usmaż na chrupko boczek. Pokrusz do miski i odstaw. Na gorący tłuszcz wrzuć cebulę. Przysmażaj około 5 minut, często mieszając, aż zmięknie. Dodaj czosnek i podsmażaj około 1 minuty, aż zacznie wydzielać zapach. Dodaj szpinak oraz gałkę muszkatołową. Podsmażaj około 2-3 minut, aż szpinak przywiędnie. Dodaj śmietankę, zamieszaj i zagotuj. Mieszaj co jakiś czas. Po mniej więcej 5 minutach śmietana powinna zgęstnieć. Wtedy zdejmij z ognia, dodaj ser romano, sól i pieprz. Wymieszaj.

Przygotuj jajka w koszulkach zgodnie z przepisem na stronie 391. Umieść po 1 plastrze pomidora na talerzykach. Na pomidory przełóż po ¼ szpinaku. Na wierzch połóż po 1 jajku i posyp pokruszonym boczkiem.

Ilość porcji: 4
Jedna porcja zawiera: 39 g tłuszczu, 6,5 g węglowodanów netto, 26,5 g białka, 483 kalorie

Jajecznica ze szparagami z sosem serowym

Szparagi i sos serowy wzbogacają smak jajecznicy i tym samym urozmaicą zwykłe śniadanie. Sos serowy dodatkowo znacznie zwiększa zawartość tłuszczu w potrawie.

sos serowy (strona 39)*
3 plastry boczku bez cukru i azotanów usmażone na chrupko
110 g szparagów
2 lekko rozmieszane jajka
sól
pieprz

Przygotuj sos serowy zgodnie z przepisem. Usmaż boczek na chrupko i przełóż na talerz. Na tłuszczu z boczku podsmaż szparagi, aż się lekko przyrumienią i lekko zmiękną. Obracaj od czasu do czasu. Przesuń szparagi na bok patelni. Na puste miejsce wlej jajka. Dopraw solą i pieprzem. Kiedy będą gotowe, przełóż wszystko na talerz i polej około ½ szklanki (120 ml) gorącego sosu serowego. Na wierzch połóż paski boczku.

Ilość porcji: 1
Jedna porcja zawiera: 72,5 g tłuszczu, 6,5 g węglowodanów netto, 42,5 g białka, 848 kalorii

* Zamiast sosu serowego możesz użyć podstawowego sosu białego lub dowolnych jego wersji (strona 29).

Jajka z szynką i sosem hiszpańskim

sos hiszpański (strona 42)

1 łyżka (14 g) oleju kokosowego lub tłuszczu ze smażenia boczku

85 g szynki bez dodatku cukru i azotanów

2 jajka

Przygotuj sos hiszpański według przepisu. Zagrzej olej na dużej patelni na średnim ogniu. Dodaj szynkę i jajka. Możesz zrobić jajka sadzone lub jajecznicę. Kiedy będą gotowe, przełóż na talerz i polej sosem.

Ilość porcji: 1
Jedna porcja z ½ szklanki (120 ml) sosu hiszpańskiego zawiera: 41 g tłuszczu, 7 g węglowodanów netto, 32 g białka, 525 kalorii

Kalafiorowe muffiny

W tym przepisie gnieciony kalafior jest łączony z jajkami. Wszystko zapiekane jest w foremkach na muffinki. Kalafiorowe muffiny są nieco bardziej miękkie niż te standardowe przyrządzane z mąki, dlatego najlepiej jeść je widelcem.

225 g kalafiora

56 g miękkiego serka śmietankowego

3 jajka

½ łyżeczki soli

56 g startego żółtego sera

Nagrzej piekarnik do 200 stopni. Podziel kalafior na różyczki i ugotuj na miękko na parze. Odstaw na bok i odczekaj, aż nieco ostygnie. Następnie przełóż do malaksera lub blendera. Dodaj serek śmietankowy, jajka i sól. Zmiksuj na gładką masę.

Wysmaruj foremki sporą ilością masła. Nałóż po równo masy kalafiorowej. Wierzch posyp serem. Wstaw do piekarnika na 30 minut.

Ilość porcji: 6 babeczek
Jedna babeczka zawiera: 9 g tłuszczu, 1,5 g węglowodanów netto, 6,5 g białka, 113 kalorii

13

Przekąski i przystawki

W diecie ketogenicznej nawet przekąski między posiłkami muszą być niskowęglowodanowe oraz zawierać dużą ilość tłuszczu. Z poniższymi przepisami przygotujesz dodatki do głównych dań, desery lub też lekkie przekąski zamiast dużych posiłków.

Niektóre z nich zawierają bardzo małą ilość cukru, lecz niewystarczającą ilość tłuszczów, aby być ketogenicznymi. Nazywam je ketoprzyjaznymi, co oznacza, że łatwo można je przekształcić w ketogeniczny posiłek, dodając nieco więcej tłuszczu. Na przykład 85 gramów filetu z ryby jest ketoprzyjazne, lecz niekoniecznie ketogeniczne. Dołączenie wysokotłuszczowego dania lub dodatku zmieni niskotłuszczową rybę w pełne ketogeniczne danie. Powyższe przepisy na ketoprzyjazne przekąski i przystawki spełniają tę funkcję.

Przepisy na przekąski

Faszerowane papryczki z boczkiem i sosem guacamole

Małe słodkie papryczki mogą mieć różne barwy – od ciemnoczerwonej do jasnożółtej. Są też niemal czterokrotnie mniejsze od popularnych dużych papryk. Są słodkie, dlatego też pikantne dania zawierające te papryczki muszą być dodatkowo doprawione. W tym przepisie wykorzystany jest pikantny sos guacamole. Jeżeli nie masz małych papryczek, możesz oczywiście użyć dużych przekrojonych na pół.

6 słodkich małych papryczek
1 awokado
1 łyżka (15 ml) soku z limonki
2 łyżki (2 g) posiekanej świeżej kolendry
½ łyżeczki (lub ilość do smaku) pikantnego sosu
sól do smaku
12 plastrów boczku bez cukru i azotanów usmażonych na chrupko

Przetnij papryczki wzdłuż na pół. Usuń nasiona, łodygi i błony działowe. Odłóż na bok. Przygotuj farsz: rozgnieć awokado z sokiem z limonki, kolendrą, solą i pikantnym sosem. Napełnij papryczki farszem. Na wierzch połóż po 1 plastrze boczku.

Ilość porcji: 12 faszerowanych połówek papryki
Jedna porcja zawiera: 11 g tłuszczu, 2 g węglowodanów netto, 7,5 g białka, 137 kalorii

Papryczki jalapeño

To danie jest świetnym sposobem na podwyższenie dziennego spożycia tłuszczu. Każda porcja dostarcza aż 7,5 grama tego składnika.

12 papryczek jalapeño
110 g miękkiego serka śmietankowego
110 g startego sera cheddar
12 plastrów boczku przekrojonych na pół

Nagrzej piekarnik do 220 stopni. Przekrój papryczki wzdłuż na pół. Usuń nasiona i błony działowe. Dokładnie zmieszaj serek śmietankowy z serem cheddar. Napełnij każdą połówkę papryczki i na wierzch połóż po 1 kawałku boczku. Umieść papryczki na blasze. Powinna mieć wyższe krawędzie, aby tłuszcz nie ściekł do piekarnika. Podczas pieczenia z boczku wytopi się całkiem spora ilość tłuszczu, zatem jeżeli nie masz jakiegoś zbiornika na ściekający tłuszcz, niezalecana jest płaska blacha do pieczenia.

Wstaw papryczki do nagrzanego piekarnika na 18 do 20 minut, aż boczek upiecze się na chrupko. Podawaj na gorąco. Tłuszcz z boczku zachowaj do innych przepisów. Papryczki możesz przechowywać w szczelnym pojemniku w lodówce przez kil-

ka dni. Przed podaniem wystarczy podgrzać.

Ilość porcji: 24 połówki papryczek
Jedna porcja zawiera: 7,5 g tłuszczu, 0,5 g węglowodanów netto, 5 g białka, 89 kalorii

Paluszki z mozzarelli w boczku

Przepis może wydawać się nieco dekadencki, lecz paluszki smakują i wyglądają świetnie.

6 mrożonych paluszków z mozzarelli
olej kokosowy do smażenia
12 plastrów boczku bez cukru i azotanów

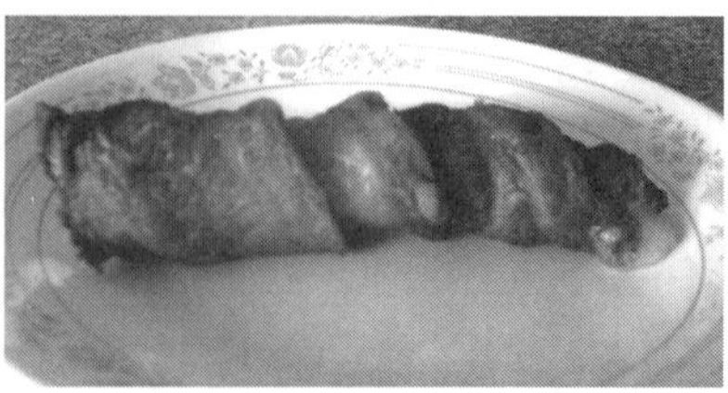

Wstaw paluszki z mozzarelli do zamrażarki przynajmniej na 2 godziny przed przygotowaniem. Zagrzej olej kokosowy we frytkownicy lub innym naczyniu do smażenia w głębokim tłuszczu do 180 stopni. Obwiń każdy paluszek serowy boczkiem i zepnij wykałaczką. Nie przejmuj się, jeżeli końce sera będą wystawać. Podczas smażenia ser nie wycieknie, jeżeli nie będziesz smażyć zbyt długo. Dlatego należy uprzednio całkowicie zamrozić ser, a olej nagrzać do co najmniej 180 stopni.

Włóż paluszki do gorącego oleju na 2-3 minuty. Pilnuj, aby nie przypalić boczku, który powinien być chrupiący i złocisty. Wyjmij z oleju i przed podaniem odczekaj chwilę, aż paluszki ostygną.

Ilość porcji: 6 paluszków
Jedna porcja zawiera: 21 g tłuszczu, 0,5 g węglowodanów netto, 22 g białka, 279 kalorii

Pudding z twarogu z jagodami

Nie jest to tradycyjny pudding. Nie zawiera cukru i jest mieszanką oleju kokosowego z twarogiem, co w rezultacie daje budyniową konsystencję. Jagody (dowolne: maliny, malinojeżyny lub jeżyny) nadają smaku i lekkiej słodyczy. Ogólnie mówiąc, danie jest wysokotłuszczową przekąską. Często przygotowuję je zamiast dużego posiłku, ponieważ jest bardzo sycące.

¼ szklanki (120 g) stopionego oleju kokosowego
½ szklanki (56 g) dowolnych jagód
½ szklanki (115 g) twarogu lub odcedzonego serka wiejskiego
⅛ łyżeczki aromatu migdałowego

Umieść olej w niewielkim naczyniu żaroodpornym. Ja używam szklanej miski o pojemności 240 ml. Dodaj jagody i podsmaż do czasu, aż olej się roztopi i lekko zagrzeje (do około 65 stopni). Podgrzewanie wzmocni smak jagód. Zdejmij z ognia. Dodaj twaróg i aromat. Zmieszaj dokładnie składniki. Idealna konsystencja to widoczne grudki sera i kawałki owoców.

Ilość porcji: 2
Jedna porcja zawiera: 28,5 g tłuszczu, 3,5 g węglowodanów netto, 8 g białka, 302 kalorie

Ketokrem z brzoskwiniami

Ketogeniczne kremy mają przyjemny, lekko słodki smak. Są wysokotłuszczową przekąską w pełni zgodną z założeniami diety ketogenicznej. Są przygotowywane bez cukru i dodatkowych sztucznych słodzików. Słodycz dania pochodzi z niewielkiej ilości dodanych owoców.

Każda porcja dostarcza około 6 gramów tłuszczu. Jedna porcja nie zastąpi całego posiłku, zatem należy podawać je jako przekąskę. Nie zjadaj jednak więcej niż jedną porcję, gdyż ilość twojego dziennego spożycia cukru znacznie się zwiększy. Krem można przechowywać w lodówce do 5 dni.

3 lekko ubite jajka
2 szklanki (470 ml) śmietanki kremówki lub mleka kokosowego
1 łyżeczka aromatu migdałowego
⅛ łyżeczki soli
1½ szklanki (255 g) drobno posiekanych brzoskwiń
cynamon
1 łyżka (7 g) płatków migdałów

Nagrzej piekarnik do 180 stopni. Ubij rózgą jajka ze śmietanką, aromatem migdałowym i solą. Dodaj brzoskwinie i wymieszaj. Przelej mieszankę do sześciu kokilek o pojemności 140 g. Wierzch posyp cynamonem. Wstaw kokilki do dużego naczynia żaroodpornego o głębokości 5 cm. Nalej do naczynia 2,5 cm wody. Wstaw do nagrzanego piekarnika na 40 do 45 minut. Po tym czasie włóż w krem nóż. Jeżeli wyjmiesz czysty – krem jest gotowy. Wyjmij kokilki z wody i odstaw do ostygnięcia. Jedz na ciepło lub schłodzony. Przed podaniem posyp płatkami migdałów.

Ilość porcji: 6
Jedna porcja zawiera: 32 g tłuszczu, 6 g węglowodanów netto, 5 g białka, 332 kalorie

Ketokrem z jagodami

3 lekko ubite jajka

2 szklanki (470 ml) śmietanki kremówki lub mleka kokosowego

1½ łyżeczki aromatu waniliowego

⅛ łyżeczki soli
3 szklanki (440 g) dowolnych jagód (malin, malinojeżyn, jeżyn lub borówek amerykańskich)

Nagrzej piekarnik do 180 stopni. Ubij rózgą jajka ze śmietanką, aromatem waniliowym i solą. Dodaj jagody i wymieszaj. Przelej mieszankę do sześciu kokilek o pojemności 140 g. Posyp wierzch cynamonem. Wstaw kokilki do dużego naczynia żaroodpornego o głębokości 5 cm. Nalej do naczynia wody na 2,5 cm. Wstaw do nagrzanego piekarnika na 40 do 45 minut. Po tym czasie włóż w krem nóż. Jeżeli wyjmiesz czysty – krem jest gotowy. Wyjmij kokilki z wody i odstaw do ostygnięcia. Jedz na ciepło lub schłodzony.

Ilość porcji: 6
Jedna porcja zawiera: 32 g tłuszczu, 6,5 g węglowodanów netto, 5,5 g białka, 336 kalorii

Ketokrem z ananasem

3 lekko ubite jajka
2 szklanki (470 ml) śmietanki kremówki lub mleka kokosowego
1 łyżeczka aromatu waniliowego
1½ łyżeczki aromatu pomarańczowego
⅛ łyżeczki soli
1 szklanka (115 g) ananasa pokrojonego w kostkę
cynamon
6 łyżek (30 g) uprażonych wiórków kokosowych bez dodatku cukru

Nagrzej piekarnik do 180 stopni. Ubij rózgą jajka ze śmietanką, aromatem waniliowym, pomarańczowym i solą. Dodaj ananas i wymieszaj. Przelej mieszankę do sześciu kokilek o pojemności

140 g. Wierzch posyp cynamonem. Wstaw kokilki do dużego naczynia żaroodpornego o głębokości 5 cm. Nalej do naczynia wody na 2,5 cm. Wstaw do nagrzanego piekarnika na 40 do 45 minut. Po tym czasie włóż w krem nóż. Jeżeli wyjmiesz czysty – krem jest gotowy. Wyjmij kokilki z wody i odstaw do ostygnięcia. Jedz na ciepło lub schłodzony. Przed podaniem posyp prażonymi wiórkami kokosowymi.

Ilość porcji: 6
Jedna porcja zawiera: 33,5 g tłuszczu, 6 g węglowodanów netto, 5 g białka, 345 kalorii

Roladki

Roladki są prostym daniem. Przygotowane wcześniej, mogą służyć za mini drugie śniadanie na wynos lub szybką przekąskę w domu. Możesz zmodyfikować przepis i dodać dowolne ulubione składniki na przykład awokado, słodką paprykę pociętą w cienkie paseczki, paprykę jalapeño, surówkę coleslaw, szczypiorek sałatkowy, plastry pomidora, itp.

1 plaster (28 g) wędliny (bez cukru i azotanów)
1 plaster (28 g) żółtego sera
1 łyżka (14 g) majonezu
14 g korniszona w plasterkach
14 g różnych kiełków

Możesz użyć dowolnej wędliny (szynki, wołowiny, kurczaka, indyka) i cienkiego plastra twardego sera (cheddar, colby, edam, Monterey Jack, Swiss, mozzarella, munster). Połóż plaster wędliny na talerzu, a na nim plaster sera. Posmaruj ser majonezem, połóż plasterki ogórka i kiełki. Zwiń w rulonik.

Ilość porcji: 1
Jedna porcja zawiera: 15,5 g tłuszczu, 4 g węglowodanów netto, 16 g białka, 219 kalorii

Eggnog

Jest to przepis na lekko słodki, niskowęglowodanowy i wysokotłuszczowy napój ketogeniczny. Może być doskonałym dodatkiem do każdego posiłku wymagającego dodatkowej ilości tłuszczów, ponieważ jedna porcja napoju dostarcza aż 53 gramy tłuszczu (87 procent całkowitej ilości kalorii pochodzi z tłuszczu). Możesz użyć oleju MCT lub kokosowego. Ja wolę olej MCT, ponieważ pozostaje płynny nawet w zimnym napoju. Olej kokosowy tężeje w temperaturze poniżej 24°C, dlatego też najlepiej stosować go tylko do ciepłych potraw. W przepisie należy użyć 1 łyżkę (14 g) oleju, lecz możesz zwiększyć tę ilość do 2 lub 3 łyżek (28 i 42 g).

1 szklanka (240 ml) śmietanki kremówki lub mleka kokosowego
½ szklanki (120 ml) wody
¼ łyżeczki cynamonu
⅛ łyżeczki gałki muszkatołowej
1 lekko ubite jajko
1 łyżka (14 g) stopionego oleju kokosowego lub MCT
¼ łyżeczki aromatu waniliowego
⅛ łyżeczki aromatu migdałowego
2 łyżki (18 g) drobno posiekanego ananasa

W małym rondelku na małym ogniu zagotuj śmietankę z wodą. Dodaj cynamon i gałkę muszkatołową. Zagrzewaj przez 1 minutę. Nie gotuj. Ciepło wydobędzie smak przypraw. Zdejmij z ognia i odstaw do ostygnięcia. Dodaj pozostałe składniki. Podawaj na ciepło lub zimno.

Ilość porcji: 2
Jedna porcja zawiera: 53 g tłuszczu, 4,5 g węglowodanów netto, 4 g białka, 511 kalorii

Koktajl pomidorowy

Ten napój podaje się na gorąco. Smakuje jak zupa pomidorowa. Jest wygodnym sposobem przemycenia zdrowego oleju kokosowego do diety i zwiększenia dziennej dawki tłuszczów.

1 puszka (240 ml) sosu pomidorowego
1½ szklanki (355 ml) wody
¼ łyżeczki mielonej cebuli
1½ łyżeczki soku z cytryny
2 łyżki (28 g) oleju kokosowego
¼ łyżeczki soli
pieprz do smaku

W małym rondelku zmieszaj sos pomidorowy z wodą i cebulą. Zagrzej. Zdejmij z ognia i dodaj sok z cytryny i olej kokosowy. Dopraw solą i pieprzem. Zamieszaj.

Ilość porcji: 2
Jedna porcja zawiera: 14 g tłuszczu, 8 g węglowodanów netto, 2 g białka, 166 kalorii

Koktajl pomidorowy ze śmietanką

Jest to śmietanowa wersja koktajlu pomidorowego z poprzedniego przepisu. Przygotuj koktajl pomidorowy zgodnie ze wskazówkami. Do sosu i wody dodaj ½ szklanki (120 ml) śmietanki kremówki.

Ilość porcji: 2
Jedna porcja zawiera: 36 g tłuszczu, 8,5 g węglowodanów netto, 2 g białka, 366 kalorii

Kokosowe frytki

Wprost uwielbiam prażony kokos – pocięty w paski i usmażony na złoto. Frytki kokosowe są większe niż te z fast foodów. Są przygotowane z pokrojonego świeżego miąższu kokosa smażonego w głębokim oleju kokosowym. Są zdrowsze niż frytki ziemniaczane, zawierają mniej cukru i dostarczają zdrowej dawki ketogenicznego oleju kokosowego. Smak frytek jest bardziej kwaskowaty niż słodki. Ogólnie mówiąc, frytki są smaczną przekąską do pogryzania między posiłkami.

1 dojrzały kokos
olej kokosowy do smażenia
sól

Wybierz miąższ ze skorupy świeżego kokosa. Pokrój na paski o szerokości około 0,5 cm. Długość może się różnić. Nie musisz odcinać brązowej warstwy z miąższu – można ją bezpiecznie zjeść i zaoszczędzisz sobie tym samym kłopotu. Przełóż kokos do pojemnika i wstaw do zamrażarki na co najmniej 3 godziny – musi być całkowicie zmrożony. Mrożony miąższ kokosa można przechowywać w zamrażarce do 6 miesięcy. Etap mrożenia jest istotny, gdyż zmiękcza włókna kokosa, dzięki czemu proces smażenia wyciągnie większość wilgoci i sprawi, że kokos bardziej nasiąknie olejem.

Wyjmij frytki z zamrażarki i odstaw na 30 do 60 minut w temperaturze pokojowej do rozmrożenia. Przed smażeniem osusz kokos ręcznikiem papierowym. Zagrzej olej do 170 stopni we frytkownicy lub innym naczyniu do głębokiego smażenia. Włóż niewielką ilość frytek do nagrzanego oleju. Nie smaż dużo jednocześnie. Olej lekko będzie wrzał z powodu wody parującej z kokosa. Smaż około 6-8 minut na złoto. Wyjmij frytki z oleju i umieść na talerzu. Podkładka z papieru nie jest konieczna, gdyż wchłonie nadmiar tłuszczu z frytek. Posyp solą.

Resztki niezjedzonych frytek można przechowywać w papierowej torebce, która przepuści powietrze. W plastikowym worku frytki staną się gumowate, gdyż zawarta w nich wilgoć wyparuje i osiądzie na frytkach.

Ilość porcji: 10
Jedna porcja: 8 frytek 0,5x5 cm
Jedna porcja zawiera: 15 g tłuszczu, 2 g węglowodanów netto, 2 g białka, 151 kalorii

Serowe puchatki

Są to placuszki w kształcie ciasteczek. Smakują jak puszyste, lekko serowe racuchy. Mają gęstą i gąbczastą konsystencję jak biszkopt. Możesz je jeść jak kromkę chleba lub herbatnik. Są delikatne i łatwo się rwą. W przepisie należy użyć ostrego sera cheddar, lecz równie dobrze możesz zastąpić go innym, na przykład Monterey Jack lub Swiss.

2 białka
2 żółtka
⅛ łyżeczki kamienia winnego
1 łyżka (14 g) miękkiego masła
1 szklanka (115 g) startego ostrego sera cheddar

Nagrzej piekarnik do 170 stopni. Dodaj do białek kamień winny i ubij na sztywną pianę. W osobnej misce zmiksuj żółtka z masłem. Dodaj ser i dokładnie wymieszaj. Przełóż około ⅓ piany do żółtek i dobrze wymieszaj łyżką. Następnie przełóż żółtka do reszty piany i lekko przełóż kilka razy łyżką. Nie mieszaj dokładnie.

Wyłóż blachę papierem do pieczenia. Uformuj 4 równe placki. Wstaw do nagrzanego piekarnika na 18 do 20 minut, aż upieką się na złoto. Podczas pieczenia placki trochę opadną. Wyjmij z piekarnika i odstaw do ostygnięcia. Za pomocą płaskiej łyżki przełóż na talerz ostrożnie, gdyż są kruche i łatwo się deformują.

Ilość porcji: 4 placki
Jeden placek zawiera: 15 g tłuszczu, 0,5 g węglowodanów netto, 10 g białka, 177 kalorii

Serowe krakersy

Do przygotowania tych pysznych krakersów potrzeba tylko jednego składnika – sera. Użyj sera łagodnego, gdyż jego smak wzmocni się podczas pieczenia. Pikantne sery, takie jak cheddar, sprawią, że krakersy będą zbyt ostre, użyj zatem łagodnego sera cheddar, Monterey Jack, Pepper Jack, munster lub innych. Pepper Jack zawiera pieprz, więc jeżeli nie lubisz mocno pikantnych dań, połącz ten rodzaj sera z innym, aby złagodzić nieco smak.

Na każdy większy placek zużyj ½ szklanki (55 g) startego sera lub ¼ szklanki (28 g) na mniejszy. Nagrzej piekarnik do 180 stopni. Wyłóż blachę papierem do pieczenia i spryskaj tłuszczem do pieczenia w aerozolu. Ja wolę tę opcję zamiast smarować papier masłem lub olejem, ponieważ aerozol sprawia, że potrawy nie przylepiają się do blachy czy papieru, a stopiony ser się zazwyczaj klei. Uformuj dowolną liczbę placków – każdy z połowy szklanki (55 g) sera. Wstaw do piekarnika na 25 do 30 minut lub do czasu, aż powierzchnia sera się przyrumieni i pojawią się pęcherzyki powietrza. Wyjmij z piekarnika i odstaw do ostygnięcia. Możesz przechowywać krakersy w szczelnym pojemniku przez kilka dni.

Jedna porcja: placek z połowy szklanki (55 g) sera
Jedna porcja zawiera: 18 g tłuszczu, 0,5 g węglowodanów netto, 13,5 g białka, 218 kalorii

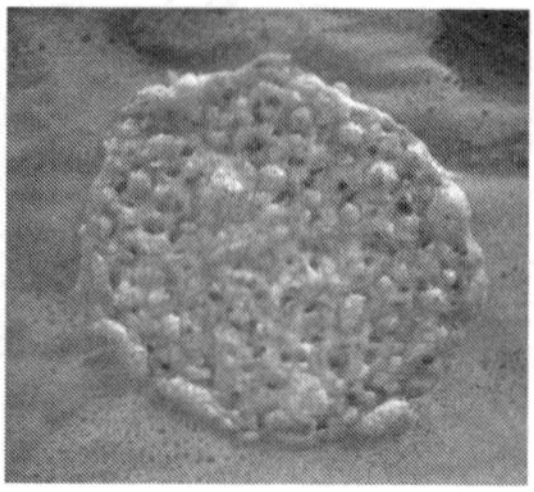
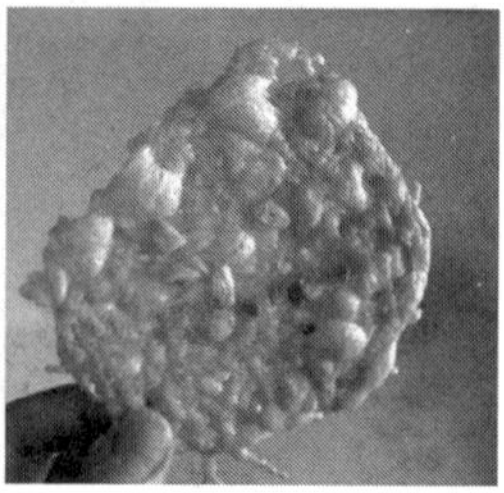

Inna wersja:
Przed wstawieniem krakersów do piekarnika dodaj jeden z następujących składników: paprykę jalapeño, posiekaną cebulę, sezam, cały kminek, posiekany surowy boczek, plasterki indyka lub polędwicy. Umieść wybrany dodatek na papierze i dopiero na wierzch połóż ser. Można również zrobić odwrotnie – dodatki położyć na ser.

Bardzo dobrym połączeniem są 2 łyżki (20 g) posiekanej cebuli z 1 łyżeczką posiekanej papryki jalapeño posypanej na wierzchu połowy szklanki (55 g) startego sera.

Nadziewane paluszki selerowe

Szybką i prostą w przygotowaniu przekąską są paluszki selerowe z wysokotłuszczowym farszem. Wszystkie poniższe przepisy na paluszki selerowe należy przygotować w ten sam sposób:

Zmieszaj wszystkie składniki nadzienia. Pokrój łodygi selera naciowego na 3 części. Osusz ręcznikiem papierowym. Za pomocą noża umieść nadzienie we wklęsłej części selera. Możesz przechowywać niewykorzystane nadzienie w lodówce i przygotowywać świeże paluszki, kiedy tylko chcesz.

Nadzienie z masła orzechowego

Seler nie zawiera dużo węglowodanów. W jednej łodydze jest zaledwie 0,5 grama cukru oraz znikoma ilość tłuszczu i białka. Dlatego też o zawartości składników odżywczych zadecyduje nadzienie. Jedna cała łodyga pomieści 2 łyżki nadzienia. Masła orzechowe są prostym i smacznym dodatkiem do selera.

Nadziewane paluszki selerowe są świetną przekąską.

Każda z poniższych propozycji daje zbliżone ilości składników na jedną porcję, czyli 1 łodygę selera oraz 2 łyżki wybranego masła orzechowego.

Masło z orzechów makadamia
Jedna porcja zawiera: 22 g tłuszczu, 2 g węglowodanów netto, 2 g białka, 214 kalorii

Masło kokosowe
Jedna porcja zawiera: 9,5 g tłuszczu, 2 g węglowodanów netto, 1 g białka, 97 kalorii

Masło migdałowe
Jedna porcja zawiera: 14 g tłuszczu, 4,5 g węglowodanów netto, 5 g białka, 164 kalorie

Masło z orzeszków ziemnych
Jedna porcja zawiera: 14 g tłuszczu, 4,5 g węglowodanów netto, 7 g białka, 172 kalorie

Nadzienie krabowe

1 opakowanie (225 g) miękkiego serka śmietankowego
½ szklanki (60 g) odcedzonego mięsa z kraba lub imitacji mięsa z kraba
1 łyżka (14 g) majonezu
½ łyżeczki soku z cytryny
2 drobno posiekane szczypiorki sałatkowe z cebulkami
⅛ łyżeczki soli cebulowej
⅛ łyżeczki soli czosnkowej
8 łodyg selera naciowego

Ilość porcji: 8 nadziewanych łodyg selera
Jedna porcja zawiera: 11 g tłuszczu, 2,5 g węglowodanów netto, 3 g białka, 121 kalorii

Nadzienie serowo-paprykowe

½ szklanki (115 g) majonezu
56 g posiekanej papryki pimiento
½ łyżeczki sosu Worcestershire
1 łyżeczka drobno posiekanej cebuli
⅛ łyżeczki pieprzu kajeńskiego
225 g startego ostrego sera cheddar
8 łodyg selera naciowego
mielona papryka do dekoracji

Ilość porcji: 8 nadziewanych łodyg selera
Jedna porcja zawiera: 20 g tłuszczu, 1,5 g węglowodanów netto, 7,5 g białka, 216 kalorii

Kremowe nadzienie z oliwkami

1 opakowanie (225 g) miękkiego serka śmietankowego
⅓ szklanki (55 g) posiekanych zielonych oliwek nadziewanych papryką pimiento
1 ząbek czosnku przeciśnięty przez praskę
szczypta soli i pieprzu
8 łodyg selera naciowego

Ilość porcji: 8 nadziewanych łodyg selera
Jedna porcja zawiera: 10 g tłuszczu, 2 g węglowodanów netto, 2 g białka, 106 kalorii

Kremowe nadzienie z ananasem

1 opakowanie (225 g) miękkiego serka śmietankowego
225 g drobno posiekanego ananasa
8 łodyg selera naciowego

Ilość porcji: 8 nadziewanych łodyg selera
Jedna porcja zawiera: 10 g tłuszczu, 4,5 g węglowodanów netto, 2,5 g białka, 118 kalorii

Dipy

Dipy mogą być świetnym wysokotłuszczowym dodatkiem ketogenicznym. Zamiast krakersów i chipsów z dużą zawartością węglowodanów jedzonych zwykle z dipami, użyj marchewek, łodyg selera naciowego, kalafiora, brokułu, kawałków rzodkwi japońskiej, korzenia selera lub innych niskowęglowodanowych warzyw. Do dipów najlepiej pasują warzywa, lecz nie musisz się do nich ograniczać. Wypróbuj chrupiący boczek (przepis na następnej stronie), skwarki, krakersy serowe (strona 455) oraz ketochlebki (strona 417).

Kąski bekonowe z guacamole

4 plastry boczku
8 łyżek dipu guacamole z limonką i kolendrą (patrz przepis na następnej stronie)

Przekrój plastry boczku na pół i usmaż na chrupko. Nabieraj dip guacamole boczkiem jak krakersem.

Ilość porcji: 8 kawałków boczku
Jedna porcja z 1 łyżką (14 g) sosu guacamole zawiera: 22 g tłuszczu, 1,5 g węglowodanów netto, 5,5 g białka, 266 kalorii

Dip guacamole z limonką i kolendrą

Ten dip może być również dressingiem do sałatki lub dodatkiem do mięs i warzyw.

2 awokado
2 łyżki (30 ml) świeżego soku z limonki
¾ łyżeczki (lub więcej) soli
½ łyżeczki mielonych nasion kolendry
¼ łyżeczki mielonego kminku
4 łyżki (4 g) posiekanej świeżej kolendry
1 drobno posiekany szczypiorek sałatkowy z cebulką
2 łyżeczki czosnku przeciśniętego przez praskę
1 łyżeczka drobno posiekanej papryki jalapeño
¼ szklanki (45 g) drobno posiekanych pomidorów rzymskich

Przekrój awokado na pół. Usuń pestki i wydrąż miąższ. Przełóż do małej miski. Dodaj sok z limonki, sól, mieloną kolendrę i kminek. Zgnieć dokładnie łyżką lub widelcem. Dodaj świeżą kolendrę, szczypiorek, czosnek, paprykę i pomidory. Dopraw solą do smaku.

Ilość porcji: 1½ szklanki (230 g)
Jedna porcja (1/4 szklanki/38 g) zawiera: 13 g tłuszczu, 1,5 g węglowodanów netto, 1,5 g białka, 129 kalorii

Gorący dip serowy z boczkiem

Jest to idealna przystawka dla gości. Każda łyżka dostarcza 4 gramów tłuszczu. Jest tak pyszny, że na jednej łyżce z pewnością nie skończysz.

110 g serka śmietankowego w pokojowej temperaturze
1 szklanka (230 g) kwaśnej śmietany
¾ szklanki (90 g) startego sera cheddar
6 plastrów boczku bez cukru i azotanów usmażonych na chrupko i pokruszonych
3 posiekane szczypiorki sałatkowe z cebulkami

Nagrzej piekarnik do 190 stopni. W misce dokładnie zmieszaj wszystkie składniki. Przełóż do niewielkiej formy do pieczenia i wstaw do piekarnika na 35 minut lub do czasu, aż ser się dobrze roztopi, a na powierzchni pojawią się pęcherzyki powietrza.

Ilość porcji: około 2½ szklanki (590 g)
Jedna łyżka (14 g) zawiera: 4 g tłuszczu, 0,5 g węglowodanów netto, 2 g białka, 46 kalorii

Dip szpinakowy

1 łyżka (15 ml) oliwy z oliwek extra virgin
1 łyżeczka czosnku przeciśniętego przez praskę
255 g szpinaku rozmrożonego i odciśniętego z nadmiaru wody
225 g serka śmietankowego
¾ szklanki (90 g) startego sera Monterey Jack
¼ szklanki (20 g) startego parmezanu
¼ szklanki (60 ml) śmietanki kremówki
¼ szklanki (10 g) drobno posiekanej świeżej bazylii
sól i pieprz

Nagrzej piekarnik do 180 stopni. Na patelni na średnim ogniu zagrzej oliwę. Dodaj czosnek i mieszaj przez 30 sekund. Dodaj szpinak i podsmażaj około 4 minut, często mieszając, aż odparuje cała woda. Zdejmij z ognia i odstaw do ostygnięcia.

W średniej misce zmieszaj serek śmietankowy z żółtymi serami, śmietanką, bazylią i szczyptą soli i pieprzu. Dokładnie zmieszaj mikserem. Dodaj szpinak i ponownie zmiksuj. Przelej mieszankę do naczynia żaroodpornego i wstaw do nagrzanego piekarnika na 20 minut lub do czasu, aż zacznie się gotować. Podawaj z kawałkami warzyw, skwarkami lub ketochlebkiem (strona 417).

Ilość porcji: około 2¾ szklanki (670 g)
Jedna łyżka (14 g) zawiera: 3 g tłuszczu, 0,5 g węglowodanów netto, 1 g białka, 33 kalorie

Dip z jajkiem i awokado

Ten dip jest w zasadzie sosem guacamole z jajkami na twardo. Możesz wykorzystać go jako dip do warzyw, do smażonych kawałków słoniny lub jako nadzienie do tortilli.

1 awokado
2 jajka na twardo pokrojone w kostkę
¼ szklanki (16 g) drobno posiekanej świeżej natki pietruszki lub kolendry
2 drobno posiekane szczypiorki sałatkowe z cebulkami
1 łyżka (15 ml) soku z cytryny
2 łyżeczki skórki otartej z cytryny
¼ szklanki (60 g) majonezu
¼ szklanki (60 g) kwaśnej śmietany
¼ łyżeczki mielonego kminku
1 łyżeczka posiekanej papryki jalapeño
sól i świeżo zmielony pieprz do smaku
kilka kropli pikantnego sosu (opcjonalnie)

Obierz awokado i usuń pestkę. Pokrój w kostkę i przełóż do miski. Zgnieć widelcem. Dodaj pokrojone jajka, szczypiorek, sok i skórkę z cytryny, majonez, śmietanę, pietruszkę, kminek, paprykę, sól i pieprz oraz kilka kropli pikantnego sosu. Dobrze wymieszaj przed podaniem.

Ilość porcji: około 2¼ szklanki (500 g)
Jedna łyżka (14 g) zawiera: 2 g tłuszczu, 0,5 g węglowodanów netto, 0,5 g białka, 22 kalorie

Dip śmietanowy z sardelą

1 szklanka (230 g) kwaśnej śmietany
3 łyżki (45 g) pasty z sardeli
1 łyżka (15 ml) soku z cytryny

Zmieszaj śmietanę z pastą z sardeli i sokiem z cytryny. Podawaj jako dip do warzyw lub dodatek do ryb.

Ilość porcji: około 1¼ szklanki (280 g)
Jedna łyżka (14 g) zawiera: 5 g tłuszczu, 0,5 g węglowodanów netto, 0,5 g białka, 49 kalorii

Dip śmietanowy ze szczypiorkiem

1 szklanka (230 g) kwaśnej śmietany
¼ szklanki (12 g) drobno posiekanego cienkiego szczypiorku
1 łyżeczka soli
⅛ łyżeczki pieprzu

Zmieszaj śmietanę ze szczypiorkiem. Dopraw solą i pieprzem tak jak lubisz.

Ilość porcji: około 1 szklanka (224 g)
Jedna łyżka (14 g) zawiera: 3 g tłuszczu, 0,5 g węglowodanów netto, 0,5 g białka, 29 kalorii

Dip farmerski

¼ szklanki (30 g) jogurtu naturalnego
¼ szklanki (30 g) kwaśnej śmietany
¼ szklanki (4 g) posiekanej świeżej kolendry
1 drobno posiekany szczypiorek sałatkowy z cebulką
½ łyżeczki mielonej cebuli
¼ łyżeczki granulowanego czosnku
½ łyżeczki soli

Zmieszaj dokładnie wszystkie składniki. Przechowuj w szczelnym pojemniku w lodówce. Zużyj w ciągu 2 dni.

Ilość porcji: około ½ szklanki (110 g)
Jedna łyżka (14 g) zawiera: 1 g tłuszczu, 0,5 g węglowodanów netto, 0,5 g białka, 13 kalorii

Dip łososiowy

1 puszka (170 g) łososia
½ szklanki (115 g) majonezu
1 łyżka (14 g) oliwy z oliwek extra virgin
56 g startego ostrego sera cheddar
1 drobno posiekany szczypiorek sałatkowy z cebulką
¼ szklanki (60 g) drobno posiekanego korniszona
⅛ łyżeczki mielonej papryki
sól i pieprz do smaku

Dokładnie zmieszaj łososia z majonezem i oliwą. Dodaj ser, szczypiorek, ogórek, paprykę, sól i pieprz. Możesz przechowywać dip w lodówce do 1 tygodnia.

Ilość porcji: około 1 szklanki (224 g)
Jedna łyżka (14 g) zawiera: 9,5 g tłuszczu, 0 g węglowodanów netto, 3 g białka, 97 kalorii

Indeks

STUDIUM PSYCHOLOGII
PSYCHOTRONICZNEJ
BIAŁYSTOK ☯ WARSZAWA ☯ CZĘSTOCHOWA ☯ BYDGOSZCZ
Wiesz, jak ważny jest dla Ciebie rozwój duchowy (osobisty).
Masz chęć pomagania sobie i innym.
Zależy Ci na pogłębieniu wiedzy,
którą zdobyłeś wcześniej z książek lub kursów.
Zapraszamy do szkoły na kierunki:
✓ TERAPIE NATURALNE
✓ PSYCHOLOGIA PSYCHOTRONICZNA
Dzięki szkole:
• rozwiniesz intuicję, zdolność jasnowidzenia i nawiązywania kontaktów z duchowymi przewodnikami;
• nauczysz się stosować w praktyce astrologię, numerologię, runy, Tarot, hipnozę;
• otrzymasz z rąk mistrzów umiejętności korzystania z najważniejszych działów wiedzy ezoterycznej;
• stworzysz zdrowe warunki życia dla siebie i swoich bliskich zgodnie z zasadami medycyny chińskiej, feng shui czy radiestezji.
Twój czas na rozwój
www.studiumzycia.pl, tel. 85 654 78 35
15-762 Białystok, ul. Antoniuk Fabryczny 55/19
Warszawa tel. 601 334 441, Częstochowa 500 280 080, Bydgoszcz 604 960 140